寧波歷史文獻叢書

四明叢書未刊稿

【三】

寧波市人民政府地方志辦公室　整理

寧波出版社

四明經籍志四十五卷

本書選用中國國家圖書館藏本影印

余以四明經籍散見於郡縣各志者，檢查非易，宜彙爲一志，於是仿焦竑《國史經籍志》例，取各志所著者，分經、史、子、集類例之。而注其所自，重複者删之，錯誤者正之，合數人之力，歷五年之久，始成初稿。質諸張泠僧、馮孟顓，謂可急付諸梓，然未敢自信也。斯志一以各志所有爲標準，如鄞志，以光緒八年重修者止是也。其後出之書與先出未列者别爲補志，仍以有清斷代，補志迄未著手。斯志亦未及刊，惟存其稿，以待它日而已。

（《約園雜著三編》卷二《藏書題跋二·四明經籍志五卷》）

四明經籍志經部綱目

小學

四明經籍志卷一

鄞縣張壽鏞編輯

經部一

易類

周易注九卷 吳虞翻撰隋經籍志悉志三國志本傳与道光府志無卷目陸德明經典釋文敘錄十卷經義攷云兩易注凡九卷其大畧尚存也郘亭書目虞翻易注一卷周易虞氏易九卷清張惠言校補惠棟輯本今行於世

易律歷一卷 吳虞翻撰隋經籍志悉志馬氏

通攷作京參同契律歷志一卷宋史藝文志作京房周易律歷注經義攷云佚陳振孫曰翻注京氏參同契律歷志一卷專言占象而不可盡通字亦多誤

周易集林律歷一卷 吳虞翻撰隋經籍志愿志浙志作周易集林經義攷亦作周易集林云佚

周易日月變例六卷 吳虞翻撰七錄隋經籍志愿志隋志注周易日月變例六卷虞翻陸續撰經義攷云佚

撰經義攷凡虞翻所著易律歷一卷周易日

月变例六卷均佚所存者惟易注九卷在李氏集解中蒐錄之尚可得三二卷而已今郘亭書目既有周易注一卷又有周易虞氏易九卷而者並存

易說十卷 宋翁升撰慈志

古易正說卷 宋豐稷撰道光府志無卷目鄞志作易傳閩志作古易

易傳十二卷 宋陳禾撰宋史藝文志中興書目鄞志宋史本傳作九卷嘉靖閩曹志道光府志均作易解經

義攷云未見

易解卷　宋曹粹中撰道光府志經義攷

云無卷目浙志延祐志志作易解均無卷目

易解卷　宋曹說撰寧志延祐志曹說互

經有解易解為全書分解變占像為一編生

所窃元史藝文志鎮志作易說均無卷目

按寧志以前條易解全書作易解謂係曹說

所撰非曹粹中所撰而經義攷所載則曹粹

中係定海人然查定海志藝文志書目並無

曹粹中是則各書互有異同未知孰是

易解一卷　宋高元之撰　延祐志　浙志　道光府志　鄞志　樓鑰撰墓志作易論　嘉靖志稱易詩論語解名一卷　經義攷云佚

武林易說　卷　宋王該剛撰　聞志　鄞志均無卷目

楊氏易傳二十卷　宋楊簡撰　四總慈志　郘亭書目　錢謙益絳雲樓書目作慈湖易說二十卷　經義攷作慈湖易解廿卷　云存　道光府志作易傳無楊氏二字　無卷目

己易一卷　宋楊簡撰　宋志　書錄解題　慈志　宋史本傳與道光府志無卷目　雍正府志作

己易解經義攷云存
啟蔽卷　宋楊簡撰宋志書錄解題慈志均無卷目經義攷作易學啟蔽云未見
易說卷　宋袁燮撰絜齋集鄞志均無卷目
易訓傳卷　宋王時會撰陸族撰墓志与奉志均無卷目經義攷云作周易訓傳又無卷目云佚道光府志混稱有易詩書論語訓傳鄉飲酒辨疑凡數百卷
易學旨要卷　宋史彌大撰浙志續通志光緒亡定道光府志均無卷目經義攷云佚

按經義攷史彌大在易類尚有衍極圖說云佚而鄞志以之入子部

周易詳說卷　宋董鳴謙撰奉志不註卷目

易贊卷　宋史定之撰四明文獻鄞志不註卷目

易說卷　宋胡謙撰成化志康乾志魏了翁題道光府志奉志均無卷目

易說卷　宋王次翁撰寶慶志鄞志無卷目

易林卷　宋胡謙撰成化志康乾志魏了翁題跋道府志奉志均無卷

易說十二卷　宋林憔撰宋志鄞志經義攷云佚

變卦八卷　宋樵撰鄞志經義攷朱志作變卦天道大備書八卷又五卷云佚

變卦纂集一卷宋林㦛撰宋志鄞志經義攷云佚玉海林㦛所撰易説及天道大備書變卦纂集等合二十六卷

周易約説八卷宋趙善湘撰宋史本傳授經圖鄞志道光府志無卷目經義攷作周易説約佚

周易或問四卷宋趙善湘撰宋史本傳授經圖鄞志經義攷云佚

周易續問八卷宋趙善湘撰宋史本傳鄞志經

義攷云佚

周易指要四卷 宋趙善湘撰 宋史本傳鄞志經義攷作周易指河佚

學易補過六卷 宋趙善湘撰 宋史本傳鄞志經義攷云佚

易說指圖十卷 宋王宗道撰 續通志圖譜續文獻通攷浙志道光府志鄞志奉志定志鎮志康乾志作易說指迷經義攷云佚

古易攷卷 宋王應麟撰 浙志館閣續錄袁桷師友淵源錄鄞志均無卷目經義攷云未見

輯鄭康成周易注卷宋王應麟撰聚樂堂藝文志鄞志四庫著錄文瀾閣書目郘亭書目作周易鄭康成註經義攷云存伯厚自序見給義老曰讀易之暇輯爲一卷庶使先儒象數之學猶有考焉

周易蠡測卷、宋葛文卓撰宋訪册奉志無卷目

易釋二十卷宋舒津撰兩浙名賢錄成化志本堂集道光府志奉志經義攷云佚

繫辭釋三卷宋舒津撰兩浙名賢錄續文獻通攷本堂集道光府志奉志經義攷云佚

周易輯聞六卷宋趙汝楳撰續通志浙志天祿琳琅書目四庫著錄鄞志邱亭書目經義攷云存述古堂書目趙誤李六卷作一卷道光府志作數十卷

易雅一卷宋趙汝楳撰續通志焦氏經籍志經義攷云存四庫著錄邱亭書目以本書附周易輯聞條下此書又名易序叢書凡十卷有易雅筮宗易學啓蒙一卷古經傳一卷又無輯聞之名見萬歷時周譒刊本天祿後後且有宗刊本天祿後且有宗刊本天祿目

有景宗本振綺堂有鈔本提要之言不可信也

筮宗一卷　宋趙汝楳撰文瑞樓書目述古堂書目季滄葦書目鄞志續通志焦氏經籍志經義攷作三卷四庫著錄邵亭書目以此書附於周易輯聞條下

易序叢書十卷　宋趙汝楳撰續通志文淵閣書目浙江采集書錄鄞志四庫存目提要謂汝楳周易輯聞六卷易雅一卷筮宗三卷總謂之易序叢書已著於錄此本疑好事者偶得其殘本不知完帙尚存權鈔他書以足十卷

之數也按經義攷亦無是書提要語當不謬

易究十鈔卷 宋史蒙卿撰元史藝文志補鄞

志經義攷云佚

易解卷 宋史文卿撰全祖望題史友林

集曰文卿有易解鄞志

古易學卷 宋史芳卿撰題友林集鄞志

中易卷 元任士林撰元史藝文志浙志

内閣書目康乾志道光府志鄞志奉志經義

攷均無卷目經義攷云佚

易說卷 元袁桷撰元史本傳續通志鄞

志均無卷目道光府志混稱易春秋三解六

無卷目經義攷云佚

周易集義卷　元蔣忠簡撰浙志鄞志道光府志混稱易集詩義問答問經義攷云佚均無卷目

易衍義卷　元史公珽撰嘉靖志鄞志續通攷作衍義經義攷作逢盧學易衍義均無卷目經義攷云佚

象數發揮三卷　元史公珽撰嘉靖志鄞志簡要旨經義攷均無卷目經義攷云佚

易繫辭解卷　明倪復撰鄞志經義攷嘉靖志作易解兩浙名賢錄道府志無易字均無卷目經義攷云未見

古易筮法卷　明豐慶撰浙志千頃堂書目道光府志鄞志均無卷目

周易辭疑卷　明洪貫撰經義攷道光府志鄞志均無卷目經義攷云未見按洪貫字唯卿鄞志稿云著有周易辭疑

易傳發明卷　明馮芳撰天啟志慈志無卷目

古易傳義卷　明豐熙撰道光府志無卷目

理易卷　明張楷撰千頃堂書目慈志無卷目

易經大旨卷　明戴圭撰兩浙名賢錄道光府志鄞志均無卷目經義攷云未見

易經集解十二卷　明余本撰光氏藝文志鄞志經義攷不注存佚等字樣亦十二卷

讀易備忘卷　明余本撰道光府志鄞志均無卷目經義攷云未見

古易畧說卷　明豐寅初撰黃氏書目嘉靖志千頃堂書目鄞志鎮志均無卷目鄞鎮志按

語浙志引嘉靖志作畧記攷嘉靖志実作畧說未知浙志據何本

易學藝林十卷明顏鯨撰經義攷道光府志無卷目經義攷云存

易註卷　明章珍撰浙志鄞志定志均無卷目

孤舟夜讀一卷明章珍撰耆舊傳鄞志定志是書錢志入子部浙志入經部

易學比義卷　明俞文曦撰閩志鄞志均無卷目

易學存義卷　仝

易學翼義卷　仝

讀易私鈔卷　明楊守陳撰明志尤氏藝文志經義攷鄞志均無卷目經義攷云未見

易說一卷　明張邦奇撰明志經義攷澹生堂書目鄞志明史本傳鄭獻表作易解經義攷云存祁承業曰易說一卷載文定公本集

古易世學十五卷　明豐坊撰明志尤氏藝文志鄞志鄞獻表作古易傳疑義四庫存目作十七卷經義攷云存亦作十五卷

易辨一卷　明豐坊撰焦氏經籍志陸氏續

經籍攷四庫存目鄞志經義攷云存

易學十二卷　明沈一貫　明志尤氏藝文志經義攷云存陸氏續經攷四庫存目鄞志道光府志無卷目浙江書錄作十卷陸元輔曰蓋進呈講義也顧起元序三

周易解卷　明梁真撰閩志鄞志無卷目

易象群詮卷　明徐石全撰浙志道光府志鄞志無卷目

易經約說卷　明杜惠撰鄞志桃源志無卷自

易圖說卷　明董大晟撰閩志道光府志鄞

志無卷目

讀易便解四卷　明屠隆撰浙志黄氏書目鄞志

經義攷云存隆自序

易解卷　明郎輔忠撰浙志嘉靖定海志

鎮志無卷目

卦玩二卷　明屠本畯撰浙志尤氏藝文志

鄞志經義攷云未見文云或作卦疏

周易蠡測卷　明朱勳道光府志閩鄞志作易

解蠡均無卷目

易學二卷　明李承寀撰閩志鄞志

周易容先卷　明姜应麟撰慈志經義攷云存未見均無卷目应麟字泰符號枕槃官太僕寺卿

易會卷　明姜应麟撰慈志經義攷云未見均無卷目

大易通志卷　明葛文炳撰閬志鄞志無卷目

易繹卷　明鄭先蕙撰寒村人物攷慈志雍正及道光府志作易釋均無卷目

桃源易說卷　明周鎬撰閬志鄞志無卷目

羲經土翼五卷　明傅文兆撰明史藝文志酌中

志馮氏醉全閣藏書志經義攷以博文兆為金谿四庫存目作二卷亦以文兆為金谿人

卦變攷畧一卷　明董守瑜撰浙志四庫著錄浙江書錄邵亭書目鄞志道光府志誤卦為卦經義攷云未見

讀易鈔四卷　明董守瑜撰浙志鄞志無卷目續耆舊傳道光府志作讀易一鈔二鈔經義攷云未見皆誤也

易韻補遺卷　明董守瑜撰浙志鄞志經義攷云未見鄞志本條下注引四庫著錄但查四

庫易部著錄並無是書

易經講說卷　明萬邦孚撰浙志均無卷目

中天易四卷　明馮揆撰徵文錄慈志

周易集解十二卷　時藏僖允撰桃源志鄞志

易說四卷　明俞鯤撰桂栄草堂鈔錄慈志

周易要言卷　明葛仁美撰浙志鄞志林欺撰傳作易解要言

易象大旨卷　明鄭溱撰高州年譜慈志道光府志以鄭溱列清朝

繫辭了義卷　明屠大章撰鄞志

易蠡二卷　明薛三省撰明史稿鎮志明志浙志無卷目道光府志作易解經義攷云存亦作二卷鎮志謂經義攷無卷目誤經義攷以三省為定海人今查定志藝文書目並無薛三省著

易林元旨十卷　明樂國楨撰行狀慈志

易林辨元卷　明林文爕撰閩志鄞志

繫辭前傳卷　明馮宗第撰三山吟涯慈志

種雲居易說卷明葉逢元撰閩志鄞志

易說卷　明莊夢桂撰忠義志奉志

易彙元解卷　明傅奇遇撰續耆舊傳鄞志

易經說約卷　明周儀撰屠隆撰墓志奉志

三易評林卷　明林時躍撰鮚埼亭集鄞志

三易衍奧卷　仝

學易緒言五卷　明項可試撰康熙志本傳奉志

易說卷　明倪懋熹撰鮚埼亭集鄞志

易學纘言卷　明周立本撰徐志垣撰墓志奉志

易古存卷　明李文纘撰續耆舊傳鄞志

易說卷　明陳于知撰三補耆舊詩鄞志

易釋四卷　清王式三撰定志

四明叢書　約園抄本

周易後述二十卷　清王享兆撰　定志

周易釋義　清章育瑜撰　定志

易經補義講解　清馮仁撰　徵文錄　慈志

易鏡三卷　清袁一鳴撰　慈志　董瀾撰傳

讀易千慮卷　清賈燕撰　慈志　小峴集

周易正義證略卷　清葉元塏撰　慈志　采訪冊

易義繼志二十三卷　清童模撰　慈志　采訪冊

周易滙疏五卷　清時與蘭撰　慈志　采訪冊

虞氏易消息闡微三卷　仝

周易本義通攷十二卷　清朱子鈍撰　慈志　采訪冊

易學啟蒙変占攷七卷清朱子純撰慈志采訪冊

易經訓解卷清梁埧撰康乾志奉志

大易解卷清項斯勤撰康乾志奉志

易經本旨卷清鄔睿芳撰康隆奉志

周易參義卷仝

周易參解清張昇撰鎮志陳志稿

易纂卷清朱文懋撰鎮志乾隆志傳

先後天圖說清朱文懋仝

易學四卷清張懋建撰蛟川詩話兩浙輶軒錄鎮志

易门十二卷　清樂𤀹撰鎮志有刊

周易集說二十卷清楊夏復撰鎮志采訪册

易解　卷　清史宗愈撰象志云按其久佚

舊志存其問齋集中

周易通旨八卷　清姜炳璋撰象志姜氏家譜作通志

周易索話十三卷清倪象吉撰象志謂其書刻本甚精

易傳摘義　卷　清姜人寶撰象志

讀易管見　卷　清李閑撰鄞志三補耆舊詩

易義辨義六卷清史左鼎左

易經集解　卷　清葛經撰鄞志寒村集

周易述解辨義卷　清葛世揚撰　鄞志　清蔡閣藏書

周易廣義六卷　清潘元懋撰　鄞志　四庫總目經義攷云存

大易講義卷　清黄宇高撰　鄞志　三補耆舊詩

易周講義卷　清袁蘭撰　鄞志　西袁氏家乘

繹言八卷　清俞經撰　鄞志　錢志

古易用韻考畧　清董秉純撰　鄞志　齊佺士撰行狀

易學管窺十五卷附易文言傳一卷　清袁俞檀撰　鄞志　采訪冊

周易辨詁六卷　清王梓村撰　鄞志　采訪冊

西園學易卷　清殷欽坤撰　鄞志　采訪冊

乾卦圖說一卷 合

易大傳管窺卷 合

四明經籍志卷二

鄞縣張壽鏞編輯

經部二

書類

書説二十六卷 宋趙敦臨撰嘉靖志康乾志鄞志奉志經義攷作尚書解云無卷目道光府志作書説無卷目

尚書説卷 宋曹説撰剡源集奉志

尚書講義二十二卷 宋史浩撰中興書目鄞志宋志無尚書二字授經圖作書講義世善堂書目

作二十五卷四庫著録作二十卷蓋依據永樂大典也經義攷云未見其未見下注（一齋書目）數字道光府志作三十二卷

金縢圖說一篇　宋樓鑰撰續通志圖譜畧鄞志

鄞志經義攷云存

五誥解四卷　宋楊簡撰四庫著録邵亭書目鄞志國史經籍志作一卷經義攷作一册云未見

書訓傳卷　宋王時會撰浙志引陸游撰墓志道光府志奉志經義攷作尚書訓傳云佚

尚書釋疑十卷　宋胡誼撰嘉靖志而浙名賢録

志道光府志作尚書辨疑經義攷云佚

石坡書義五卷宋桂萬榮撰桂東山集慈志尚書類數二十卷宋卞大亨撰宋史藝文志道光府志象志經義攷云佚象志按語謂舊志並作類疏

讀書記二十三卷宋黄震撰宋志鄞志書錄解題文獻通考授經圖國史經籍志俱作家塾讀書記經義攷云佚

書解十三篇宋孫枝撰浙志正至志鎮志鄞志定志

書鈔十卷　宋袁燮撰宋志鄞志書錄解題文獻通攷經義攷浙志閩志四庫總目郘亭書目俱作絜齋家塾書鈔文淵閣書目焦氏經志授經圖續通志有家塾二字四總郘亭書目作十二卷經義攷云未見

書說六卷　宋王宗道撰續通攷浙志尚友錄鄞志奉志定志經義攷云佚

洪範統論一卷宋趙善湘撰宋史列傳本傳鄞志經義攷内閣書目作統記彔竹堂書授經焦氏經籍志四庫著錄郘亭書目俱作統一

經義攷云未見

尚書解卷 宋舒津撰成化志康乾志道光府志岑志經義攷云佚

尚書草木鳥獸譜 宋王應麟撰經義攷云存宋史本傳延祐志道光府志鄞志作補註王会編宋志補作集解

周書王會解一卷 宋王應麟撰宋史藝文志補鄞志續通志無尚書二字

周書編一卷 聚樂堂書目作周書王會編一卷授經圖作周禮篇聞志作王會九洲異物

獻會解一卷 浙志作周書王會篇鄞志謂四庫著錄作王會補傳茲查四總書類不見此書

書林外集卷 元袁士元撰 道光府志

洪範數言卷 明傅淳撰 明一統志浙志道光府志分省人物考慈志鄞志經義攷云未見

書私鈔一卷 明楊守陳撰 明志尤氏藝文志培林堂書目鄞志經義攷云存

書說一卷 明張邦奇撰 明志黃氏書目鄞志經義攷云存

禹貢畧一卷 明夏時正撰 浙志慈志兩浙名

賢錄作禹貢詳節一卷

古書世學六卷明豐坊撰浙志緯雪樓書目四

庫存目鄞志經義攷云存

尚書解義卷明包沐撰浙志道光府志鄞志

經義攷云佚

書經補註卷明沈一中撰浙志鄞志甬志耆

耆傳作纂注

雲湖讀書記卷明楊子器撰兩浙名賢錄浙志

道光府志慈志

尚書別錄六卷明屠本畯撰明志黃氏書目鄞

志經義攷云存

書經講義卷　明宋儒撰康乾志志奉

書經膚說卷　明宋佳撰嘉靖志康乾志奉志

道光府志誤書為士

書學二卷　明李承寀撰閩志鄞志

尚書蔎一卷　明金天敘撰浙志尤氏藝文志

鄞志天敘號元州

禹貢畧一卷　明金天敘撰尤氏藝文志經籍

攷陸氏續經義攷鄞志

二書辨義卷　明汪玉撰撰鄞獻表道光府志

作書經存疑無卷目經義攷云未見亦作尚疑錄二卷

尚書全說卷　明李德繼撰浙志鄞志依德編作六卷

書解卷　明沈泰灝撰鄞志葛世振撰行畧

尚書疏卷　明周台撰鄞志三補耆舊詩

尚書補註卷　明馮芳撰慈志天啟志

禹貢注一卷　明蔣之麟撰浙志鄞志

書經繹正卷　明鄭夷獬撰道光府志雍正府志慈志

洪範說一卷　明俞鯤撰慈志桂榮草鈔錄

建達二卷　清袁一鳴慈志董瀾撰傳

禹貢紀聞十五卷　清時與蘭撰慈志采訪冊

尚書纂要卷　清曹象賢撰鎮志陳志稿

尚書講義卷　清曹鍠撰鎮志陳志稿

尚書箋徵卷　清王世勲撰鎮志袁鈞撰傳

禹貢地理參考　清胡于鋌撰鎮志蛟川續耆舊傳

胡氏禹貢錐指勘補十二卷　清姚燮撰鎮志尤梅山

館藏本

禹言貢貞言錯辨卷　清姜炳章撰象志

尚書啟蒙四卷清黄式三撰定志

尚書啟蒙疏証二十卷清黄以周撰定志

書經集解六卷清萬經撰鄞志青藜閣劉氏藏本

讀尚書偶筆卷清水雲撰鄞志周京撰傳

書經訂誤一卷清殷欽坤撰鄞志采訪冊

尚書逸湯誓攷六卷清徐時棟撰鄞志烟嶼樓梨本

三太誓攷八卷仝

四明經籍志卷三

鄞縣張壽鏞編輯

經部三

詩類

毛詩略卷　晉虞喜撰晉書本傳慈志經義攷云佚道光府志作毛詩畧註

魯詩正說卷　宋豐稷撰道光府志

毛詩解義三十卷宋鄭鄂撰宋志鄞志經義攷云佚

詩解一卷　宋高元之撰延祐志嘉靖志奉志附錄宋志寶慶志經義攷鄞志作詩說一卷

成化志浙志作詩傳經義攷云佚

放齋詩說三十卷宋曾粹中撰寶慶志延祐志玉海鮚埼亭集奉志經義攷引宋志作三十卷云未見

詩解四十卷宋趙敦臨撰延祐志康乾志鄞志奉志道光府志無卷目經義攷作詩說亦無卷目云佚

詩編卷　宋董斗祥本堂集奉志

慈湖詩傳二十卷宋楊簡撰四庫著錄經義攷作詩解無卷目云佚道光府志作詩傳無卷目

國史經籍志黄氏千頃堂書目慈志作慈湖

詩集二十卷

詩指意卷　宋袁清撰挈齋集鄞志

詩訓傳卷　宋王時會撰道光府志奉志陸

游撰墓志浙志引

毛詩經筵講義四卷宋袁燮撰鄞志四庫著錄

郘亭書目續通志俱有挈齋二字

詩學發微卷　宋舒璘撰延祐志嘉靖志康乾

志奉志經義攷云佚道光府志尚有詩禮講

解一卷

讀詩臆說十卷 宋王宗道撰 浙志康乾志道光府志鄞志寧志定志及續通考作詩臆經義攷云佚

詩說卷 宋黄應春撰 嘉靖志康乾志道光府志寧志經義攷云佚

詩攷五卷 宋王應麟撰 宋志文献通攷授經圖道光府志鄞志四庫著錄郘亭書目作一卷 經義攷作六卷云存四明文献作詩考語畧

詩地理攷五卷 宋王應麟撰 宋志延祐志續通

志經義攷鄞志四庫著錄道光府志邵亭書
目俱作六卷經義攷云存

詩草木鳥虫魚廣疏六卷　宋王應麟撰宋志援經圖鄞志
經義攷云六卷未見

詩辨卷　宋王應麟撰宋志補鄞志

逸詩攷卷　宋王應麟撰清容集師友淵源
錄鄞志

毛詩集義卷　宋吳化龍撰剡源集序志

詩題詞卷　宋史芳卿撰全祖望題友林集鄞

讀詩一得一卷　宋黃震撰浙志慈志鎮志經義

攷云存

詩答問卷　元蔣宗簡撰浙志鄞志道光府志作詩義答問經攷作詩答云佚

詩經講義卷　明鄭滿撰浙志慈志經義攷云未見

詩私鈔四卷　明楊守陳撰明志尤氏藝文志培林堂書目鄞志經義攷云存浙志作詩學私鈔

魯詩正說卷　明豐熙撰道光府志

詩說一卷　明張邦奇撰明志鄞志經義攷云存

詩經寖鑰卷　明劉銈撰浙志慈志經義攷云存

詩傳纂義卷　明倪復撰培林堂書目四庫存

目鄞志

魯詩世學三十六卷明豐坊撰綿雲樓書目鄞志

明志四庫存目作三十二卷經義考云存作三

十六卷一作十二卷

詩傳一卷　明豐坊撰鄞志綿雲樓書目

詩說一卷　明豐坊撰鄞志上二書詩說舊

題申培撰詩傳舊題子貢撰四庫存目列其

書而斥為豐坊僞作經義考斥其僞且不列

其書目又陳景雲謂詩坊僞撰詩說則後之

人附会詩僞傳為之朱彝尊謂詩傳詩說二

二書皆坊偽作

詩經纂註四卷　明沈一貫撰明志鄞志經義攷云存

詩經類疏六卷　明蔣之驎撰鄞志經義攷云未見

斷章別義三卷　仝

詩經權輿卷　明何欽撰慈志徵文錄

毛詩鄭箋二十卷　明屠本畯撰鄞志浙志黃氏書目培林堂書目有纂疏補協四字揚州府志作毛詩鄭箋纂疏經義攷云未見

詩序析衷卷　明陳敔義撰慈志浙志天啟志

武林詩銓卷　明張鏞撰鄞志閩志

詩經箋蒙　卷　明劉津撰道光府志

詩正　卷　明林文燮撰鄞志閒

毛詩定見　卷　明袁煒撰浙志慈志經義攷云未見

詩經衷說　卷　明劉泒撰慈志天啟志

毛鄭會箋　卷　明林時躍撰鄞志鮚埼亭集

詩經箋蒙　卷　明劉廷寅撰浙志慈志天啟志

詩繹正　卷　明鄭光弼撰道光府志慈志寒村人物攷作詩會雍正府志作詩繹無正字

詩經歸的　卷　明馮光浙撰慈志鳴春集

毛詩題意　卷　明向洪邁撰慈志天啟志

詩經會說八卷　明劉憲龍撰明史藝文志慈志

經義攷云存

詩經心鉢卷　明方應龍撰雍正志慈志

詩經縣鑒十六卷　明楊守勤撰慈志徵文錄

詩說一卷　明俞鯤撰慈志桂葉草堂鈔錄

詩經粹華卷　明鄭溱撰慈志年譜黄百家撰

墓志作詩經粹雅

詩牖廣說十卷　明葉國楨撰慈志葉蜚雲撰行狀

詩經約旨卷　明秦伯昌撰慈志徵文錄

詩經會解卷　清董日炘撰慈志徵文錄

毛詩邃百十餘卷清王杖撰鮚上饒聞錄慈志

詩經翼志八卷清董爾容撰慈志假物樓賸錄

詩箋別疑三卷清姜宸英撰慈志鄭羽逵撰傳

詩傳箋攷二卷清黃式三撰定志人物志

詩序說通一卷仝

毛詩講義鼎頤卷清裘連撰慈志國史列傳

毛詩註釋卷　清俞聲金撰慈志桂槳草堂鈔錄

詩通三卷　清裘一鳴撰慈志董湘撰傳

志毛詩解讀卷　清葉燕撰慈志小峴集

讀嚴氏詩輯卷　仝

詩經集註四卷清董明倫撰慈志假物連脞錄

毛詩說卷　清葉元堦撰慈志

讀書自怡錄二十卷清時與蘭撰慈志采訪冊

毛氏正韻卷　清王世恩撰鎮志袁鈞撰傳鎮

鈞志棐語又有毛詩小序辨正

詩國風攷正二卷清朱蒼菴撰鎮志采訪冊

嚴氏詩輯補義八卷清劉燦撰鎮志刊本

詩古音攷　清劉燦撰鎮志黃式三撰傳

詩序廣義二十四卷清姜炳璋撰象志四庫著錄即

亭書目作補義

詩經提綱一卷 清姜炳章撰 象志

詩經集解十四卷 清鄧元宗撰 象志 映翠軒藏書

樓前尚有稿本

悠泉手學二卷 清聞性道撰 四庫存目 鄞志

詩經集解卷 清萬經撰 鄞志 寒村集

詩經註解卷 清柯之任撰 采訪冊

風雅遺音四卷 清史榮撰 四庫存目 鄞志

詩經用韻錄畧卷 清董秉純撰 鄞志

詩讀私記卷 仝

毛詩翼序卷 清孫兆昇撰 兩浙校官書錄

詩經朱傳翼二十卷 清袁鈞撰 鄞志 西袁氏家乘

讀詩偶記十二卷 仝

新朱傳補義一卷 仝

毛詩集說卷 清水雲撰 鄞志 周彥撰傳

詩義管窺卷 清蔣淙撰 鄞志 四明談助

校註高郵王氏補詩韻 清王梓材撰 鄞志 采訪冊

讀詩存疑五卷 清崔灝撰 仝

毛詩集說卷 清許徽三撰 鄞志 姚燮撰墓志

山中學詩記六卷 清徐時棟撰 烟嶼樓藏本 鄞志

四明經籍志

鄞縣張壽鏞編輯

經部四

禮類一

周官駁難三卷 晉虞喜撰 隋經籍志七錄愍志

鄭氏通志作五經義攷云佚

天官集註卷 宋高文虎撰 閩志道光府志鄞

周官講義十四卷 宋史浩撰 宋志道光府志鄞志

樓鑰撰神道碑作周禮天官地官講義經義

攷浙志作周禮天地二官講義經義攷並云

缺中興藝文志孝宗爲建王史浩分講周禮

多啓謏孝宗稱之然止於周閔

周禮解義二十二卷宋鄭鍔撰宋志延祐志通攷鄞

志經義攷云未見

周官攷三卷元臧夢解撰元史本傳續通志

道光府志鄞志經義攷云未見

周禮題解卷明黃潤玉撰鄞志經義攷云未見

周禮考誤卷明余本撰浙志道光府志鄞志

經義攷云未見

考工記圖記八卷明屠本畯撰鄞志浙江書錄曰

宋希逸原本明張鼎思補圖屠本畯補釋林兆珂謂其宗三禮圖而祖漢康成輩說非無據也後附句股法粟米法訓字疑似

周禮解卷　明王家勤撰續耆舊詩鄞志

周禮集解十二卷　明葉國楨撰慈志葉趾雲撰行狀

周正彙攷卷　清万斯大撰鄞志劉坊撰行狀

遂人匠人講攷卷　清孫貽謀撰定志

周官辨非二卷　清万斯大撰鄞志經義攷云存道光府志無卷目四庫存目作一卷

周官質疑卷　清林綱撰四明志徵兩浙校官

詩錄慈志

周禮提綱卷　清葉聲聞撰慈志鶴皋家傳

周禮集註卷　清葉燕撰小峴集慈志

周禮提綱一卷　清姜炳璋撰象志謂是書取三百六十職掌分天官排比成文便學子諷誦可與元舒天民六藝綱目並傳云

附註　經義攷有黃震讀周禮日錄一卷慈志鎮志均不載疑在黃氏日鈔中

禮類二

鄉飲酒禮卷 宋林保撰 聞志 鄞志

厚終禮一篇 宋高閌撰 文淵閣書目 道光府志 書錄解題 馬氏通考 鄞志作送終禮一卷 聞志作厚終禮編 延祐志曰厚終一篇行世

鄉飲酒儀卷 宋高閌撰 鄞志 經義攷云佚

冠禮卷 宋楊簡撰 慈志 宋史本傳 經義攷作一篇云佚

婚禮卷 仝

喪禮家記一卷 宋楊簡撰 慈志 經義攷云佚

家祭記卷 宋楊簡撰慈志宋史本傳

釋菜禮記卷 仝

鄉飲酒儀一卷 宋史定之撰宋志鄞志經義攷云佚

鄉飲辨疑卷 宋王時會撰道光府志混稱易詩書論語訓傳鄉飲辨疑數百卷奉志作鄉飲酒辨疑經義攷作鄉飲酒禮辨疑一卷云佚

禮儀數節卷 明豐熙撰兩浙名賢錄據鄞志子史兩部均有禮數儀節一書今經部又有禮儀數節書名彷彿是中或有錯誤

喪禮便讀二卷 明薛治撰鄞獻表鄞志

喪祭禮儀註解卷 明陳端禮撰浙志嘉靖定鎮志

士儀禮畧十卷 明夏時正撰千頃堂書目憑

志鎮志作三禮義畧十卷(未審孰是)

儀禮戴記附註五卷 明黃潤玉撰明史藝文志

浙志鄞志經義攷云未見天一閣書目作儀禮

戴記附註四卷外記一卷

禮經衍義纂說卷 明余永麟撰鄞志

至通編六卷 明周應治撰黃氏書目浙志鄞志

喪禮辨疑四卷 清萬斯同撰鄞志全祖望撰傳

儀禮商二卷 清萬斯大撰浙志鄞志邵亭

書目經義攷云存四庫著目作儀禮商二卷

附錄一卷

儀禮便習卷 清林綱撰志徵西浙校官詩錄

慈志

儀禮圖說十七卷清張校均撰子錫路撰行狀鎮志

車制圖說卷 仝

至正鄉飲酒禮小錄元無名氏鄞志附錄

禮類三

投壺變一卷 晉虞譚撰 隋經籍志 鄭氏通志 經義攷云佚 臧琳經義襍記輯佚

禮記正說卷 宋豐稷撰 道光府志

禮記訂義卷 宋竺大年撰 嘉靖志 康乾志 道府志 奉志 經義攷云佚

孔子閒居講義 宋楊簡撰 宋史藝文志 慈志 經義攷 延祐志作閒居解一卷 經義攷云存

禮解卷 宋舒璘撰 經攷云佚 道光府志 總稱詩禮講解

禮記訂義卷　宋沈漁撰乾隆志鎮志
月令解十二卷　宋張虙撰宋史本傳愛日精廬
志四庫著目總志郘亭書目經義攷云佚世
善堂書目作一卷十二篇
禮記纂卷　宋李元白撰奉志宣繒撰墓志
集解跋作篇　宋王應麟撰宋史藝文志浙志
鄞志聚樂堂作大戴跋作篇集傳集解一卷
經義攷作跋作篇集解一卷存道光府志作
集解跋作篇
禮記集傳卷　宋黃震撰嘉靖志鎮志清溪暇

筆延祐志慈志作禮記集解經義考作讀禮記日鈔十六卷云存慈志引姚福語謂黄東發春秋集解禮記集解俱附日鈔中

夏小正經傳考卷宋史文卿撰全祖望題友林集鄞志

夏小正經傳考三卷元史季敷撰浙志内閣書目鄞

禮記講意卷明李文顯撰道光府志象志

戴記存疑卷明陳塏撰經義考云未見鄞志

按曰經義考列陳塏戴記存疑引黄虞稷云塏鄞縣人字山甫成化壬辰進士官廣東提

學副使浙志則於是書引黃氏書云陳壇餘

餘姚人考餘姚之陳実嘉定壬辰進士既同

名姓復同以壬辰登弟故易於舛混黃氏書

目傳鈔多誤經義浙志所見各殊未知縣書

果係何人所撰姑以經義考收之云云

深衣考一卷　明夏時正撰明史藝文志千頃

堂書目慈志鎮志經義考作十卷云未見

考定深衣古制卷明黃潤玉撰明史藝文志兩

浙名賢錄鄞志道光府志無卷目經義考作

一卷云未見

陽嘉山讀禮錄卷明楊子器撰千頃堂書目浙志慈志道光府志無卷目天啓志作讀書錄

讀禮備忘卷明楊子器撰浙志天啟志作讀書備忘道光府志無卷目

禮禮資說十八卷明汪鏜撰聚樂堂藝文志鄞志鏜初名鏜孫經義考作禮記云未見

禮記節要卷明宋佳撰康乾志奉志經義考無卷目云未見

禮記述註十八卷明沈一中撰明史藝文志陸氏續經義考鄞志浙志經義考黃氏書目作禮

課兒述註經義攷云存

禮記述遺卷　明余本撰浙志道光府志鄞志

經義攷無卷目云未見

禮記纂註四卷　明王道撰浙志明史藝文志天

一閣書目慈志經義攷云佚

檀弓辨疑一卷　明藏僖允撰桃源志鄞志

禮繹正卷　明鄭光弼撰雍正府志道光府

志寒材人物考慈志作禮纂

禮貫卷　明高宇泰撰續舊傳鄞志

禮續通攷百攷六十卷　清萬斯同撰續耆舊傳鄞志

道光府志作百二十卷萬福宿圖攷跋作九十卷

讀禮附論一卷清萬斯同撰浙志鄞志經義云存

禮記偶箋三卷清萬斯大撰浙志四庫存目鄞志經義攷云存道光府志亦云存

學禮質疑二卷清萬斯大撰浙志四庫著錄邵亭書目鄞志道光府志無卷目經義攷云存

禮記集解卷　清萬斯大撰鄞志按曰續耆舊傳先生排撰戴禮較衛湜為博為書三百卷當即此也云云

讀禮附論一卷清萬斯大撰鄞志引浙志經義

考為證今查經義考惟萬斯同有之斯大無是書

禮記纂要秘書五卷　清秦遵宗撰　徵文錄慈志

檀弓評註卷　清謝佑琦撰　鎮志蛟川續耆舊詩

井田圖說卷　清張枚均撰　鎮志子錫路撰行狀

夏小正求是四卷　清姚燮撰　鎮志大梅山館藏本

檀弓越一卷　清姜炳璋撰　象志

增補禮記集解　清萬經撰　錢志鄞志

禮記輯要卷　清黃千高撰　鄞志三補耆舊詩

夏小正輯註卷　清王梓村撰　鄞志采訪冊

明堂考一卷　清胡寅撰　定志

禮類四

三禮發微卷　宋趙敦臨撰明一統志孝志鄞志康乾志閩志道府志作二禮發微經義攷世善堂書目作四卷經義攷云未見

二禮說七卷　宋王宗道撰浙志道光府志鄞志定志鎮志奉志作禮說七卷經義攷云佚

三禮私鈔卷　明楊守陳撰分省人物攷鄞志經義攷云未見

祫禘議卷　明倪復撰浙志鄞志

家禮攷異卷　明魏偁撰閩志鄞志

家禮四卷　明夏時正撰千頃堂書目慈志
志鎮志道光府志無卷目

三禮儀畧舉要十卷　明夏時正撰明史藝文志
慈志鎮志經義攷云未見錢曾述古堂藏書
目作禮義舉要九卷千頃堂書目作三禮義
十卷三禮舉要十卷

家禮從宜四卷　明楊子器撰千頃堂書目浙志
志道光府志無卷目

家禮考異卷　明本撰嘉靖志鄞志道光府志
無卷目

三禮類鈔卷　明洪越撰浙志天啟志道光府志慈志

三禮註疏詮集　明李文纘撰續耆舊傳鄞志

五禮通考卷　清萬斯同撰續耆舊傳鄞志全祖望曰徐侍郎請先生編成五禮之書二百餘卷又蔣學鏞曰先生在京師徐尚書乾學居憂與之語喪禮因纂禮之通考九十卷今借刻徐氏傳是樓中尚書又請編纂五禮遂節畧前書復補其四共二百餘數未見繕寫先生卒槁本留京師一故家近時有桧得之

重為編輯竄名已作崑山人所刻人知出先
生手而五禮通攷人咸未之知也云云

禮書通故百卷　清黃以周撰定志

三禮謹案　清馮宗儀撰慈志湛園未定稿

禮約二卷　清袁一鳴撰董沛撰傳慈志

禘祫圖說二卷　清張校均撰子錫路行狀鎮志

三禮補箋卷　清蔣學鏞撰定香亭筆談鄞志

五禮攷證卷　清王啟元撰鄞志采訪冊

四明經籍志卷四

鄞縣張壽鏞編輯

經部五

春秋類

孝經傳異同論三卷 宋王衍撰 寶慶志 鄞志 道光府志 曹志 無攷字

春秋正說卷 宋豐稷撰 道光府志 混稱古易魯詩春秋禮記正說

春秋傳十二卷 宋陳禾撰 宋史藝文志 鄞志 嘉靖聞曹志 道光府志 春秋解經義攷云佚

春秋統論一卷 宋陳禾撰 宋史藝文志鄞志

春秋訓詁卷 宋王洙撰 延祐志道光府志鄞志經義攷作春秋訓傳云佚無卷目

春秋旨義卷 宋王次翁撰 寶慶志鄞志

春秋義宗百五十卷 宋高元之撰 宋史藝文志延祐志浙志鄞志孝志附錄經義攷云未見其下則注一齋書目有數字寶慶志作百五篇嘉靖志道光府志作春秋宗義鄞志稿曰著述甚富尤邃於春秋采諸儒所長凡三百餘家刪会成書間出己意號曰義宗為卷百有五十

息齋春秋集註十四卷宋高閌撰書錄解題鄞志經義攷云未見書名卷目同宋史本傳作集傳浙志儒林傳作春秋傳四庫著錄邵亭書目作春秋集註四十卷道府志作春秋集註卷目文獻通攷作高閌

春秋正宗三十卷宋趙敦臨撰明一統志鄞志奉志道光府志無卷目經義攷作春秋解無卷目云佚

春秋解十卷宋楊簡撰宋史藝文志慈志經義攷云未見天啟志道光府志作春秋傳

經義攷楊簡有春王正月說一篇云存公自
唐論一篇存季札觀樂談一篇存許世子弑
君說一篇存慈志俱無之經義攷惟註春正
月說一篇載慈湖遺著中其餘三篇俱不注
載何書

春秋傳卷　宋王文貫撰鄞志鎮志定志經
義攷云佚

春秋三傳通義三十卷宋趙善湘撰宋史本傳鄞志
道光府志無卷目經義攷作春秋三傳通義
三十卷云佚

春秋集註卷 宋舒津撰成化志康乾志道光府志奉志經義攷云佚

春秋奏議卷 宋趙与權撰程氏春秋本義引用書目鄞志經義攷云佚趙与權作趙与權

春秋集解卷 宋趙与權撰延祐志鄞志剡源集有經傳二字餘杭志作春秋解經義攷趙与權衹有春秋奏議無春秋集解

春秋三傳正宗卷 宋富文卑撰奉志采訪冊

春秋志卷 宋戴培文撰程氏春秋本義引用書目鄞志經義攷無卷目云佚

左氏筆記通纂卷　宋吳化龍撰剡源集序志

左氏蒙求卷　宋吳化龍撰剡源集序志元史藝文志經義攷無卷目云佚

春秋微卷　宋戴銓撰程氏春秋本義引用書目鄞志經義攷無卷目

春秋集解卷　宋黃震撰清延祐志鄞志剡源集有經傳二字餘杭志作春秋解經義攷趙與權祇有春秋奏議無卷目又慈志引姚福語謂朱子於春秋禮記無成書黃東發取二經全為之集解其義甚精蓋

有志補朱子之未備者耳且不欲題附於日
鈔中

春秋三傳會攷三十六卷宋王應麟撰宋志鄞志
浙志經義云佚袁桷師友淵源錄作春秋攷

古文春秋左傳十二卷宋王應麟撰集拜經樓
藏書題跋縱縱丁小定鈔校書飾增補

春秋法論宋羅仲舒撰鄞辰四明志徵慈志

春秋三傳集說紀五十卷宋單庚金撰元史藝
文志嘉靖志剡源集奉志經義攷云佚名稱
卷目同道光府志康乾志作春秋分紀集說

春秋傳說集略十二卷宋單庚金撰元史藝文志剡源集奉志經義攷云佚卷目名稱同

春秋法度編卷元趙孟何撰元史藝文志補延祐志鄞志經義攷云佚秋氏春秋本義引用書目簡要志成化志浙志餘杭志作趙与惟捜孟河字璞瑚元史藝文志補注云鄞人

春秋微一卷元臧夢解撰元史本傳浙志鄞志續通攷元志補經義攷作秋溪微經義攷云佚

春秋三解卷　元袁桷撰道光府志元史藝文志經義攷鄞志作春秋說嘉靖志作易春秋二解經義攷云佚

春秋本義三十卷　元程端學撰元史藝文志補續通志四庫著錄邵亭書道光府志鄞志經義攷云存袁桷撰墓志作十卷

三傳辨疑二十卷　元程端學撰元史藝文志補續通志四庫著錄道光府志鄞志經義攷邵亭書目作春三傳辨疑天一閣書目作十卷浙江書錄無二傳辨疑與邵亭疑書目同

或问十卷　元程端學撰元史藝文志補續
通志道光府志鄞志四庫著錄文淵閣書目
經義攷邵亭書目作春秋或问十卷經義攷
云存

綱領一卷　元程端學撰文淵閣書目浙江
書錄鄞志

春秋要旨十二卷元王維賢撰簡要志道光府志
經義攷作春秋旨要十二卷云佚浙志鄞志
作春秋旨要十二卷經義攷鄞志等並作王
惟賢

春秋三傳要義卷元蔣宗簡撰浙志道光府志鄞志經義攷云佚

春秋比事卷 元劉希賢撰浙志續通志道光府志鄞志

春秋卑論卷 明馮厚撰千頃堂書慈志經義攷云佚道光府志作春卑論集

春秋糠粃卷 明張楷撰浙志無名氏雍正府志參引正德志慈志

春秋私鈔卷 明楊守陳撰何喬新撰墓志鄞志

春秋傳疑一卷 明本朱撰明史藝文志授經圖

鄞志經義攷云未見道光府志無卷目

春秋說一卷　明張邦奇撰明史藝文志聚樂堂藝文志鄞志經義攷云存

春秋貫玉四卷　明顔鯨撰明史藝文志慈志道光府志無卷目經義攷傳是樓書目作六卷經義攷云未見

春秋輯略卷　明陸釴撰鄞志經義攷云未見

麐經臆見卷　明劉詎撰天啟志慈志

春秋世學三十八卷　明豐坊撰浙志聚樂堂藝文志鄞志經義攷云未見四庫存

春秋繹卷 目作三十二卷

明鄭夫鄉撰雍正府志慈志道光府志作春秋繹正

崔氏春秋補傳卷 明屠本畯撰鄞志徐興公書目

春秋辨疑卷 明夏時正撰千頃堂書目慈志

左胡類萃十卷 明李丞宗撰聞志鄞志

左傳彙編卷 明劉派撰慈志天啟志

春秋公評卷 明林文燮撰聞志鄞志

春秋析衷講意卷 明庠錫撰慈志徵文錄

左氏類斷卷 明傅奇遇撰鄞志續耆舊傳

春秋辨疑四卷　明薛三省撰　鎮志　淩義渠文介集序　乾隆志　道光府志無卷目

春秋魯書卷　明李文續撰　續耆舊詩　鄞志

春秋前議卷　明馮燦撰　慈志　徵文錄

麟經歌訣　明鍾鳴雷撰　鄞志　閏志

左史彙釋卷　明陳允青撰　慈志　周翰龍撰基志

春秋內外傳合編卷　明邵輔明撰　浙志　鎮嘉靖定志

春秋書法卷　明薛士衍撰　乾隆志　傳鎮志　蛟川耆舊詩

左鈔卷　仝

春秋傳註卷　周西撰鎮志陳志稿

學春秋隨筆十卷清万斯大撰浙志四庫存目

　鄞志道光府志無卷目

春秋三傳明義卷清万斯大撰鄞志小跛翁紀年

春秋定論卷　清陳夢蓮撰乾隆志蛟川耆志

　鎮志

三傳箋註卷　清陳夢蓮撰鎮志乾隆志

春秋辨疑卷　清薛士學撰鎮志采訪冊

春秋集說卷　清謝緒恒撰鎮志耆岩集蛟川

　詩話

春秋三傳評註　卷　清陳良佐撰　鎮志陳志稿

春秋攷正　卷　清朱蒼鼇撰　鎮志采訪冊

春秋異目考　清劉燦　仝

春秋集解　卷　清嚴天顥　仝

春秋說約六十卷　清仝　慈志徵文錄

春秋補傳　卷　清周維棫撰　慈志王國撰傳

春秋三傳謹案　卷　清馮宗儀　慈志張園未定稿

春秋地名考　清馮景岐撰　慈志鮚埼亭集

春秋五伯四卷　清裘鼇撰　慈志徵文錄

春秋魯政下逮攷　卷　仝

左氏傳補註卷清王丗懋撰鎮志袁鈞撰傳

左傳事緯編卷清陳炳撰定志

春秋釋二卷清黃式三撰定志

經傳釋義五卷清陳煒撰慈志

春秋軍旅田賦攷卷清裘鼇撰慈志徵文錄

春秋補傳二卷清顧棡撰慈志半梅草堂著書目

左傳隨筆一卷清何振嶽撰慈志采訪冊

公羊隨筆一卷仝

穀梁隨筆一卷仝

讀春秋備忘三卷清時與蘭撰慈志采訪冊

春秋大事表地名考異二卷 仝

春秋地名異同考二卷 仝

春秋姓名異同考五卷 仝

春秋大義一卷 仝

秋春旨四卷 清姜增壽撰 象

讀左傳補義五十卷 清姜炳璋撰 四庫存目 即亭

書目 浙江採進遺書總錄乙集 象志

讀左便識 卷 清鄭元宗撰 象志 鄭氏曉翠

軒稿本

春秋管見六卷 清黃道暉撰 鄞志三補 耆舊詩

補春秋三傳明義定衷四卷　清陳自舜撰鄞志寒村
息尚編

春秋心法卷　清唐虞壽撰鄞志采訪冊

左傳讀蒙卷　清李增撰鄞志兩浙教官詩錄

左傳蒙談卷　清邵洪撰鄞志采訪冊

春秋表卷　清蔣淙撰鄞志四明談助

讀左隨筆卷　清范邦楨撰鄞志采訪冊

春秋規三卷　清徐時棟撰鄞志煙嶼樓藏本

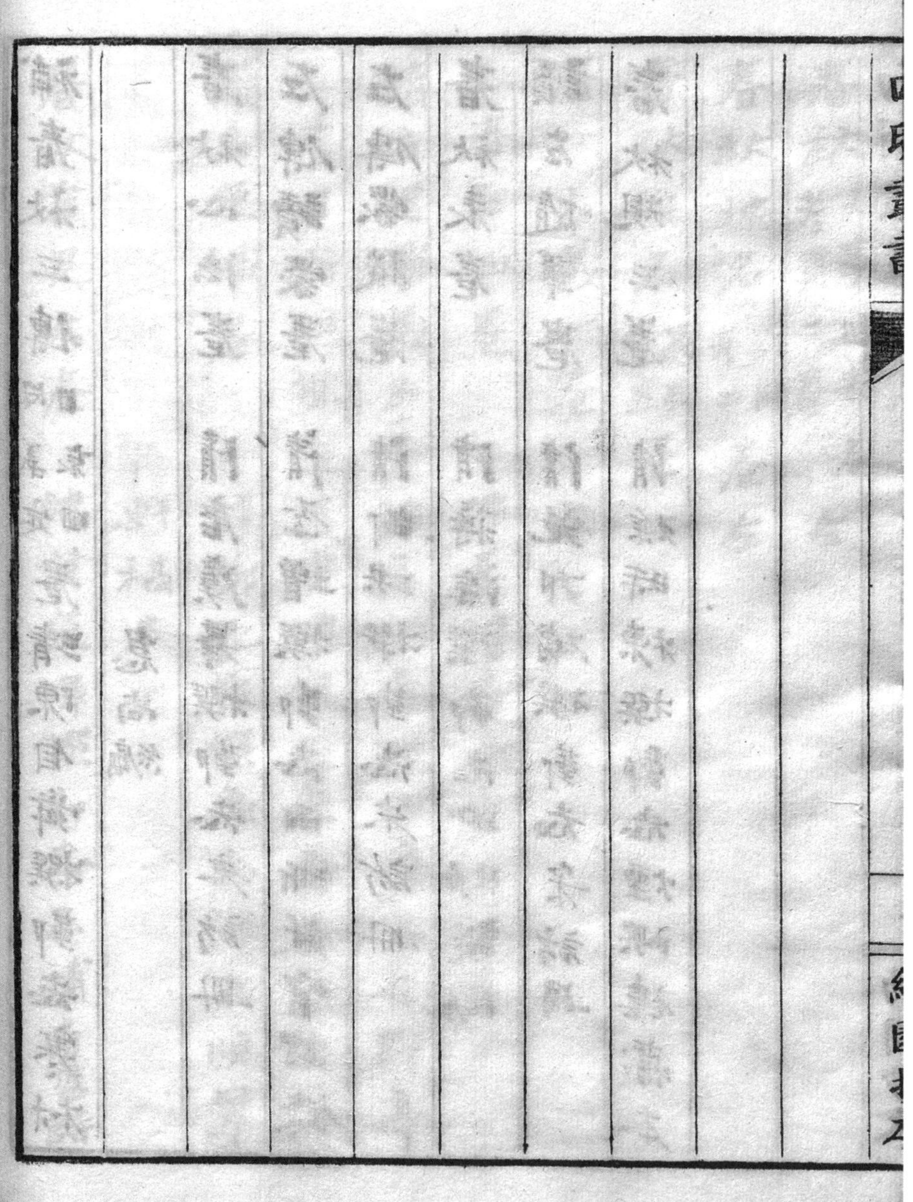

四明經籍志卷六

鄞縣張壽鏞編輯

經部六

孝經類

孝經註卷　吳虞翻撰唐元宗孝經序慈志經義云佚王應麟曰孝經序六家異同今攷經典序錄自孔鄭王劉韋五家而無虞翻註隋唐志皆不載

孝經志林卷　晉虞喜撰道光府志經義攷慈作孝經注經義攷云佚

廣孝經十卷　唐徐浩撰　唐書藝文志乾道圖經鄞志定志鄞志並曰唐會要徐浩作沈若大德昌國志或本作沈治豈其姓則據会要其名則披唐書而傳寫者又誤浩為治耶兩書皆抄本多誤字故從唐書

古文孝經解卷　宋楊簡撰　宋史藝文志馬氏通考慈志經義攷云未見延祐志道光府志作古文孝經傳

孝經說三卷　宋袁甫撰　宋史藝文志書錄解題焦氏經籍志鄞志經義攷云佚宋史本傳

嘉靖志作孝說郡齋讀書志作一卷

孝經集註三卷明余本撰明史藝文志影文樂藝文志鄞志經義攷云孖惟刊姓譜以余本作鄞人鄞獻表耆舊傳道光府志作孝經刊誤

孝經私鈔八卷明楊守陳撰明史藝文志分省人物攷鄞志經義攷云未見

孝經義彙卷明鄭先弼撰道光府志

永孝編卷明鄭先弼撰道光府志寒村人物攷慈志

孝經翼註卷明李訒撰古補耆舊詩鄞志

孝經淺明二卷清潘平格撰毛文强撰付慈志

孝經古解九卷清袁鈞撰西袁家乘鄞志

孝經訂誤編卷清殷飲坤撰采訪冊鄞志

四明經籍志卷七

鄞縣張壽鏞編輯

經部七

羣經

五經證源五十卷　宋王說撰浙志鄞志

詩禮講解卷　宋舒璘撰延祐志嘉靖志安徽通志康乾志雍志

五經會要卷　宋汪大猷撰宋史本傳鄞志

讀經纂義卷　宋李元白撰宣繒撰墓志雍志

詩禮講義二百篇仝

詩書講義卷 宋李詞伯撰王應麟墓志孝志

經解卷 宋張邦彥撰鄞志經義攷云佚

諸經論孟禮記論說卷 宋袁燮撰直德秀撰行狀鄞志

六經注卷 宋趙与權撰餘杭志鄞志

玉海藝文經解九卷 宋王應麟撰鄞志經義攷云存

鄞志案曰四庫總目春秋類箴膏肓起廢疾

發墨守一卷咸題宋應麟撰述亦無確據又

如善堂書目有王應應麟書經王海抄本詩

經玉海抄本二種經義攷群經引王應麟六

經天文編前依四庫著錄列入子部應不復列

四書五經疑義元袁士元撰符台外集鄞志
經書問難卷明李孝謙撰浙志黃氏書目道
光府志鄞志
經書辨惑二卷明張時敘撰桃源志張文定集
從子邦奇撰行狀鄞志
經書補注四卷明黃潤玉撰明史藝文志黃氏
書目云嘗齋書目鄞志經義攷經書補注四
卷又譜一卷云未見道光府志無卷目耆舊
傳作補諸經四書注浙志作四書志授經圖
作三卷徐𤊹書目作一卷

經補一卷　明黃潤玉撰明史藝文志授經圖鄞志經義是書附於經書補注條下無經字云未見

五經考証卷　明楊守陳撰鄞志經義考云未見經義考楊守陳除上書外尚有諸經私鈔一百卷存散見各經中茲不列其中

五經說卷　明張邦奇撰道光府志按鄞志經部張邦奇祇有易說書說春秋說並無五經說一書意者五經說即易說春秋說之總稱歟

五經蒐揮七十卷 明薛治撰 明史藝文志 黃氏書目 鄞獻表 鄞志

經義總論十卷 明王述撰 道光府志

經筵講義卷 明吳惠撰 嘉靖志 浙志 鄞志

五經會同卷 明戴璟撰 嘉靖志 康乾志 奉志

經書講意卷 明秦鍠撰 千頃堂書目 慈志

五經世學卷 明沈泰灝撰 葛世振撰行狀 鄞志

經書講意卷 明厲雲鸞撰 道光府志 象志

四書五經摭疑集 明蔡溥撰 間志 鄞志

四經穅秕卷 明張楷撰 千頃堂書目 經義考

作四根秘云未見

五經評解卷　明王玉書撰閏志鄞志

五經册學卷　明豐坊撰道光府志按鄞志名部豐坊無五經册學經部祇有古易册學古書册學魯詩册學春秋册學等書均名自立眉目入集部

五緒經言卷　明姜應麟撰應志經義攷云未見

九經攷異十二卷又附逸詩一卷　明周應賓撰明史藝文志黃氏書目四庫存目浙志鄞志經義攷云存道光府志有書無卷目

五經鈔卷　明朱道星撰　象志

四書五經尊王錄二十卷　明沈潛撰　盧楃集序慈志

四書五經尊聖錄六卷　仝

五經大義五卷　仝

九經聞聖大義卷　仝

五經圭羅考疑卷　明李國標撰　康乾志　奉志

六經約卷　清桂一奇撰　清芬集慈志

經說危言卷　清周維棫撰　慈志　王國撰傳

經解卷　清孫事倫撰　鈔藏本　奉志

群經粹語卷　清陳炳撰　定志

十三經補訓卷　清鍾勳撰定志

經訓比義三卷清黃以周撰定志

五經彙撰十二卷清張懋逵撰鎮志蛟川詩話

　　兩浙輶軒錄作八卷

儆居經說內十卷外一卷清黃式三撰定志

東斋經義四卷清孫貽謀撰定志

經解十卷清劉燦撰鎮志采訪冊

經義襍錄二卷仝

五經的解卷清錢捷撰象志

經書輿解卷　清錢肅履撰在茲集鄞志

五經問答十卷清邵陸撰羅有高撰懿行記鄞志

讀經偶鈔四卷清蔣學鏞撰鄞志蔣氏家藏本

鄭氏佚書八十卷清袁鈞撰西袁氏家乘鄞志

穆齋經詁四卷清任鈞撰鄞志采訪冊

煙嶼樓經說四卷清徐時棟撰烟嶼樓藏本鄞志

附註：按義攷群經類宋黃震有日鈔經說二十一卷存散見各經又宋沈翔孫有經傳蒙求前依鄞志列子部又元歸天民六藝綱目前依四庫著錄列小學類茲均不復載

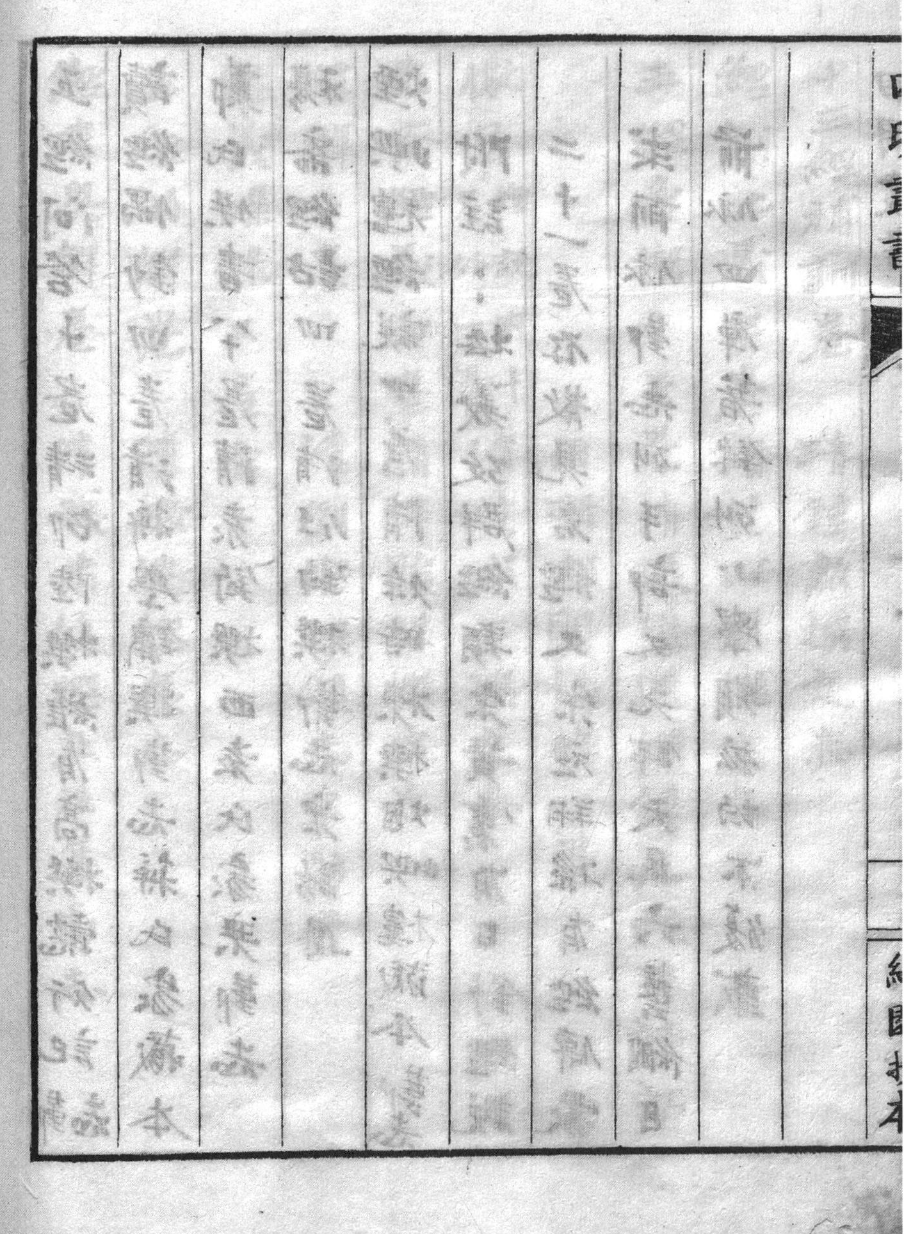

四明經籍志卷八　鄞縣張壽鏞編輯

經部八

四書

論語註十卷　吳虞翻撰　七錄隋志經義攷云佚　本傳無卷目　道光府志作訓註且無卷目　隋經籍志王肅虞翻譙周周等註論語右十卷

論語讚九卷　晉虞喜撰　隋經籍志道光府志隋志舊唐藝文志作十卷　經藝攷作論語讚鄭氏志九卷云佚

新書對張論十卷晉虞喜撰七錄隋志謂冊府元龜作新書對張論經義攷作新書經義攷作新書對張論語今查經義攷实作新書對張論引錄作十卷云佚而經義攷引冊府元龜有云虞喜累引徵博士不就說毛詩畧注孝經撰周官駮難又注論語讚九卷新詩對張論語十卷則冊府元龜又实作新書對張論語隋志所引適相反

論語傳十卷　宋陳禾撰宋史藝文志鄞志經義攷云佚

孟子傳十四卷　宋陳禾撰　宋史藝文志鄞志經義攷云佚宋史本傳云論語孟子解各十四卷嘉靖聞曹志道光府志連稱語孟解

孟子註卷　宋豐稷撰宋元學案鄞志

論語說卷　宋曹說撰剡源集奉志

論語注卷　宋陳顯撰嘉靖志浙志鄞志奉志

論語傳一卷　宋高元之撰宋史藝文志浙志鄞志經義攷作論攷一卷佚延祐志道光府志作論語解

論語解千卷　宋趙敦臨撰康乾志浙志鄞志

雍志經義攷無卷目云佚

孟子解十四卷宋趙敦臨撰康乾志鄞志經藝攷無卷目云佚雍志四十卷上二條嘉靖志

道光府志連稱語孟解

論語口義二十卷宋史浩撰宋史藝文志遂初堂書目道光府志鄞志經義攷云佚

論語大意二十卷宋卞圜撰宋史藝文志文獻通攷道光府志象志焦竑國史經籍志圜誤刊圖經義攷云未見陳振孫曰海陵卞圜撰

孟子大意卷 宋卞圜撰象志經義攷不列孟

子大意書目惟論語攷大意條都穆曰予家舊藏論語大意而書皆家刻本而無著書人名嘗觀文獻通考以兩書爲卞圜撰亦不著其鄉郡其後見劉昌錫嘉話有圜拔語始知圜爲宋海陵人海陵即今之泰州予友儲君都憲靜夫欲修州志會問予以圜語之儲君愕然曰吾用心志事而不知此人修志非君不能益我惜儲君已歿志意不成念之未嘗不太息也

論語管窺卷　宋袁燮撰絜齋集鄞志

孟子說卷　仝

論語傳卷　宋楊簡撰天啟志道光府志慈志

四書衍義卷　宋董鳴謙撰采訪册奉志

論語訓傳卷　宋王時撰陸游撰墓志道光府志奉志經義攷無卷目云佚

論語說卷　宋袁絜齋集鄞志

四書膚見卷　宋葛文寧撰采訪册奉志

四書通釋卷　宋趙善侍撰劉仁本重修鄮山書院記鄞志

四書說約　宋單庚金撰剡源集奉志經義

義攷作增集論語説約云佚

中庸説約一卷宋趙善湘撰宋史本傳鄞志謂經義攷作中庸説約今查經義攷實作説約一卷佚

大學解十卷宋趙善湘撰宋史本傳鄞志經義攷云佚

論語大意十卷宋趙善湘撰宋史本傳淅志一齋書目世善堂書目鄞志經義攷云未見

孟子解十四卷宋趙善湘宋史本傳鄞志經義攷云佚

論語精義十卷宋桂萬榮撰趙景脩撰傳雍正
府志慈志

中庸説詳二卷宋袁甫撰授經圖鄞志經義攷
云佚四庫著錄續通志宋元學案慎蒙齋中
庸講四卷

孟子解卷宋袁甫撰宋史本傳通志府志
鄞志經義攷云佚

論語孟子攷異二卷宋王應麟撰四庫存目鄞
志註浙志採集書錄析為二書案此書採諸
困學紀聞中蓋書肆僞本

學庸圖說卷 宋李元白撰宣繒撰墓志奉志

語孟義類卷 左

論語指要卷 元任士林撰元史藝文志浙志

康乾志道光府志鄞志奉志經義攷云佚

中庸大學章旨卷元鄭奕夫撰續通志千頃堂

書目道光府志鄞志經義攷云佚簡要志作

學庸章旨

論語本意卷 元鄭奕夫撰元史藝文志鄞志

續通攷簡要志嘉靖志經義攷作本義成化

志浙江作大旨經義云佚

四書詳說卷　元徐亮撰　三芧志鄞志經義攷

有宋黄震讀論語日抄一卷存讀孟子日鈔
一鈔一卷存慈志不志書目困在黄氏日鈔
中慈不復列又有元戴表元論語講義一卷
存經義攷案語戴氏講義共二卷論語一卷
中凡十六條其餘易書詩禮中庸孟子參襍戴
剡源集亦不復列

大學補畧一卷明傅淯撰明一慈志浙志兩浙
名賢錄千頃堂書目鄞志慈志經義攷云未
見道光府志無卷目

四書穅秕卷　明張楷撰正德志道光府志慈
　　　　　　志經義攷云佚

學庸通旨二卷　明黃潤玉撰授經圖鄞志經義
　　　　　　攷云未見全祖望傳家集序作中庸脈絡大
　　　　　　學指歸明志嘉靖志鄞獻表道光府志皆作學
　　　　　　庸通旨

大學講義卷　明宋儒撰康乾志奉志

四書直説卷　明楊範撰浙志道光府志鄞志
　　　　　　經義攷云未見

中庸私鈔一卷　明楊守陳撰浙志鄞志經義攷

云未見

論語私鈔十卷明楊守陳撰鄞志經義攷云未見

孟子私鈔七卷明楊守陳撰浙志鄞志經義攷

分有人物攷連稱論孟私鈔

書四私鈔卷明楊守陳撰經義攷云存鄞志

案曰經義攷別有四書私鈔蓋合學庸論孟

言之又別有諸經私鈔百卷蓋合群合經而

而言之故不著錄云云愚按經義攷楊守陳

中庸大學論語孟子名私鈔均云未見而於

四書私鈔認為另一書矣否則四書私鈔錄

既為學庸論孟四私鈔之總稱何以對於於
答私鈔均云未見而於四書私鈔敢獨云存
也非經義攷之矛盾即鄞志之武斷未知孰
是

四書初學解卷　明王太謨撰鄞志

學庸志畧卷　明萬表撰献徵錄鄞志經義攷
云未見

論語心義卷　明萬表撰分省人物考鄞志經
義考云未見

孟子摘要卷　明萬表撰黃氏書目鄞志經義

攷云未見

四書參攷卷　明葛表撰鄞志經義攷云未見

學庸要旨二　明王綸撰千頃堂書目悤志經

義攷云未見道光府志不注卷目

四書辨疑卷　明包沐撰嘉靖志道光府志鄞

志浙志作辨說

石經大學二卷　明豐坊撰陸氏續經籍

四書初意錄卷　明洪鈇撰浙志天啟志悤志

四書尊聞錄卷今

四書要略卷　明戴圭撰兩浙名賢錄道光府

錄道光府志聞志鄞志鄞志獻表作四書要說

四書就正錄卷　明洪鈇撰　浙志　天啟志　慈志

四書答問錄卷　仝

四書便便學解卷　明吳真撰　聞志　鄞志

四書大全補卷　明張鴻撰　桃源志　鄞志

四書燭解卷　明陳言撰　凌雲堂集陳清橋先生撰傳　鄞志

四書的見卷　明杜惠撰　桃源志　鄞志

四書音義攷辨卷　明林可成撰　聞志　鄞志

四書體解卷　明周立本撰　奉志　徐之垣撰墓志

四書正義撰卷　明顧英撰　浙志　道光府志　天啟志　慈志

四書講意卷　明向欽撰　徵文錄　慈志

大學說卷　明張謙撰　雍正志　慈志

四書窺蘊卷　明劉泚撰　天啟志　慈志

四書悟言卷　明葛仁義撰　浙志　鄞志

四書賸義卷　明沈誼撰　徵文錄　慈志

敬一齋四書講義卷　明項良梓撰　閩志　鄞志

四書庸說卷　明宋佳撰　康乾志　奉志

中庸傳一卷　明張邦奇撰　浙志　鄞志　道光府

府志不注卷目經義攷云未見

大學傳一卷 亡

中庸傳一卷 明張邦治撰駁樂堂藝文志鄞志經義攷云未見

四書三說三十卷 明管大勳撰黄氏書目耆舊傳鄞志浙志經義攷云未見道光府志作四書三說纂要兩無卷目

四書注意卷 明秦應鸞撰徵文錄慈志

四書編注卷 明傅奇遇撰鄞志

大學衍義略卷 明何洪邁撰天啟志道光府志慈志

四書解卷 明華夏撰鄞志鎮志鄞志鎮案

解凡三十條卽在過宜宣中

四書心鉢卷 明方應龍撰雍正志慈志

四書講義卷 明陳于知撰鄞志三補耆舊詩

四書緒言卷 明鄭夫獮撰慈志寒村人物攷

四書覺卷 明桂一章撰慈志清芬集

四書彙解卷 明秦伯胃撰徵文錄慈志

四書勝覽卷 明董大晟撰道光府志

大學衍義參略八卷 明玧潛撰慈志蘆樵集序

四書曲直解卷 明葉振熙撰慈志葉儁撰行狀

四書約旨卷　明陳應潘撰道光府志鎮志乾隆志傳作應宝

四書淺明六卷明諸平格撰慈志毛文強撰傳

四書會解卷清董日炘撰慈志徵文錄

四書翼註十卷清董爾宏撰慈志假物樓脞錄

四書彙註徵韻二卷清馮仁撰慈志息尚編

四書註解彙補卷仝

四書辨疑五十二卷清秦遵宗撰抱珠山房藏本慈志

四書印心錄卷清欒亮撰慈志慈北道文

四書講義与知集清裘連撰慈志年譜

四書講義卷 清何德隆撰 徵文錄 慈志

四書舉要卷 清葉桂芳撰 慈志 李東華撰墓志

四書撲誠集卷仝

四書註疏考証卷 清桂禰撰 慈志 清芬集

四書心注卷 清刁奐 慈志 慈北遺文

四書精要錄二卷 清袁一鳴撰 慈志 烟嶼樓集

四書備要六卷 清應如春撰 慈志 兩浙校官詩錄

四書休注辨正十九卷 清沈讓安撰 慈志 采訪冊

四書訓蒙卷 清鄔膚芳撰 乾隆志 奉志

孟子提要卷 清王治皋撰 慈志 徵文錄

孟子弟子考六卷　清裘姚崇撰　慈志采訪冊

學庸講義卷　清董經濟撰　慈志假物樓胜錄

學庸眉朗卷　清沈啟宇撰　慈志采訪冊

學庸兩論句解　清鄔夔元撰　奉志采訪冊

四書筆記卷　清孫事倫撰　奉志

四書解義卷　清虞二球撰　鎮志

四書講義卷　清武緒暈撰　鎮志陳志稿

四書講義卷　清莊上駟撰　左

四書求是卷　清劉燦撰　鎮志采訪冊蛟川續

考舊詩作四書答問

四子書瑣義一卷 清姚燮撰 鎮志

論語微言一卷 清魏鳳林撰 慈志 采訪冊

論語彙卷 清倪勵撰 象志 彭姥詩萬楊月傳跋

語論後案二十卷 清黃式三撰 定志

論語集解疏義十二卷 清胡倫撰 定志

論語經註四卷 孫貽謀撰 定志

論語古解二十卷 清袁鈞撰 鄞志 西袁氏家乘

四書講義卷 清李湘撰 鄞志 三補耆舊詩

四書辨義卷 清何任之撰 仝

四書一貫卷 清董志晉撰 鄞志 采訪冊

孟子辨略卷　清虞世愷撰　閏志鄞志

四書辨証十卷　清邵陸撰　鄞志懿行記

四書述二十卷　清范震薇撰　鄞志朱邦經撰行狀

大學衍義纂注卷　清黃道成撰　鄞志三補耆舊

詩本書外尚有詩義提綱心子編易稿

大學析義卷　清李琦撰　鄞志采訪冊

大學釋疑錄一卷　清欽敬坤撰　仝

中庸闡微說一卷　仝

附錄

論語講義卷　元葉秀發撰　宋元學案鄞志附

錄經義攷云佚秀菱金華人

四明經籍志卷九

鄞縣張壽鏞編輯

經部九

樂類

律呂直解　卷　明薛治撰鄞獻表鄞志

鍾律通攷六卷　明倪復撰天一閣書目四庫著錄

郘亭書目鄞志道光府志不注卷目

律呂辨　卷　明高武撰浙志鄞志

律呂新書解　卷　明余本撰浙志道光府志鄞志

律呂通十二卷　明周南撰慈志象志雍正府志

道光府志無卷目

律呂謹案卷　清馮宗儀撰湛園未定稿慈志

樂律圖說二卷　清張校均撰鎮志子錫路撰行狀

四明經籍志卷十

鄞縣張壽鏞編輯

經部十

小學

四聲等第圖一卷宋王宗道撰鄞志引續通考定志奉志不注卷目鄞志注錢志今本郡齋讀書志切韻指元三卷王宗道撰論字之五音清濁與通考所引異四聲等第圖一卷今本以為僧宗彥撰二者未知孰是

切韻指元三卷宋王宗道撰郡齋讀書志通攷

鄞志奉志鎮志定志作切音指元三卷

補注急就篇六卷宋王应麟宋志道光府志鄞志閩志作四卷

六藝綱目二卷元舒天民撰四庫著錄鄞志經義攷作四卷存入郡經類千頃堂書書目作四卷

篆隸扁旁點畫辨卷元应在撰書史会要慈志

皕松樓藏書志篆法扁旁點畫辨

辨釋篆法辨卷元应在撰皕松樓藏書志慈志

六書正疑卷明夏誠撰小學攷浙志慈志

六書正訛卷明夏誠撰浙志慈志

急就章解卷　明李孝謙撰　浙志　嘉靖志　道光
府志　鄞志
文字譜譜系十二卷　明穆初撰　鄞志
稽古韻畧卷　明楊守陳撰　文懿集　鄞志
集古隸韻五卷　明方仕撰　四庫存目　鄞志
金石遺文五卷　明豐坊撰　四庫存目　鄞志
篇海類編二十卷　明屠隆撰　四庫存目　鄞志　按語
是書坊賈所託名非隆作
五經字類考四卷　清裘璉撰　蔗村年譜　慈志
爾雅約卷　清裘璉撰　國史列傳　慈志

小學廣卷　清袁連撰國史列傳慈志年譜

小學廣編

說文新附重攷四卷清王約撰慈志采訪冊

段註說文私測二卷仝

同文音義釋要十卷仝

音韻辨微卷　清曹鍠撰鎮志陳志稿

續廣雅二卷　清劉燦撰鎮志刊本

文雅二卷　仝

八分隸楷攷一卷清張炳墇撰象志按謂是書

不傳

十三經字辨卷清錢灰臣撰象志錢氏家譜

綿、古字辨對卷清錢灰臣撰象志

爾雅揀珠二卷清倪勱撰象志彭姚詩蒐楊

月傳跋

初音啟蒙一卷清胡寅撰定志

聲訓彙纂十五卷清黃以愚撰定志

聲韻源流考一卷清萬斯同撰四庫存目鄞志

正字通補卷清陳自舜撰鄞志息尚編

韻表新編五卷清仇廷橫撰四庫存目鄞志

浙江書錄作廷樑抱經樓書目作廷謨浙江

書錄曰分二界四畫五綱二十三目列為新

表別有韻表後編三種附於尾

韻表後編卷　清仇廷模撰浙江書錄鄞志

雙聲疊韻譜四卷清史榮撰錢志鄞志

字林通攷四卷清湯啓燡撰通行本鄞志

六書辨要二卷　仝

韻法直圖訂訛卷清董元聰撰鄞志從子東鈍撰

家傳

字彙正音十卷　仝

隸韻十卷　仝

學庸說文十二卷 清李凱撰 錢志 鄞志

說文引經錄 又補葺韻表 清王梓材撰 鄞志 采訪冊

篇韻正誤 卷 清沈道寬撰 鄞志

史部目錄

四明經籍志

鄞縣張壽鏞編輯

史部一

正史類

晉書二十六卷　晉虞預撰愍志隋經籍志本作四十四卷今殘缺舊唐藝文志作五十八卷道光府志作四十餘卷

後漢歷志解卷　宋高光之撰寶慶志道光府志鄞志奉志附錄卅善堂書目作二卷鄞志稿曰後漢歷志一卷

史記刊誤卷　明余有丁撰史記評林引用書目道古堂集

正史約編卷　明秦祖襄撰徵文徵慈志

二十一史要箋釋卷　明謝泰宗撰乾隆志鎮志

諸史註解約四卷　明裘連年譜慈志

歷代正史掛一編十卷　清聞性善撰浙志鄞志

史記校誤卷　清劉烽撰采訪丹鎮志

漢史地理志稽疑六卷　清全祖望撰朱氏刊本鄞志粵雅堂叢書本

修訂晉書卷　清全祖望撰謝山親筆修訂約園藏本

四明經籍志

鄞縣張壽鏞編輯

史部二

編年類

資治編年卷 宋王伯撰浙志延祐志鄞志

歷朝實錄綱目卷 宋趙粹中撰攻媿集鄞志

宋十朝綱目 宋樓昉撰宋史理宗本紀鄞志

寧宗實錄卷 宋史嵩之撰宋史本傳鄞志

高孝光寧宗帝紀卷宋仝

仁宗實錄六十卷事目二十七卷制誥錄十三卷 元袁桷等撰元史藝文志補

至治三年三月翰林學士元明善侍講學
曹元用袁桷進鄞志

十七史綱目卷　宋舒津撰成化志康乾志道光府志奉志

通鑑地理攷百卷　宋王應麟撰宋志浙志道光府志鄞志

通鑑地理通釋十四卷宋王應麟撰宋志聚樂堂藝文志郘
亭書目鄞志四庫著錄
提要曰書本十四卷宋史本傳疑傳刻之誤也道光
府作十六卷蓋襲本傳之誤

通鑑義例攷卷　宋王應麟撰清容居士集鄞志

五朝實錄卷　宋袁桷撰清容居士集鄞志

通鑑續編二十四卷明陳桱撰（道光府志列元朝）百川書志文淵閣書目四庫著目邵亭書鄞志奉志道光府志無卷目浙志誤三十卷

通鑑前編擧要親書二卷明陳桱撰九靈山房集鄞志奉志

通鑑筆記二百卷明陳桱撰黃氏書目鄞志奉志

宋鑑綱目二十四卷明陳桱撰鄞志奉志均引四庫存目但查四庫存目未見是書

通鑑考証卷明李孝謙撰浙志嘉靖志道光府志鄞志

憲宗實錄卷　明楊守陳撰明史本傳鄞志

孝信編卷　明杜思撰閩志文端樓書目四庫存目鄞志浙志作攷古編錢志入子部

神宗實錄卷　明薛三省撰國史大臣傳鎮志

歷代紀元彙攷五卷　清萬斯同撰抱經堂書目鄞志培林堂書目道光府志作八卷續耆舊傳作四卷

明史崇禎長編卷　清裘連撰國史列傳慈志

歷代紀年類編卷　清聞性道撰惢泉文恒鄞志

歷代紀年輯畧卷仝

玉堂綱鑑卷 清虞二球刊本謝兆昌撰墓志鎮志

崇禎長編卷 清萬言撰國史儒林傳鄞志

明鑑紀要十七卷清萬言撰小跋翁紀年鄞志全
祖望撰萬九沙神道碑作明史紀要

續明鑑紀要三十二卷清萬經撰小跋翁紀年鄞志

重修歷代紀年卷清萬經撰錢鄞志

歷朝紀元攷一卷清姜炳章撰象志

四明叢書

紹圖抄本

四明經籍志

鄞縣張壽鏞編輯

史部三

紀事本末類

監國畧歷一卷　清張楷撰　明史藝文志　澹生堂書目　慈志

明史大事紀　卷　明林時躍撰　鮚埼亭集　鄞志

逆案三卷　仝

四明叢書

約園抄本

四明經籍志

鄞縣張壽鏞編輯

史部四

別史類

帝王世紀音四卷　隋虞綽撰　隋經籍志　鄭氏通志

玉牒會要卷　宋樓鑰撰　袁燮撰行狀　鄞志

聖政書卷　仝

三世下七世源類譜卷　宋史彌遠等撰　宋志　鄞志

玉牒三祖下第七世宗藩慶喜錄　宋史彌遠等撰　宋史寧

宗紀鄞志

寧宗玉牒會要卷仝前

玉牒日歷會要卷宋鄭清之等撰宋史理宗紀鄞志

古今紀要十九卷宋黃震撰宋志百川書志絳雲樓書目千頃堂書目四庫著目郘亭書目鄞志慈志鎮志汪佩鍔刊本附黃氏日鈔後道光府志無卷目

古今紀要逸編卷宋黃震撰知不足齋叢書皕宋樓藏書志小山堂舊藏本鄞志慈志鎮志結埼亭集作理度兩朝政

要鄞志謂四書亦稱理度兩朝綱要或作政要誤

戊辰修史十三傳卷　宋黃震撰宋史藝文志補緗雲樓書目元賁齋書目鄞志慈志鎮志

野史卷　宋孫福翁撰黃氏日鈔慈志

稽古正要　明張楷撰千頃堂書目慈志明一統志作稽古正典

世統卷　明豐坊撰鄞獻表鄞志明文授讀作世統本紀

自序是書綱祖春秋嚴善刺也目宗左氏著

末也每之終必叙禮樂官賦刑歷藝文食貨后
妃列國諸臣又以兼史漢傳志之本也盖一
　啟也而史法備矣見条卷按集

開國事畧卷　明向徵撰天啟志慈志

蓮蒲集卷　明屠本畯撰天一閣書目鄞志

路史纂卷　明馮烶撰徵文錄慈志

正統萃華卷　明鄭溱撰宗廟集慈志按黄百家
　撰墓志作正統萃畫

歷代傳是錄　明徐圓垣撰續耆舊傳鄞志

明小紀四冊　明林時對撰鄞志案曰是書原

無名目今抱經樓盧氏藏書本

題作明小紀

渡南紀卷 明董釗鍔撰南天痕凡例鄞志

南渡紀事卷 明錢光繡撰今

歷代史表五十三卷 清萬斯同撰文端樓書目四庫著錄郘亭書目鄞志道光府志有一補字

宋元遼金四代史纂卷 清裘連撰年譜慈志

明史稿四百六十卷 清萬斯同撰望溪集鄞志續耆舊傳作五百卷

世紀卷　清孫事倫撰竹溪未定稿自序奉志

南天痕二十六卷　清凌雪撰采訪冊鄞志

讀史通表卷　清全祖望撰鮚埼亭外集鄞志年
譜作古今通史表

歷朝人物世表卷　清全祖望撰鮚埼亭外集鄞志

歷朝人物親表錄表　仝

綱目韻言二卷　清柯鳳彩撰訪冊鄞志

史畧歌論十二卷　清慈谿裘日和輯道光辛未活字本

世本集覽四十八卷　清王梓材撰採訪冊鄞志按原
稿今藏扵吾郡鑒稿居康侯家

海東逸史十八卷清翁州老民撰定志此書不著作者姓名自署翁州老民殆明之遺老所作書凡十八卷監國紀次家人傳次列傳次忠義次遺民凡所叙述大都身所親見非嚮壁而虛造者名曰逸史实与正史相表表裏也其書刻本有二一為慈谿楊檢討泰亨所刻卷首有会稽孫祖序一為浙江官書本即武林徐幹所刻為徐氏

四明叢書

叢書十四種之一卷首無序

約園抄本

四明經籍志

鄞縣張壽鏞編輯

史部五

雜史類

國語訓注　吳虞翻撰　道光府志無卷目　隋經籍志總志經義云攷作春秋外傳國語注二十一卷

經義攷云佚　查經義攷此書本列春秋類現依四庫總目凡國語戰國策俱入史部雜史類故改列此

諸史闕疑三卷 宋楊王休撰 象志案曰名見攻
媿集云藏於家蓋未刻
閱世錄卷 宋王庭秀撰 揮麈後錄 鄞志
航海記卷 宋王庭秀撰 浙志 延祐志 道光
府志 鄞志
史疑五卷 宋李中撰 康乾志 道光府志 鄞志
聖德孝感記卷 宋王正己撰 寶慶志 鄞志
甲寅龍飛記卷 宋趙彥逾等撰 鄞志
高宗中興經武要畧卷 宋史彌等撰 宋志 浙志 鄞志
建炎備禦錄卷 宋李侑撰 剡源集 攻媿集 奉志

孝宗經武要畧卷　宋史嵩之撰宋史本傳鄞志

籌邊録卷　宋史宥之撰四明文獻鄞志

防拓録卷　宋袁甫撰宋史本傳鄞志嘉靖志道光府志作防拓録鄞志謂其誤

仁宗訓典詳釋卷　宋趙與懽宋史本傳鄞志

高宗寶訓要釋卷　仝

寧宗經武要畧卷　宋鄭清之等撰宋史理宗紀鄞志

柳桂治軍録卷　宋楊子器撰浙志嘉靖志道光府志慈志

戎政錄卷　明沈教撰分省人物考慈志

使琉球錄一卷　明陳侃撰浙志聚樂堂藝文志

鄞志文獻彙編作使事紀畧黃

氏書目作二卷道光府志無卷目

志家錄卷　明戴德彝撰采訪冊奉志

平夷功次錄一卷舊題周希程撰四庫存目提要

平夷功次錄一卷明焦希程編

希程榜姓周象山人嘉靖辛丑

進士官至貴州兵備副事希程

在四川時值宜賓夷人作亂巡

撫張臬檄查希程劂平因彙刻當時書檄以成此書　象志案曰提要此文大誤象山周鳳山先生父名璋子名大繼未嘗别姓焦周氏宗譜可攷豈可以周為焦誤一舊縣志周希程希程嘉靖十三年甲午科進士與辛丑相距八年誤二鳳山先生由廣東番禺令轉南直隸蘇州同知即以疾歸里卒並未嘗為四川按察使司僉事亦未以副使備兵貴州誤三周氏譜於希程名下注進士同知不云副使定以副使官尊於同知而反不注乎誤四

誤四道光縣志採之同治志稿採之因之皆
失攷
維楨錄一卷　明陳沂撰四庫存目鄞志江寧
府志無附錄
釋國語一卷　明張奇撰結埼亭集鄞志並入經
部經義攷入左傳類
會同稿一卷　明王統撰徵文錄慈志
平倭紀畧卷　明陳詨義撰慈志
備倭攷卷　明李賢撰浙志鄞志籌海圖編
黃氏書目云寧波人

祇役紀畧□卷　明趙文華撰　伴梅草堂舊藏本
　　鄞志　鄭若曾籌海圖編作平南
　　紀畧　千頃堂書目作祇役全書
　　天一閣見存目入詔令奏議類

敘嘉靖間倭東南事一卷　明沈一貫撰　浙志　徵信叢書　鄞
　　志

郤西蓄記一卷　明屠隆撰　浙志　太和堂書目　世善堂書目
　　鄞志

乙未私志一卷　明孫寅撰　浙江書錄　四庫存目　鄞志

隨民猥編一卷　明屠本畯撰　屠氏見聞錄　鄞志

驅除錄卷　明葉維榮撰　竹平閣詩話序　慈志

案是書紀明太祖削平海内事

徵信錄卷　明葛仁美撰耆舊傳道光府志鄞志

辨異錄卷　仝

崇卑錄卷　明周夢可撰雍正府志道光府志慈志

浮海記卷　明馮京第撰鮚埼亭外集南疆繹史全祖望曰京第浮海記自序其乞師日本國事

守麋紀畧一卷　明高斗樞撰閩志四庫存目鄞志黃氏書目麋作郿一作存漢錄

三楚舊勞記一卷　明高斗樞撰杲堂文鈔鄞志李鄞

嗣序畧元若高公所三楚舊勞記一卷公歷公官俱在楚自賊初起至於陷京師以及賊亡公以一身戰且守其間前後凡十五年與賊相終始

四明紀事卷　明張煌言撰天南痕凡例鄞志

且存錄卷　明徐鳳垣撰南天痕凡例鄞志

丹史八卷　明林時躍撰續耆舊傳鄞志

粵事徵信錄卷　明林時躍撰南痕天凡例鄞志

墨庵逸史卷　明林時對撰續耆舊傳鄞志

徵信錄　卷　明高斗魁撰南天痕凡例鄞志

海疆紀畧　卷　明高斗權撰南天痕凡例鄞志

吾徵錄　卷　明黄王書撰仝

安隆事畧　卷　明周元初撰仝

南疆遺事　卷　明李文靖撰續耆舊傳鄞志

全祖望曰先生南疆遺事足以補浙東野史

惜以火不傳

可攷錄　卷　清李鄴嗣撰南天痕凡例鄞志

漢語十卷　清李鄴嗣撰續耆舊傳鄞志

南朝語四卷　仝

續漢語二卷 亡

明季綫卷 清周容撰 南天痕凡例 鄞志

視師紀畧一卷 清謝三賓撰 鄞志 黃氏書目一名

笏記平登州亂事

大業宮闈始末攷畧卷 清顧棡撰 伴梅草堂著書目 慈

天寶宮闈始末攷畧卷 亡

讀史摭餘一卷 清周匡撰 溪上詩輯 慈志

辛壬璅記一卷 清柯超撰 采訪冊 慈志

南宋六陵遺事一卷 清萬斯同撰 浙志 鄞志 全祖望撰

傳作二卷

董封偶錄三十八卷 清聞性善撰 聞志 鄞志

外史集卷 清盛沛撰 南沙撰行狀 奉志

勝國臏語卷 清左臣撰 樗庵存稿 鄞志

戰國策注釋卷 清曹象賢撰 陳志稿 鎮志

征西日記卷 清王睒撰 樗庵存稿 鄞志

國語韋注正誤四卷 清徐時棟 煙嶼樓藏本 鄞志

答朱述之問翁州遺事卷 清厲得鵬撰 定志

周季編畧九卷 清黄式三撰 定志

日俄戰記二卷 近人方若撰 定志

四明經籍志

鄞縣張壽鏞編輯

史部六

詔令奏議類

奏事六卷　晉虞谷撰隋經籍志慈志

上書詰表一卷　陳虞𥙷撰仝

边說二卷　宋俞充撰宝慶志鄞志

奏議五卷　仝

元豐聖訓三卷　宋舒亶編宋史藝文志乾道圖

經慈志

六朝寶訓一部　宋舒亶編　宋史藝文志　慈志

石坡奏議卷　宋桂萬榮撰　東山集　慈志

奏議卷　宋王伯庠撰　攻媿集　鄞志

奏議卷　宋趙煥撰　仝

奏議卷　宋趙粹中撰　仝

高宗寶訓七十卷　宋袁燮編　玉海

孝宗寶訓六十卷　宋袁燮編　玉海　鄞志

孝宗寶訓六十卷　宋史彌等編　宋志　浙志　鄞志

高宗寶訓卷　宋史彌遠等編　宋志　鄞志

紹興求賢手詔一卷　宋史彌遠等錄　宋志　續通攷　鄞志

奏議卷 宋史彌鞏撰四明文献集鄞志

東漢詔令十一卷 宋樓昉撰書錄解題文献通攷

季蒼葦書目鄞志四庫著錄作

兩漢詔令二十三卷西漢詔令十二

卷宋林虙編東漢詔令十一卷宋

樓昉編

後省封駁卷 宋袁甫撰宋史本傳鄞志

孝宗寶訓卷 宋宣繒編宋史本傳鄞志

奏議兩卷 宋趙與權撰宋史本傳鄞志

光宗寧宗寶訓卷宋鄭清之等編宋史理宗紀鄞志

南台稿卷　明張楷撰千頃堂書目成化志慈志

清鎖奏事卷　明毛宏撰閩志鄞志

閩疏稿卷　明王應鵬撰嘉靖志鄞獻表鄞志

奏疏稿卷　明舒廷謨撰康乾志奉志

歷官奏議卷　明楊守隨撰閩志鄞志

柳齋奏議卷　明王來撰浙志正德志道光府志慈志

三岡奏議錄卷　明葉應驄撰耆舊傳鄞志

禮部要稿卷　明王綸撰千頃堂書目天啟志道光府志慈志

分守要稿卷　仝

承宣稿卷　仝

論撫稿卷　仝

論奏遺草卷　明陳槐撰浙志嘉靖道光府慈志

槃臺奏議卷　明楊子器撰浙志嘉靖志慈志道光府志作槃臺奏章

吏部奏稿卷　明楊子器撰浙志嘉靖志道光府志慈志

東泉奏議卷　明姚鏌撰兩浙名賢錄天啟志道光府志慈志

駁稿一卷　明王純撰徵文錄慈志

奏稿一卷　仝

疏稿卷　明錢唐撰象志

南垣奏疏卷　明孫懋撰千頃堂書目浙志慈志

毅庵奏疏二卷　明孫懋撰千頃堂書目浙江遺書錄四庫著錄郘亭書目慈志

南台奏稿卷　明顧英撰嘉靖志道光府志慈志環碧堂集作謾齋奏草

台中文議卷　明顧英撰嘉靖志道光府志慈志

疏議稿卷　明王梃撰道光府志象志疏議作疏議王梃作王梃其業則謂同野先生未嘗進講疏議當是疏議又云天一閣書目吏部傳記類王氏家乘明嘉靖象山毅齋王渙時霖

氏墓志銘子王梃當是梴之誤云

中州奏議卷　明葉照撰浙志天啟志慈志

鄮台奏議卷　明葉照撰浙志天啟志慈志

江北題稿卷仝

奏疏四卷　明馮岳撰張瀚撰墓志慈湖耆

舊詩傳慈志

諫垣奏議一卷明楊言撰徐興書目鄞志

三垣疏草卷　明馮能成撰浙志慈湖耆舊詩

傳傳慈志道光府志作馮成能

端簡奏疏六卷　明趙參魯撰浙志黃氏書目鄞

志道光府志無端簡二字無卷目

奏議一卷　明楊言撰徐兴公書目鄞志着

舊傳作諫垣奏議

冲宇奏議卷　明顔鯨撰天啟志慈志

撫饑奏稿二卷　明汪玉撰黄氏書目鄞志道光

府志無卷目

事務疏卷　明朱瑄撰董山集朱公遺事鄞志

春議四卷　明范欽撰天一閣書目鄞志

敬事草十九卷　明沈一貫撰澹生堂書目四庫存目鄞

志道光府志無卷目徐兴公書目有奏疏二字

春議卷　明何程撰天啟志道光府志慈

體性堂奏疏卷　明馮烶撰徵文錄慈志

西台疏草一卷　明林祖述撰抱經樓書目鄞志

鹺台疏草一卷　仝

疏草卷　明董光宏撰浙志耆舊傳鄞志道光府志作京兆疏草

撫黔疏稿卷　明李檟撰浙志道光府志鄞志耆舊傳作疏草

青鎖奏議卷　明阮震亨撰無名氏撰墓志慈志

兩都疏草一卷　明錢敬忠撰左樂鄞志閩志作

兩都五大奏疏

容台佐議卷　明水佳允撰閩志鄞志

符司奏草卷　明沈泰灝撰續耆舊傳鄞志

奏疏十二卷　明馮元颺撰雍正府志道光府志慈志

按蜀疏草卷　明陳良謨撰浙志三補耆舊傳

道光府志鄞志

疏草十四卷　明薛三才撰薛文介集道光府志

作諫疏草

疏稿卷　明華顏撰華夏撰傳鎮志

奏疏四卷　明邵輔忠撰采訪冊鎮志

疏草卷　明林時對撰杲堂文鈔鄞志

疏稿卷　明沈延嘉撰續耆舊傳鄞志

疏稿卷　明周近梁撰溪上遺聞錄鄞志

奏議卷　明貴淳撰貴履升撰行狀慈志

疏稿一卷　明胡文学撰鄞志

四庫存目提要曰此為御史時題奏之稿自順治十七年至起康熙元年巡視兩淮鹽政止凡十六篇

疏議四卷　清周明新撰尊行日記上冊已遺失象志

四明經籍志

鄞縣張壽鏞編輯

史部七

傳記類

會稽典錄二十四卷 晉虞預撰隋經籍志總志著書本傳作二十篇道光府志作四十卷

諸虞傳十二篇 晉虞預撰晉書本傳總志道光府志

虞氏家記五卷 晉虞覽撰隋經籍志舊唐藝文作虞氏家傳唐藝文志作虞氏

家譜一卷無姓名慈志

明四郡才名志　唐孫郃撰浙志奉浙

家譜圖卷　宋薛唐撰鄞志

三蘇言行編卷　宋魏杞撰延祐志續通攷鄞志

先道作三蘇言行篇

興仁錄卷　宋汪大猷撰宋史本傳鄞志

會稽先賢祠傳贊卷宋史浩撰宋志菉竹堂書目鄞

志遂初堂書目作會稽先賢傳

會稽先賢贊是書附刻真隱漫

錄後

四明十二先生贊卷宋史浩撰延祐志鄞志是書

附刻真隱

勸戒元龜卷宋鄭鄂撰寶慶志鄞志

鄉記卷宋楊簡撰慈湖遺書慈志

北行日録一卷宋樓鑰撰書録解題陳氏經籍

志鄞志

范文正公年譜一卷宋樓鑰撰内閣書目菉竹堂

書目鄞志四庫存目補遺一卷

附義規矩一卷天一閣書目

五世孫之柔校十六世孫惟一重校明嘉靖

二十二年鈞陽任治序四庫提要年譜一卷宋樓鑰撰補遺一卷不知何人所作前有自識一條謂所未載者見之各年之下據前譜闕補頗多亦足以互相攷証元天歷三年仲淹八世孫國儁與父正奏議同刊行之其義莊規矩一卷則仲淹嘗買田置義莊於蘇州以贍其族創立規矩刻之版牓後其五世孫左司諫之柔復為整理續添式其本為范氏孫後人所錄凡錄皇祐二年仲淹初定規矩十條又熙寧元豐紹聖元祐崇寧大觀間純仁兄弟續

增規矩二十八条其慶元二年十二條則之采所增定

陸象山年譜二卷　宋袁燮撰浙志絳雲樓書目

四庫存目提要曰國朝李紱撰字巨來號穆堂臨川人康熙己丑進士官至內閣學士兼禮部侍郎陸九淵年譜為門人袁燮傅子雲四編宝祐四年李九子愿又重輯之劉林為刊版于衡陽紱病陸氏家祠所刻凡文與集重見者多所削又病不載陸九齡陸九韶事跡乃重加補輯定為此本大旨申王守仁朱

子晚年定論之說

名臣言行錄詩卷宋季充廷撰樓鑰撰墓志奉志

世家二篇宋史彌大撰聞志道光府志鄞志

越王言行錄十二卷宋周鑄史撰朱志鄞志

錢塘先賢傳贊一卷宋袁韶撰四庫著錄郘亭書

鄞志浙江書錄曰所紀上自

許由嚴陵至於宋代凡三十九人

紹興正論小傳二十卷宋樓昉撰文獻通攷焦氏經籍志

宋志作中興小傳百卷嘉靖志道光作中興

小傳百篇馬端臨曰以正論中姓名倣元祐

党傳為之宗志別史類有昉中興小傳百篇
疑即是書四庫存記目三紹興正論條引書
錄解題注有曰序稱瀟湘野人不著名氏錄
文武官不附和議及忤秦檜得罪者又載紹
興正論小傳二十卷則樓昉以正論中姓名仿
元祐党傳為之

日曆卷　宋史嵩之撰宋史本傳鄞志

會要卷　仝

慶元賜府致　宗黃翔龍撰閩志鄞志

顯爵淵源世系錄　宗志儀撰錢志鄞志定志

戴氏桃源世譜 鄞志宋王應麟序未有因書以遺戴僖詠其纂乃祖考無數等語不著編者名

史氏譜卷 宋史蒙卿撰四明文獻集鄞志

純德錄四卷 宋董添撰董景琦純德彙編序慈志

四明高僧傳卷 元袁桷撰四明文獻集鄞志

師友淵源錄卷 元袁桷撰清容集鄞志

四明袁氏譜圖卷 元袁士元撰九靈山房集鄞志

倪氏譜系卷 元倪可與撰春草齋集鄞志

唐宋高僧傳卷元僧曇噩撰元藝文志補黃氏書

目鄞志

四明文獻卷明鄭真撰黃氏書鄞志

鄞獻表作四明文獻集者舊傳作四明文獻錄成化志真嘗採摭鄉先生言行文辭萃為一編曰明文獻又嘗類聚諸家格言著為集傳集說集論道光府稱曰四明文獻集傳集說集論蓋本以此呈與張氏通園鈔本約園重本

忠義錄一卷明袁洪編天一閣書目鄞志浙志作袁公忠義錄

鄞志棄宋袁鏞國亡殉難明永樂初其後人
太常洪尚宝忠徹女子卽貴氏縉紳為詩文
表章之彙為一編曰忠義錄

瀛國公事実卷 明袁忠徹撰明文衡
鄞志棄西袁氏家乘又有靜思年譜

萬氏世譜卷 明萬全編王龍溪集鄞志

孔子聖蹟圖贊畫卷 明張楷撰呂文獻集慈志

四明文獻錄卷 明李孝謙撰嘉靖志黃氏書
目 道光府志鄞

四明名賢記卷 明李孝謙撰嘉靖志黃氏書目

鄞志耆舊傳作先賢記

王氏家乘卷　明王政編南山集鄞志

四明文獻錄一卷明黃潤玉撰續通志四庫存目鄞志

表柳莊傳一卷　明黃潤玉撰天一閣書目鄞志

四明黃氏家世淵源錄卷明黃想撰南山家傳集鄞志

道統言行集卷明楊範撰浙志鄞志簡要志集錄

豐清敏遺事卷附錄一卷明豐慶撰江書錄鄞志鎮志

四明文獻志十卷明李堂撰明志續通志聚樂堂

書目鄞志道光府志無卷目緐

雲樓書目志作錄

李氏宗枝紀事錄卷　明李堂撰　堇山堂集鄞志

漢唐名人事畧卷　明袁忠撰　采訪冊奉志

董氏先賢傳一卷　明董玨撰　正誼堂藏本鄞志

東川政蹟十二卷　明包澤撰　分省人物考道光府志鄞志　四庫存目作涧洲先賢錄

涧洲先賢事蹟六卷　明姚堂撰　聚樂堂藝文志慈

天一閣書目刊本鄭灵爲之序

廣信先賢事蹟六卷　明姚堂撰　百川書目慈志

四明志徵卷　明戴鯨撰　浙志黄氏書目鄞志　道光府志作四明志徵桃

聞性道寧波府志贊戴鯨志徵

為例四十為卷二十未梓

四明文獻攷卷 明戴鯨撰聞志黃氏書目鄞志

道光府志無攷字

情忠錄一卷 明夏時正撰百川學海三續慈志

旌德先賢祠錄卷 明夏時正撰千頃堂書目浙志

慈志鎮志徵文錄是編成化戊

戌胡宗為之序

東藩紀行錄一卷 明余本撰浙志鄞志黃氏書目

使朝鮮時作邱濬有序

屠氏族譜五卷 明屠僑撰 四明文獻集鄞志

東巡稿卷 明周津撰 千頃堂書目慈志天啟志作東稿

入閩視學記卷 明楊子器撰 浙志嘉靖志慈志道光府志作入閩學政記

東陽文獻錄卷 明張鉄撰 爐餘鈔存慈志

王氏傳芳錄卷 明王壽撰 仝

巡東漫記卷 明沈敷撰 分省人物考慈志千頃堂書目作巡東漫稿

忠臣錄卷 明向欽撰 徵文錄慈志

家傳卷　明鄭渭撰寒村人物考慈志

蕢牆錄卷　明葉照撰兩浙名賢錄浙志慈志

灌江鄭族直源卷　明鄭溱撰寒村人物考慈志

王明白年譜一卷　明王科撰徵文錄慈志

王伊和年譜一卷　仝

王氏家乘一卷　明王梴撰天一閣書目象志

源遠樓記畧卷　明鄔元會撰乾隆志奉志

關帝紀四卷　明孫際可等撰奉志天一閣書目

明孫際可李尊黄嘉瑜沈泰灝同輯爲一卷

陸世科薛士珩全大霦張子蘭同輯爲二卷

周應龍周昌晉張東元陸寶同輯為三卷水
佳允張子序史宗淮水竹同輯為四卷李遵序
宋氏留芳集六卷　明宋悊撰采訪册奉志
外史卷　明李國標撰康乾志奉志
陳東盡忠錄八卷　明陳沂撰浙志黃氏書目鄞志
聚樂堂藝文志無陳志東二字无卷
蓄德錄卷　明陳沂明志絳雲樓書目四庫存目
道光府志無卷目
濠梁葛氏宗譜卷　明萬表撰辨志藏本鄞志
遺忠錄卷　明杜俊采撰增修桃源志鄞志

尚友編卷 明范訢撰 浙志 鄞志

國朝名士志卷 明陳筱義撰 道光府志 慈志 引名賢錄 浙志皆無國朝二字

人物志卷 明陳筱義撰 兩浙名賢錄 道光府志 浙志 慈志

善行錄一卷續錄二卷 明張時徹撰 四庫存目 鄞志 澹生堂書目無續錄

四明槎湖張氏族譜一卷 明張時徹撰 焦氏經籍志 聚樂藝文志 黃氏書目 鄞志

紀行錄卷 明王佑撰 嘉靖志 康乾志 庠志

崇孝錄一卷 明錢圓朱撰鄞志天一閣書目輯

錢氏懿蹟

宋名臣言行節畧卷 明何敷撰天啟志慈志雍

正作宋名臣言行畧

慶元陸氏宗系後譜錄卷 明無名氏水東日記鄞志

四明薛氏瑞室錄卷 明薛晨撰黃氏書目鄞志

華朝遺忠錄卷 明范欽撰黃氏書目鄞志

續修顯爵淵源世系錄卷 明应鑾撰四明文獻集鄞志

四明山遊籍一卷 明沈臣撰黃氏書目鄞志徐

興書目作二卷

陳善錄卷 明沈一貫撰子泰撰行狀鄞志

桃源見聞錄 明張沔撰聞志鄞志

義士傳二卷 明屠隆撰明志黃氏書目鄞志

朔雪北征記卷 明屠隆撰說郛鄞志

宦遊歷記八卷 明余寅撰黃氏書目鄞志

遊舟山集一卷 明屠本畯撰徐興公書目鄞志

黃氏書目作二卷

憨士烈傳二卷 明屠本畯撰黃氏書目屠氏見聞錄鄞志

馮尚書年譜一卷明向上撰姚文合編徵文徵慈志

袁相國遺事一卷明向上撰徵文錄慈志

續家傳一卷　明鄭梓撰寒村人物考慈志

參伍傳卷　明馮琴撰徵文錄慈志

聖師世家七卷　明馮烶撰玉丁集慈志

歷代名賢祠祿明馮烶撰徵文錄慈志

貞白先生年譜卷明馮烶撰貞白甲帙慈志

滸山志卷　明周應賓撰黃氏書目鄞志

聞見漫記卷　明沈泰灝撰萬世振撰行狀鄞志

廬陵紀興編一卷明李德維撰衣德編鄞志

屠少司馬竹墟年譜卷明屠本畯撰鄞志天一閣書

云本畯述其父大山年譜

山東壬午死事七忠傳卷明周应治撰鄞志黃氏書目記鉄鉉等事

孔孟年譜一卷明包大燿撰鄞志案是書附甘綴四書類典賦首卷

聖門通考十五卷明包大燿撰黃氏書目鄞志案是書錢志入子部道光志無卷目

續聖門通考卷明包大燿撰浙志鄞志黃氏書目作大燿撰是書錢志入子部

甬東錢氏族譜卷明錢若賡撰天一閣書目鄞志

兩河日記卷　明董光宏撰浙志道光府志鄞志

歷官記錄卷　明董光宏撰黃氏書目鄞志

江淮紀行卷　明周夢可撰雍正府志慈志道光府志作江陽行紀

甬上逸事卷　明李埈撰浙志文苑傳鄞志黃氏書目逸作佚

向水贅言卷　明黃景章撰耆舊傳鄞志

唐張孝子純德錄卷　明張(失名)撰弇瀹齋集慈志

朱母節孝錄卷　明朱啟仕編鄞志

永錫錫卷　明錢敬忠撰鄞志

鄞獻表二卷　明薛岡撰舊雨堂藏本鄞志

沈文恭公年譜卷　明沈泰藩撰采訪冊鄞志

古田識畧八卷　明楊德周撰黃氏書目鄞志尤氏藝文志作古田志

自序有曰今茲之輯考索憲章眉列掌示今余惟是美人倫厚風俗兵刑財賦之綢繆忠義自激之揚扢為大綱領而其續以文詞歌詠緣飾之以經以緯微意別裁觀者當得之意言之庶幾不賢識小聊佐大識之遺云

寧郡補忠傳一卷　明楊德周撰浙志鄞志

尚友錄百五十卷明劉振之撰雍正府志鄞志道光府志作尚友集

理齡錄卷　明陳顚逵撰李一鵬撰傳慈志

離畧二卷　明陳念先撰四庫存目慈志

高士觀一卷　明陳念先撰徵文徵慈志

儒宗纂卷　明陳念先撰馮元仲撰序慈志

名臣錄四卷　明沈潛撰蘆槎集序慈志

蘆槎私譜四卷仝

諸史人物第一四卷仝

表忠記卷　明沈崇堉撰鄞志天一閣書目宗

禎甲寅冬周而沛等焚衿文廟嘔血書四明
沈宗徧記其事

南遊紀畧卷　明屠本章撰屠氏見聞錄
鄞志誤詳經部繫辭了義條茲查經部繫辭
條條大章非屠本章

官歷漫紀卷　明錢肅樂撰閩志鄞志

春秋簡秀集六卷　明董守瑜撰抱經樓書目鄞志

公車錄卷　仝

陳氏族譜卷　明陳良謨撰分省人物攷鄞志

東川政蹟十二卷　明何澤撰浙志分省人物鄞志

楊氏葬錄一卷　明楊式傳撰結埼亭外集鄞志

自編年譜一卷　明謝泰宗撰子淳昌撰行狀鎮志

汗漫遊五卷　明謝泰宗撰乾隆志鎮志

四明文獻考十卷明張鳴喈撰蛟川耆舊詩鎮志

乾隆志無卷目

對簿錄卷　明華夏撰句餘土音鎮志

全祖望曰職方獄中自著對簿錄敘蒙難事

甚詳

賀監紀略卷　明全天麟撰續耆舊傳鄞志

案全天麟正未撰是書因鈔本續耆舊傳注云

詩見賀監事畧而徧節志者誤爲有是書應刪

明臣傳疏卷　明林時躍撰明崔草堂集序鄞志

甬東正氣錄八卷　明林时躍撰續耆舊傳鄞志

全祖望曰評事興條霜集高穩學共爲之

五朝耆舊記一卷　明林時對撰抱經樓書目鄞志

表忠錄卷　明林時對撰續耆舊傳鄞志

遊錄卷　明董鍔撰仝

澂止錄百卷　明高宇泰撰鄞志

全祖望撰墓表作四十卷

雪交亭集十二卷　明高宇泰撰鮚埼亭集鄞志續

耆傳作雪交亭正氣錄十六卷

遊錄卷　明李文纘撰鮚埼亭集鄞志

孝子贊卷　明楊文沅撰霜懷集鄞志

西京節義傳一卷　清李鄴嗣撰續耆舊傳鄞志

棟塘小志卷　仝　鮚埼亭集鄞志

翁州死事諸公傳卷　清周容撰續耆舊傳鄞志

萬氏家譜二十卷　清萬斯大撰南雷文約鄞志錢志

鄭氏人物傳一卷　清鄭梁撰寒村襍錄慈志

勉齋家傳一卷　清鄭梁撰三老堂藏本慈志

晉乘政譜卷　清姜宸英撰湛園未定稿慈志

明史列傳四卷清姜宸英撰浙志慈志

明史土司傳二卷仝

三楚人物考卷清裘連撰年譜慈志一

百家姓史畧清裘連撰國史列傳慈志

述先錄八卷清裘連撰國史列傳年譜慈志

歷代名表選卷清裘連撰年譜慈志

四明小識卷清俞聲金撰桂宋草堂鈔錄慈

古杭女史類編八卷清顧桐撰伴梅草堂著書目慈志

谿上舊聞二卷清鄭竺撰杏日錄慈志

儒孝合編十卷清董朝儀撰假物樓賸錄慈志

慈水舊聞二卷　清馮全修撰　文瀾堂集序　慈志

世德錄卷　清泰樹謨撰　徵文錄　慈志

純德彙編八卷　清董華鈞撰　通行本　慈志

鄭氏徵獻錄卷　清鄭勳撰　烟嶼樓集　慈志

梨洲年譜校卷　仝

懷舊錄卷　清周巨撰　采訪冊　慈志

純德編續刻卷　清董景沛撰　采訪冊　慈志

蔗村先生年譜卷　清裘姚崇撰　仝

鶴皋遺聞卷　清元塏撰　徵文錄　慈志

谿上遺聞集錄十卷別錄二卷　清尹元煒撰　通行本　馮本懷同著　鄞志

宋元學案補遺四十二卷 清馮雲濠撰 采訪冊慈志

明史徵齒錄二卷 清王約撰 采訪冊慈志

琴影錄十二卷 仝

谿上世家志畧六卷 清時興蘭撰 采訪冊慈志

碧血記一卷 清柯超撰 徵文錄慈志

儒林宗派十六卷 清萬斯同撰 邵亭書目鄞志

道光府志全祖望撰傳作八卷按四庫著錄

提要世所傳本僅十二卷書目歷城周氏者較

多四卷蓋其未卒完備之定本也

宋季忠義錄十六 清萬斯同撰 續耆舊傳鄞志

宋王漁洋香筆記萬季野所撰宋李忠義錄共十二卷今鈔本有十六卷多四卷

唐申君遺事卷清萬斯同撰浙志鄞志

兩浙名賢錄卷清萬斯同撰敬遺軒盧氏藏本鄞志

賀監紀畧四卷清聞性善鄞志

四庫存目提要曰性善暨其弟性道同編備摭賀知章遺文軼事及唱酬題詠之辭彙為一編采擷頗富

方氏事畧卷二清全吾騏撰結埼亭外集趙文敏墨蹟跋

李贄一卷　清胡文學撰四庫存目鄞志

純德徵君曲志卷　清董允霦撰全祖望撰墓表

自述年譜一卷　清仇兆鰲撰采訪冊鄞志

仰山錄卷　清沈之初撰采訪冊鎮志

續表忠記八卷　清盧宜撰浙志抱經樓書目鎮志鄞志

二續表忠記八卷　清盧宜撰抱經樓書目鎮志浙志二續作再續

東海舊聞卷　清張懋延撰蛟川詩話鎮志

明季蛟川獻徵文錄卷　清張懋延撰蛟川詩詩鎮志

李昌撰傳作明季遺獻徵錄一名甬東遺獻徵

蛟川人物志卷清張懋延撰李昌昱撰傳鎮志

梓里見聞錄卷清張懋延撰蛟川詩話鎮志

蛟川備志五十卷清陳景沛撰采訪冊鎮志

蛟川備志舉要卷仝

四明紀異四卷仝

清論冊卷　清錢廉編寒村集鄞志

聖宗集要八卷清貴緯禴撰四庫存目鄞志

賀秘監年譜卷清鍾儁撰林上梓自怡集序鄞志

重修桓溪全氏宗譜卷清全書撰鮚埼亭集鄞志

孔子弟子姓名表一卷 清全祖望撰 二老閣書目

公車徵士小錄一卷 清全祖望撰 藤陰襍錄 鄞志

甬上族望表二卷 清全祖望續耆舊傳題辭 鄞志

張忠烈公年譜一卷 清全祖望鮚埼亭外集 鄞志

滄田錄一卷 清全祖望撰 年譜 鄞志

董孝子廟志一卷 清董秉純撰 春雨樓集 鄞志

全謝山先生年譜一卷 清董秉純撰 通行本 鄞志

屠氏見聞錄一卷 清屠宗伊撰 東井文鈔 鄞志

旌忠廟記錄一卷 清黃相孫撰 古千亭文集 鄞志

續忠義錄一卷 清袁鈞撰 采訪冊 鄞志

西袁氏家乘二十卷　清袁鈞撰　采訪冊鄞志

袁氏先賢傳八卷　仝　西袁氏家乘鄞志

四明鄉譚卷　仝　仝

四明談助四十六卷　清徐兆昺撰　通行本鄞志

增補萬季野儒宗派卷　清王梓材撰　采訪冊鄞志

王氏宗譜備攷八卷　仝

王深寧先生年譜一卷　清陳僅撰　繼雅堂刊本鄞志

袁正獻公事實錄一卷　清徐時棟撰　烟嶼樓藏本鄞志

袁正獻公事實譜畧二卷　仝

北宗徐氏譜疏証二卷　仝

周氏譜源糾繆卷仝

從祀先儒攷十卷清邑映奎撰象志

說杏溪年譜一卷　清姜炳璋撰象志

姜公肅公祠堂志二卷仝

象邑公田總簿二卷清倪勷撰象志

杏壇錄事四卷　清倪勷撰彭姥詩蒐楊月傳跋

存目象志

謹記簿卷　清東嶽廟幹首撰象志

附註御志史部有讀易別錄一書入目錄類

四明經籍志

鄞縣張壽鏞編輯

史部八

史鈔類

史畧卷　唐虞世南撰太平御覽引目錄志

史要二十八卷　宋王庭秀撰焦氏經籍志鄞志

漢雋卷　宋楊王休撰浙志寧波府志舊象志故題楊名惟新

象志曰宋史藝文志史鈔類有林鉞漢雋十卷文藝通攷子部類書漢雋十卷引陳氏書目

曰括蒼林鉞撰四總提要史鈔類漢雋六引
書錄解題注稱括蒼林鉞處州府志亦載林
鉞此本皆是林越范氏天一閣書目銅劍樓書
錄丁氏善本書目錄皆是林鉞鉞越字虽小
異並無題為楊侍制者天祿琳瑯書目續編
卷四曰宋括蒼人林鉞漢雋十卷五十篇有
淳熙十年楊王休題云善本鋟木儲之縣庠且
藉工墨贏餘為養士之助又記象山縣學漢
雋每部二册見賣錢六百文足印造用紙百
六十幅碧紙二幅賃板錢百文足工墨裝背

錢百六十文足又列銜從事郎知明州象山縣主管勸農公事兼主管玉泉鹽場蔣鷃迪功郎明州象山縣主簿徐晟鄉貢免解進士縣學長章鎔校正鄉貢進士門生樊三英校正又曰林鉞有紹興壬午歲自序鉞十七歲魏汝功守徐州刻之有淳熙改元序又五歲癸卯象山學又刻其後元延祐庚申袁桷重刻至明淩迪知改爲兩漢雋言刻入文林綺繡其卷十五又有清渭何通直宅萬卷堂本紹興乙亥刊有司馬氏家藏書帖記然則稿

楊侍制特於淳熙癸卯繕刻漢儒之書於象山縣學非所自撰明甚諸志皆誤也

通鑑提要卷 宋董鳴謙撰奉志宋訪冊

通鑑輯略卷 宋葛文寧奉志宋訪冊

歷代紀統卷 宋陳著撰安雅堂集鄞志奉志道夫府志作統紀

陳旅序謂公幼子泌嘗尊紀統為經而自為之傳其傳又綱絜自張至於有關世教之大者則必具論其非是以貽鑒於來世大抵皆所以明其父之意若史遷述太史之言以為書

而自謂成一家言者乎鄞志稿曰别撰歷代統紀以淑子弟子宓亦有文治作槩

讀史撮要　明張埼撰嘉靖志道光府志鄞志

綱目備忘卷　明余本撰浙志黄氏書目道光志鄞

兩晋南北奇譚六卷四庫提要謂舊本題宋王渙撰誤以太學進士題名碑弘丙辰科有王渙象山人又以明史藝志有渙所著墨池𨇠錄三卷与此本自稱墨池王渙之號相合疑此書為明象山王渙撰又曰其稱太原蓋舉郡望耳現象志謂舊題名王渙撰誤其案曰是

書存目四庫爲兩江總督採進非浙江巡撫採進當是江蘇王煥即墨池王煥見千頃堂書目若宏治丙辰科進士王佐明先生初號毅齋晚號丹台逸史未嘗有墨池之號其望爲瑯琊郡並非太原王氏是書亦在存疑之列矣

歷代通鑑纂要卷　明張邦奇撰四明文獻集鄞志

案邦奇有進歷代通鑑纂要表

讀史襍記卷　明向數撰天啟慈志

三史流卷　明屠本畯撰屠氏見聞錄鄞志

史綱纂要卷　明馮烜撰徵文錄慈志

諸史彙編卷 仝

綱鑑類鈔四十卷明謝泰宗撰乾隆志鎮志

史鈔卷 明薛士珩撰乾隆志傳蛟川耆舊詩鎮志

三史通卷 明王鼎鼒撰鄞志曹志鼎鼒合史記兩漢書為一書名曰三史通

閱史隨筆卷 清周近梁撰溪上遺風錄慈志

讀史隨筆卷 清桂瓖撰汪廷嶼撰行狀慈志

史鈔卷 清謝歸昌撰陳志稿鎮志

宋鑑鈔卷 清謝歸昌撰書岩集鎮志

通鑑揭要十卷　清謝鍾賢撰　復莊文權二編

漢史日札四卷　清姚燮撰　大海山館藏本　鎮志

史學屑瓊四卷　清樊躋澄撰　象志

讀史記要八卷　清王昌科撰　象志

史瀫卷　清葉燕撰　十峴集　慈志　柯鳳彩撰

全謝重肆題四明柯鳳彩曉南著　卷首有序凡五則　敘言編至元代初一為明代人　然序第二有明方正學字樣　則清代人也

四明經籍志

鄞縣張壽鏞編輯

史部九

載記類

海東三國史五十卷宋沈志撰玉海鄞志案東宋志有三國史記五十卷不著作者疑即此書

驅除錄一卷　明姚涞撰明史藝文志千頃堂書目作三卷慈志黄宗羲曰明山驅除錄明初僭國之

史也今溪上人無知之者

南疆逸史十六卷清萬斯同撰郘亭書目有之鄞志不載

四明經籍志

鄞縣張壽鏞編輯

史部十

時令類

歲時節氣集解卷 明洪常撰浙志黄氏書目天一閣書目鄞志

定海農時録卷 清王原滋撰定志

四明經籍志

鄞縣張壽編輯

史部十一

地理類

川瀆記卷　吴虞翻撰。 總志太平寰宇記江南東道

京兆郡風習序傳

區宇圖志千二百卷　隋虞世基撰。 太平御覽文部 總

古蹟記一卷　唐徐浩撰。 定志注浩自稱四明山人。乾元二年進孝經授校書郎。徐刻本大德志以爲昌國人

然他本大德志作沈治

明陶恭形賦勝述昌國人物亦云沈治進孝

經十卷而校書是授未審孰是

括蒼志補遺四卷 宋樓璩撰 浙志黃氏書目鄞志

輿路圖經卷 宋王伯庠撰 鄞志

澉水志八卷 宋羅叔韶撰 慈志四庫著錄此

書係羅監澉稅時令常棠撰常

係海鹽人郘亭書目亦作宋常

棠撰

越問一卷 宋孫因撰 張淏會稽續志兩浙

名賢錄慈志

剡錄十卷　宋高似孫撰書錄解題邵亭書
目鄞志四庫著錄高似孫為餘姚人

溪蠻叢笑一卷宋朱輔撰說海四庫著錄朱輔
桐鄉人邵亭書目鄞志史子部兩載

閩志編三卷　宋薛楊祖撰薛卅氏風刪者舊鄞志

古鄞志卷　宋趙興篔撰餘興四明六志校勘記奉志

桃源志卷　宋張即之仝

省府禧嘉稾編三十卷宋李訶伯撰王應麟撰墓志奉志

番陽志三十卷　宋史定之撰宋史藝文志鄞志

饒洲府志二卷 宋史定之撰 世堂書目 鄞志

諸蕃志二卷 宋趙汝适撰 書錄解題 文淵書
　目 菉竹堂書目 郘亭書目 鄞志
　四庫著錄不詳趙汝适之里貫

信安志卷 宋袁甫撰 宋史本傳 道光府鄞志

至元奉化縣志 宋舒津興陳著任士林同撰奉志

三國變辨卷 宋袁燮撰絜齋集鄞志

四明它山水利便覽二卷 宋魏峴撰 浙志 郘亭書目 鄞
　四庫著錄提要曰鄞故有它山一水其始大溪
　與江通流鹹潮衝接耕者弗利唐大和七年

邑令王元暐始築堰以捍江潮於是溪流滙注城邑而鄞西七鄉之田皆蒙其利歲久廢壞宋嘉定間峴言於府請重修且董興作之役因爲是書記之上卷襍記源流規制及修造始末下卷則皆碑記與題詠詩也此書在地志之中頗爲近古宋四明郡志嘗採其說然傳本頗稀幾於泯没而無可考明崇禎辛巳郡人陳朝輔始得舊帙梓行板亦散佚首有峴及朝輔二序而末以四明志序附焉蓋即從陳本錄出者也

訂正三輔黃圖卷宋王应鳳閏志道光府志鄞志
咸淳臨安志卷宋史能之撰抱經樓書目鄞志
重修昆陵志三十卷宋史能之撰宋史藝文志補郘
亭書目鄞志
上虞縣志卷　元陳子翬撰浙志愿
延祐四明志二十卷元袁桷撰元史藝文志補愛日
精廬藏書志郘亭書目
鄞志案敬止錄云清容延祐志王厚孫所撰
二考四庫著目提要曰是書成於延祐七年
蓋慶元路總管馬澤屬桷撰次者也凡分十二

考曰沿革曰土風曰職官曰人物曰山川曰城邑曰河渠曰賦役曰學校曰祠祀曰釋道曰集古條例簡明最有体要桷先世在宋多以文學知名稱東西故家遺獻没後会朝廷修史遺史求郡國軼文故事惟袁氏所傳為多故於鄉邦舊典尤多貫串志中考核精審不支不濫頗有良史之風視至元嘉禾正無錫諸志更為賅洽惟是第九至第十一卷為傳寫所脱佚已非全帙然元時地志鈔帙無多存之亦足以資考究固未可以不完廢也道

光府志作四明延祐志無卷目

續松江府志十六卷元劉蒙撰鄞志引松江府志元大德中知府張之翰因教授四明劉蒙修

河朔訪古記十六卷元馬易之撰羽庭集焦氏經籍志鄞志黄虞稷藝文志作十二卷郘亭書目作三卷

四庫著録云河溯訪古記作二卷不著作者名氏明焦竑國史經籍志亦不云惟作考元劉仁本羽庭集有是書序曰今翰林國史院

偏修官郎囉諾納新易自其先世徙居鄞至
正五年挈行李出浙渡淮溯大河而濟歷齊
魯陳蔡晉魏燕趙之墟弔古山川城郭邱陵
宮室王伯人物衣冠文獻陳迹古事既述代
金宋戰爭疆場更變者或得於國經地志或
聞諸故老家流風遺俗一皆考訂夜還旅邸
筆之於書又以其感觸思懷慷慨激烈成詩
歌者繼之總而名曰河朔訪古記凡十六卷
云云則以書寫爲納新作焦氏考之未審序
稱十六卷焦氏作十二卷亦誤也又云所著

金台尚有刊本惟以書久佚今散見永樂大典中者惟百三十四卷所記皆在真定河南境內而其餘不存仁本所稱繼以詩歌者亦不復可見然據今所存条條其山川古蹟多屬向來地志所未詳而金石遺文言之尤悉皆可以為考證之助謹彙而編之核其道里疆界各以類從真定路為一卷河南路一卷仍錄劉仁本原序冠之雖殘闕之餘十存二一而崖畧宛在條理可尋講輿地之學者猶可多所取資焉

三茅山志卷　元豐灼撰增修三茅志鄞志

大興縣志卷　明章知撰楊文懿鄞志

常熟縣志卷　明鄭南撰湧潼小品鄞志

永樂寧波府志卷明紀宗德撰鄞志注詳舊志源流

平南縣志卷　明張楷撰千頃堂書目鄞志

寧波簡要志五卷明黃潤玉撰續通攷四庫存目

道光府志鄞志錢著作七卷鄭志

謂其誤

金山縣圖志四卷明黃潤玉南山家傳集鄞志

海寧志卷　明洪貫撰嘉靖志鄞志

新城志卷　仝

江陰志卷　明洪貫撰嘉靖志黃氏書目鄞志

清江志卷　仝

庱台撫屬地圖一卷明李堂撰黃氏書目鄞志

水利攷卷　明戴暨撰黃氏書目鄞志

杭州府志六十四卷　明夏時正撰明史藝文志天一閣書目浙志續通志文畧鎮志聚樂堂藝文志作六十三卷千頃堂書目云成化十年修四庫存目作成化杭州府志六十三卷

慈湖志四卷 明楊江撰四明談助慈志

九江府志卷 明童潮撰江西通志慈志

安慶府志卷 明周翔撰桂棠草堂抄錄慈志

四明郡志十卷 明楊實撰浙志黃氏書目道光

府志寧波府志鄞志舊志源流有成化二字

常熟縣志四卷 明楊子器撰四庫存目慈志

平高縣志卷 明楊子器撰四庫存目慈志

廣西通志六十卷 周旋撰千頃堂書目慈志按道

光府志周旋有慈溪縣志而光

緒慈溪志則不載是書

鳳陽府志卷 明馮厚撰 徵文徵慈志

東流縣志卷 明李渾撰 東流名宦傳慈志

弘治中縣志卷 明王綸撰 慈志 嘉靖志作縣志

續攷乾隆志作景泰中縣志

廣東通志七十二卷 明戴璟撰 明史藝文志 奉志 續

通攷四庫存目作通志初稿四十卷

山東通志四十卷 明陸釴撰 明史藝文志 奉志 續

通志鄞志四庫存目 釴崑山人

南畿志六十四卷 明陳沂撰 明史藝文志 聚樂堂

藝文志 鄞志 四庫存目 陳沂後徙南京

金陵古今圖一卷 明陳沂撰 明史藝文志 絳雲樓書目 鄞志

四庫存無卷目 江寧府志 松江府志作金陵圖考 浙江書錄曰 明初定鼎金陵 制作宏麗 屹然東南鉅觀也 沂於嘉靖丁酉修此 分十八紀 詳載之意 蓋仿三輔黃圖東京夢華錄 武陵遺事諸而作也

山東通志四卷 明陳沂撰 培林堂書目 內閣書目 鄞志

江寧志傳云 山東通志 南畿志 皆陳徵所筆削

遊名山錄四卷　明陳沂撰內閣書目述古堂書
目元賞齋書目鄞志黃氏書目作
遊名山記
獻花巖志卷　明陳沂撰浙志焦氏經籍志黃
氏書目著舊傳無獻字
徐州府志十二卷　明王挺撰天一閣書目象志
航海記卷　明鄭仕泉撰采訪冊奉志
嘉靖中縣志奉　明謝瀍撰康乾志奉志
均州志八卷　明謝瀍撰明史藝文志奉志
奉化縣志十二卷　明倪瀀撰聚樂堂藝文志黃氏書

目鄞志

宿松縣志卷　明黄巽撰鄞志

天長縣志卷　明楊子龍撰江南安徽通志鄞志

天童寺集七卷　明楊明撰浙志黄氏書目鄞志

四庫存目作二卷

寧波府志四十二卷　明張時徹撰明史藝文志聚樂

堂藝文志道光志鄞志

定海縣志十三卷　明張時徹撰天一閣書目浙志鄞志

天池寺集九卷　明張徹撰聚樂堂藝文志黄氏書目鄞

青州府志卷　明杜思撰道光府志鄞志無是書

嘉興府圖記二十卷　明趙文華撰四庫存目総志嘉禾徵

獻錄

銅陵縣志八卷　明李士元撰天一閣書目総志

石埭縣志卷　明馮光浙撰鳴春集総志

岳聲圖說一卷　明黃元忠撰四庫存目鄞志

寧國縣志四卷　明范鎬撰天一閣書目鄞志

訂補桃源廣記卷　明何布濂撰閩志鄞志

通州志八卷　明沈明臣撰明史藝文志紹興

公書目四庫存目鄞志

補陀洛伽山志　明屠隆撰棲真館集鄞志

蜀西略　卷　明張大器撰　雍正府志　慈志

閩中海錯疏三卷　明屠本畯撰　續通志　四庫著錄　郘亭書目　鄞志

海味索隱一卷　明屠本畯撰　浙志　續說郛　鄞志

觀海衛志四卷　明張訓撰　匏繫齋傳鈔本　慈志

襄史　卷　明馮材撰　貞白丙帙　慈志

金陵攷　卷　仝

徐州志　卷　明姚應龍撰　天啟志　慈志

城南志　卷　明詫映文撰　澂止錄　鄞志

普陀山志六卷　明周應賓撰　續通志　四庫存目

鄞志孫興公書目作補陀山志

四總提要曰是編因舊志重輯凡六卷十五门而記实自序稱五卷十七门勘驗卷帙並無闕佚未審何以矛盾也又鄞志據是書目錄終於五卷而志实六卷明志云五卷據其目也

分宜縣志卷明周应治撰從子昌撰行狀鄞志

四明覽勝卷明董大晟撰董氏書目鄞志閩志作四明勝覽

鄞志據黄氏書目有董晟四明覽勝賦一卷當即一人之書脫一大字耳

太姒志三卷 明史起欽撰續通志鄞志四庫存目作一卷

福寧州志卷 明史起欽撰黃氏書目鄞志

麻姑洞天志十六卷 明左宗郢撰浙江書錄鄞志

江藩紀畧卷 明董光宏撰浙志道光府志

全黔紀畧一卷 明李樗撰浙志黃氏書目鄞志注明志誤雲

平原縣志卷 明黃景章撰耆舊傳鄞志

慈溪土風記卷 明張成叔撰寧滄齋集慈志

慈北志卷 明錢文存撰麗矚樓集慈志一

作南泉志

寧海縣志卷　明鄭光弼撰見黃稿慈志

九華山志卷　明馮燦撰徵文錄慈志

寶在書院圖志卷仝

石志步卷　明葉時標撰價物樓賸錄慈志

揭陽縣志卷　明馮元飈撰韓文恪集廣東通志

天益山志卷　明馮元仲撰馮廷楷撰遺集序慈志

浙江水利攷卷　明楊東紘撰鮚埼亭集鄞志仝

祖望撰墓志曰所著書甚多其浙江水利攷

尤関於實用

柳亭庵志二卷　明李桐撰　采訪冊　慈志

建陽縣志八卷　明楊德政等撰　抱經樓書目　鄞志

它山小志二卷　明楊德周撰　它山圖經　鄞志

延慶寺紀略一卷　明楊德周撰　黄氏書目　鄞志　浙志作志畧

天王寺志卷　明楊德周撰　悟香集　鄞志

道光府志楊德周下尚有三洞志傳義根三刻二書殆其名當入吏部類但鄞志史部德周並無是書且查鄞志經子集三部德周行下不見此書

太倉州志十五卷　明錢肅樂撰　黄氏書目　鄞志

補陀遊記卷　明陳宲撰運甓藏本鄞志

日本攷畧一卷　明薛俊撰浙江采集書錄四庫

存目鎮志定志

舟山志四卷　明邵輔忠撰浙志千頃堂書目鄞志

補陀山志八卷　明邵輔忠撰蛟川詩話鎮志

象山縣志十五卷　明邵景堯撰千頃堂書目

現象志謂此志與萬歷三十七年知縣吳學

周主修華亭陸應陽縣人左論德與景堯同

堯之知實為一書乾隆志作十四卷道光志

作十六卷雍正浙志於吳學周主修之縣志

外另錄邱景堯象志十五卷者乃沿千頃堂
書目之誤也
海年譜一卷
十三陵圖記一卷　明林時躍撰續耆舊傳鄞志
業聞志有逢海年錄當即一書
台灣圖攷一卷　明沈光文撰台灣府志鄞志
流寓攷一卷　仝
台灣賦一卷　仝
海錯志卷　明朱金芝撰續耆舊傳鄞志
延慶寺志八卷　明僧傳燈撰天啟三年刊本鄞志

四明叢書　約園抄本

延慶寺紀畧一卷 明圓復撰 鄞志 四庫存目即延壽寺

天童寺志六卷 明通布撰 黄氏書目 鄞志 抱經樓書目作十卷

天童寺志五卷 明白山等撰 天童志 建置攷 鄞志

翁州志一卷 清周容撰 續耆舊傳 鄞志

三茅志二卷 清何爾昌撰 採訪冊 鄞志

山陰縣志辛卷 清王嗣皋撰 浙志 慈志

上虞縣志二十卷 清姜岳佐撰 上虞志 編纂姓氏 慈志

磊五寺志十卷 清馮蔚撰 匏繫齋藏本 慈曰 徵文錄曰是書蔚舒與洪崑同編

江防總論一卷 清姜宸英撰 清經籍志 文獻徵存錄 慈志

四庫存目提要是二書載曹溶學海類編中各冠纓論於前而條繫具形勢三畧於後題曰附錄據江防論未稱依海道所經自廣東西路始福建浙江南登萊天津衛遼陽以次及之又括海南所經各省郡縣自為一卷與論後所附錄全不相應又稱其治海山河隄隙入犯分合日本輿地皆有圖今無圖知曹溶删節其文非宸英原帙也雍正志作一統志總論江防海防六卷

校定水經注卷請善宸英撰趙氏經注釋引青

目慈志

普陀山志十五卷清裘璉撰浙志徵文錄慈志譜

作南海志

定海縣志八卷清裘璉撰年譜慈志

錢塘縣志三十六卷仝

天下形勝圖攷卷清董經濟撰假物樓賸錄慈志

孝谿舊聞一卷清馮彥琎徵文錄慈志彥琎著

有積高堂記龜山小記雲湖記畧宅西古井

記及過街樓古蹟記遷居慈谿卷始末等篇

凡二十餘則總名曰孝谿舊聞其子馮應翔所

輯錄也

台海紀畧一卷清顧櫰撰伴梅草堂著書目戀志

華山志畧二卷仝

中華物產備覽仝

外國物產志畧卷仝

南海水族譜卷仝

山川古蹟儷名錄仝

四明志徵十卷清鄭辰撰溪上遺聞錄戀志一作句章撫逸

句章土物志一卷清鄭辰撰四明志徵戀志

四明勝賦注卷清沈淩飆撰采訪冊慈志

崑崙源河攷卷清萬斯同撰四庫著錄浙江書錄邵亭書目鄞志

明代河渠攷十二卷清萬斯同撰四庫存目劉坊撰行狀浙江書錄鄞志

四庫存目提要曰是書採取有明列朝實錄凡事之涉於河渠者悉按年編次天啟四年以後則摭取鈔野史以足成之視史志所載稍詳然頗冗襍攷斯同嘗預修明史此本疑即其摘錄舊聞備修志之用者後人取其殘

稿錄存之也又兩江總督所採進亦有是書題曰明集錄河渠考所載止於萬歷四十八年知當時隨筆鈔錄本未成書後來傳寫其稿者各據所見之本故多寡互異併書名亦小不同矣

康熙奉化縣志十四卷清劉鴻聲撰

光緒奉志與孫樾貢孫士𠐶舒順方同纂

南山寺志二卷清劉鴻聲撰刻本奉志

鄞縣志二十四卷清聞性道撰浙志鄞志

纂附昌國縣遺志稿卷清聞性道撰鄞志定志

天童寺志十卷　清聞性道撰　采訪冊　鄞志　性道同寺僧德脩編

保慶寺志畧五卷　仝

大慈寺志畧二卷　清聞性道撰　悶泉文恒　鄞志

海會寺志畧卷　仝

候濤山志畧卷　仝

東仰志畧二卷　清聞性道撰　浙志　紹興府志　鄞志

延福寺志畧二卷　清聞性道撰　采訪冊　鄞志

壽昌寺志卷　清聞性道撰　景堂文鈔　鄞志

岳林寺志六卷　清戴明琮撰　采訪冊　奉志

榆次縣志四十卷　清盛沛撰　南沙行狀　奉志

鄞縣同名攷一卷 清孫事倫撰 竹灣未定稿目
序奉志
忠義鄉志二十卷 清吳文江撰 刻本鄞志
德化縣志十六卷 清范正輅撰 天一閣書目鄞志
秀水縣志十卷 仝
豫游襍記卷 清汪憲度撰 莞青集鄞志
淯安縣志卷 清盧世愷撰 潤志鄞志
定岩寺志二卷 清曾魯撰 採訪冊鄞志
廬山志十五卷 清毛德琦撰 四庫存目鄞志
白鹿書院志十九卷 仝

滇中遊錄卷　清謝爲霖撰續耆舊傳鄞志

東莞縣志卷　清董天成撰孫方泰撰行狀鄞志

天童寺志卷　清仇兆鰲撰徐晼看經寺志序鄞志

泰和縣志卷　清張銓撰采訪冊鄞志

蜀紀畧三函卷　清黃霖撰成都縣志流寓傳鄞志

潯州府志卷　清任德啟撰謝景撰傳鎮志

蛟川形勝賦一卷　清秦定撰乾隆志鎮志

舟山防守議一卷　清謝泰交撰裔孫藏本鎮志

鎮邑志畧二卷　清盧真撰三補耆舊詩鎮志鄞志

黔行紀程一卷　仝

鎮海縣志卷 清陳夢蓮撰乾隆志鎮志

蛟川續志卷闕 清謝昌允撰鎮志葉蛟川詩話

嘗引是書

長泰縣志十二卷 清張懋建撰子志熊撰行狀鎮志

邑志證訛二卷 清張懋建撰蛟川詩話鎮志乾隆

無卷目

鎮海縣志稿二十二卷 清陳景沛撰采訪冊鎮志

招寶山志二卷 清陳景沛撰刊本

鎮志案是書爲景沛遺稿鄞人周道遵修葺

而付之梓前有鹿澤長王丕顯之序

輿地圖說十二卷　清張校均撰子錫路撰行狀鎮志

水經注刊誤卷　清劉燦撰黃式三撰傳鎮志

四明山圖經十一卷　清姚燮撰大梅山館藏本鎮志

靈峰山志三卷　清李昌喬撰采訪冊鄞志

莊浪縣志畧二十四卷　清邵陸撰抱經樓書目鄞志

酉陽州志四卷　清邵陸撰采訪冊鄞志

七校水經注四十冊　清全祖望撰馮氏醉經閣藏本

鄞志光緒十四年薛福成別本

四明洞天舊聞卷　清全祖望撰續耆舊題解

雙湖小志卷　仝

真隱觀志卷 清全祖望撰句餘土音注鄞志
房縣志四卷 清董霈撰董氏書目鄞志
四明志補一冊 清危旭章撰四明談助鄞志
四州錄四冊 清危旭章撰煙嶼樓藏本鄞志
嘉興縣志卷 清李承烈采訪冊鄞志
鳳岡書院小志八卷 清董秉純撰春雨樓集鄞志
光溪志卷 清陳廷思撰宛山圖經鄞志
重修桃源志卷 清藏麟炳撰鄞志
案桃源著述門麟炳載其自著書有易通解
疏二卷尚說正說春秋集要孝經傳一卷四

書正矩二十六卷平治編十卷進修錄四卷拒邪錄六卷西銘解疏一卷續小學外二卷西村日記七卷浣溪集溪近語四卷又載章生甫華溪詩稿一卷忍庵集二卷臧生申鳴鷺洲詩稿省庵集及其同時杜德樹天尺樓詩草杜璋源唱和集因不見他書附錄於此云

鄞志稿　卷　清蔣學鏞撰東井文鈔鄞志黃文定曰先生嘗與鄞縣志局論不合辭去乃自著鄞志稿若干卷藏於家徐錫堯跋曰樗庵先生鄞縣志名曰甬上舊聞有列傳忠

義儒林文學隱逸孝友諸目與今刊行志不
同條文改定爲甬先賢傳鄞志藁志稿今存
甬上先賢傳十九卷按余所收藏蕙江樓鈔
本列傳五卷義友孝儒林文苑各得水利考
一卷

重修台灣府志二十卷清范昌治等撰抱經堂書目
鄞志藁日是書乾隆六年台灣道劉良璧知
府錢洙同修之年洙歿於任范昌治繼之故
於書首纂述職名並列良璧洙昌治三人
看經寺志十卷清徐晥撰秋生文稿鄞志

清輿地圖攷二百四十三幅清董璘繪六一山房藏本鄞

四明鸛嶺志畧五卷清張僖之撰采訪冊鄞志

水經酈注水道表四十卷清王梓材撰采訪冊鄞志即所謂王氏䕶軒重錄本全謝山七校水經注也

鄞縣志三十二卷清周道遵撰詳舊志源流

鄞志稾志中襍識引介園間見錄一條亦道遵所撰

甬上水利志六卷清周道遵撰通行本鄞志

宋元四明六志校勘記五卷清徐時棟撰煙嶼樓刊本鄞志

絛偃王志六卷存

沿海山砂水礁圖説三十二幅清黄維煊撰采訪冊鄞志

翠山寺志四卷清僧德介撰采訪冊鄞志

天井寺志略六卷附録卷清通新等撰采訪冊鄞志

奉化縣志卷清朱之奎撰道光府志

邑志補遺卷清王渭撰象志

石泉縣志四卷清姜炳璋撰象志

按此志當成於任石泉知縣時其政蹟載大

清一統志

輿圖述要六卷清錢沃臣撰象志

案是書今猶有殘本略如讀史方輿紀要叙錄

海物所見錄　清錢沃臣撰錢氏家譜有此書目

夏王廟志四卷　清倪勷撰象志

案是書有刻本志二卷附錄大禹事蹟及圖

書辨說等又附以西城襍錄二卷皆在夏王

廟內者

翁州逸志四卷　清厲淂鵬撰定志

地理類附錄

明州圖志卷不知撰人名氏景德以前之書

鄞志象志作咸平明州志

景德明州圖經卷不知撰人名氏象志

此條延時象志卷帙不全未知何時所纂修

故祇稱象志鄞志光緒先年間之鄞志下皆

略稱

大觀明州圖經卷宋李茂誠撰象志鄞志

鄞志卷　無撰人名鄞志

四明志校勘說記疑為寶慶前之鄞縣專志

乾道四明圖經十二卷宋知明州張津撰鄞志彔

不存

宝慶四明志二十一卷宋知府胡榘命贛州錄事参

軍羅濬重修郡志十一卷鄞志二卷奉化志

二卷慈二卷定海志二卷昌國志一卷象山

志一卷鄞志彔去云存宝慶昌國志一卷條

宝慶四明府志之一部份定志

開慶四明續志十二卷宋梅応發劉錫撰前八卷

述判慶元府志吴潛攷續後四卷為吴潛所

作詞詩鄞志彔志

大德昌國州圖志七卷元大德二年州判馮福
京鄉貢進士郭薦等撰
四明府志卷無名人氏洪武初纂修鄞志
彙志作洪武明州府志云佚
永樂寧波府志卷明永樂初邑人紀宗德李孝
謙同修鄞志彙志云佚
鄞志縣卷明永樂間修未刊不著撰者姓名
正德昌國縣志明石城王府教授陶恭撰今佚
嘉靖象山縣志明嘉靖三十五知縣毛德京主
修縣諸生楊氏彝卜乾俞瀾布衣周謨伯修

明嘉靖志　明張時徹纂修鎮志

隆慶昌國志　明全州別駕陶積撰今佚

天啟舟山志四卷　明昌國參將何汝賓撰

天啟慈谿縣志二十六卷　明知縣李逢申主修邑人桃

宗人纂

按慈谿舊志見寶慶四明志張齊芳傳注原不詳時代及撰人姓氏明正德慈谿志草周旋著浙江通志千頃堂書目並著錄又見西浙名賢錄旋本傳康熙五十七年僧宗尚廬山寺志嘗引之天啟志所據舊志蓋即此書

然李遵申補中羅兵燹僅留殘闕一二則已無全書矣雍正府志云慈故無志周旋興邑人陸紳纂成之雍正縣志藝文具載旋紳兩跋旋跋曰縣初名句章唐開元始徙治更今名雖素稱文獻而曠無載籍予每慨夫鄉邦人物後生師表歲久彫喪聲迹銷泯如將無聞竊欲撮拾一二以存其概乃集同志陸君紳及鄉之耆碩相與咨詢檢裒凡五積歲始成其宏綱大目多諸君子所更定至於循行數墨攷訂訛謬則余亦有分寸之勤云云

紳跋曰我慈建縣以來千有餘載一志不存至於今時曾公世榮違衆獨斷繡梓垂教復得亜參周克敬先生之旁搜博采以成其志云

鄞縣志二十卷　清康熙十二年知縣米士杰與寧波府學教授沈增同修

寧波府志三十卷清康熙十二年知府邱業同重修萬斯同趙時三人未及刊行其鈔本郡中藏書家時有之鄞志

康熙縣志稿清康十一年知縣馬鯤生修邑人周光春纂乾隆縣志曰此志四卷敘佚適遭

羅萬里之亂未實諸版象志今佚

康熙象山縣志清康熙十七年知縣李郁主修

其書十六卷象志今佚

寧波府志卷清康熙二十二年知府李廷機重

修者左臣姚宗京二人未及刊刻今抱經樓

盧氏所藏鈔本至二十五卷爲止鄞志

康熙定海縣六卷清康熙三十三年知縣周聖

化剏稿五十四年知縣繆燧重修

雍正象山縣志清雍正七年知縣馬受曾主修

邑人袁澄總纂林文懋王元佐

陳其瓆史在霖錢鴻基謝崇於
史梁錢式堅袁士範分纂共四
十二卷今已殘缺

雍正慈谿縣志十六卷清寧紹道台孫詔知慈谿
縣事楊正筍許炳俱有序

雍正寧波府志三十六卷清雍正八年知府曹秉
仁重修與其事者萬經全祖望也鄞志

乾隆定海續志清乾隆二十一年知縣莊綸渭撰

乾隆象山縣志清乾隆三十三年知縣史鳴臯主
修邑人姜炳璋如臯冒春榮同撰共十二卷

乾隆鎮海志 清寧紹台道同德學定知府胡
邦祐同知蘇元灝通判王復臣監修知縣王
夢灝纂修縣丞孟士杰同修教諭邵向榮訓
導葉元璧等訂正鎮志叙録

鄞縣志三十卷清乾隆五十二年知縣錢維喬
重修總纂詹事府少詹錢大昕分纂平陽教
諭盧鎬舉人蔣學鏞優貢倪象占廩生袁鈞

道光象山縣志清道光十四年知縣童立成主修
波府學教授馮登府總纂邑人馮雨書倪勵
太倉趙唐吉分纂共二十二卷今存

昌國典詠十卷清道光二十八年上元朱緒曾撰

同治志稿卷 清同治七年知縣黄丙堃主脩

鄞人江鏡清邑人馬嗣澄虞峻王蒔蘭鄧克

劭林曾安同撰共十二卷象志

光緒定海廳志三十卷清光緒八年武進陳重威邑人

黄以恭黄以周等撰

定海廳志校補三卷民國九年邑人王亨彥撰未刊

定海廳續志民國九年吳縣錢煥琦邑人湯濬王

昌科孫爾瓚等撰未刊

定海縣新志今前

定海縣續志今前

岱山鎮二十卷 近人湯濬撰

四明經籍志

鄞縣張壽鏞編輯

史部十二

職官類

太常志十卷　明夏時正撰明史藝文志明賢錄
慈志千頃堂書目鎮

鄞台志畧九卷　明葉照撰浙江遺書錄慈志四
庫存目

提要明徐桂撰桂滑山人嘉靖乙未進士官
鄖陽府知府先是成化初原傑撫定荆襄流

民置鄖陽府設提督撫治一員鎮之嘉靖廿五年懸溪樊照以右副都御史領其任桂等輯比事畧為此書前二卷載建置輿地公廨官職後七卷為劄奏政賦兵防著述天一閣藏本有嘉靖以後事則金台于湛等維為撫〻治文附益之也

翰林志一卷　明陳沂撰明志黃氏書目鄞志

光祿須知　明黃宗明撰渭涯文集霍韜撰神道碑鄞志

舊京詞林志六卷明周應賓撰明志文瑞樓書

目四庫存目鄞志
歷代宰輔彙八卷清万斯同撰四庫著目江浙
書錄鄞志
筮仕要覽卷清邵陸撰冉廣燏撰邵仁去思碑
三朝百官志六卷清炳瑋撰象志

四明經籍志

鄞縣張壽鏞編輯

史部十三

政書類

見賓儀卷 吳闞澤撰三國志本傳慈志

大唐書儀十卷 虞世南撰唐藝文志慈志

君臣謚議一卷 虞世南撰鄭氏通志慈志

夏祭勅令格式一部 宋蔣猷撰宋志鄞志

會計録卷 宋周鍔撰寶慶志鄞志

振領圖卷 仝

日成月要歲会集卷宋周鍔撰寶慶志鄞志王庭

秀撰墓志集作録

承宣集一卷 宋周鍔撰嘉靖志道光府志鄞志

上周鍔四條遍擬史部名類解相似者惟鄞

志引其墓志曰公為漕屬則有会計録振領

圖為縣則有日成月要歲会録為州則有承

宣録蓋舉綱以鋼絜表以領不勞而事治山

陽徐積先生有道之士也觀會計録謂可施

於諸路為成治觀日成月要歲会録謂凡百

有司皆要守其成故有詩誦美之云是則書

惟与本類畧近似之

時政更張識四卷 宋王珩撰 寶慶志 道光志 鄞志

明州鄉飲酒禮卷 宋林保撰 寶慶志 鄞志

廟議卷 宋趙粹中撰 寶慶志 書錄解題 鄞

恢復機密十論卷 趙粹中撰 浙志 寶慶志 鄞志

制敵權鑒四十卷 仝

富强要策十卷 仝

乾道勅令格式卷 宋汪大猷進 延祐志 鄞志

國朝臨雍故事卷 宋高文虎撰 浙志 鄞志

治縣捷徑卷 宋張祖順撰 樓鑰撰墓志 鄞志

愚見錄卷　仝

書判錄卷　宋史彌堅撰全祖望題友林集鄞志

廬陵敎民集卷宋史彌忠撰仝

進鑑論一卷　宋王宗道撰嘉靖志傳康熙志

本傳鄞志奉志鎮志定志

尚友錄（鄞志引）至正續志（奉志引）作二卷奉

志謂嘉靖志康乾志誤作王時敘撰而鄞志

王宗道進鑑論一卷其注則引嘉靖志傳爲

証稍有出入

三先謚議卷　宋臧格撰延祐志四明文獻攷鄞志

江東荒政錄卷　宋袁甫撰宋史本傳浙志道光府志

四朝史輿服制六卷　宋王撝撰浙志延祐志道

光府志鄞志

淳祐條法事類四百三十篇　宋鄭清之等撰宋史理宗紀鄞

漢制攷四卷　宋王應麟撰宋志浙志四庫著

錄道光府志邵亭書目鄞志焦

氏經籍志作一卷

籌邊十策　宋福紹撰黃氏目鈔慈志

郊祀十議一卷　元袁桷撰宋史藝文志補黃氏

書目鄞志案十議即在清容集中

續胡貫夫庿學典禮元俠可與撰春草齋集鄞

補朱子家禮卷　仝

是書未可入經部禮類今以鄞志史部故因之

籌边十策

治平類要卷　明陳槤撰九灵山房集鄞志奉志

大明律解十二卷　明張楷撰明史藝文志千頃堂書目慈志道光府志無卷目

律條疏義一卷　明張楷撰世善堂書目慈志道光府志楊文懿集作律條撮要天啟志作律條疏要

工部棻呈題稿卷　明李堂堇山堂集鄞志

律條疏議卷　明宋儒撰康乾志奉志

經濟錄五二卷　明黃溥明撰黃氏書目鄞志

禮教儀節卷　明豐熙撰嘉靖志鄞志子部六

刻是書

睆守便民事宜十二卷　明周翔撰桂巖草堂鈔錄慈志

河南分守事宜卷　明楊子器浙志嘉靖志道光

府志慈志

風化錄卷　明沈教撰分省人物攷慈志

儀部要稿卷　明劉濤撰雍正府志道光府

志慈志

春闈條例卷　明劉謗撰雍正府志慈志作奏闈條例

役冊卷　明戴璟撰康熙志本傳奉志

東方政議卷十三　明葉照撰天啟志慈志

田賦書卷　明沈銓撰忠義志慈志

明議法纂十卷　明孫能傳撰黃氏書目四庫存目奉康熙志無卷目

治蜀條記卷　明周儀撰屠隆撰墓志奉志

救災集議卷　明倪復撰浙志黃氏書目道光府

淆湖議卷　仝

接貴錄卷　明王古撰嘉靖志康乾志道光

府志鄞志

接晋錄卷　仝

諭祀風敎錄卷　明孫光祖撰道光府志

視道七議卷　明馮叔吉撰兩浙名賢錄慈志

江防十議卷　仝

布政文集卷　仝

明文臣爵謚一冊　明范欽撰天一閣書目鄞志

荒政攷一卷　明屠隆撰屠氏見聞集鄞志業

是書刻入荒政叢書

計畝前定書　明朱纓撰農文文集鄞志

慈溪量實田地丈冊卷　明無名氏撰天一閣書目慈志

歲計錄卷　明馮烶撰徵文錄慈志

太常典錄六卷　明屠本畯撰明志浙志鄞志

徐興公書目作四卷李鄴嗣曰先生撰太常典錄記國家郊祀大典時以諸唐王涇郊錄宋文彥博大饗明堂記

田賦永清錄卷　明朱纓撰農丈人集鄞志

傳潔典記二卷　明屠本畯撰黃氏書目鄞志

學校餘譯三卷 明董光宏撰 浙志 鄞志

經濟錄卷 明楊汝昇撰 雍正府志 道志 府志 慈志

粤東鹽政考二卷 明李檟撰 明志 黃氏書目 四庫存目 鄞志

孔庙禮樂攷卷 明鄭光猷撰 寒村人物考 道光府志 鄞志

鳳台紀事三卷 明陸科撰 抱經樓書目 鄞志

業是編卌卷 科為廣增城縣時所撰 首卷記條議 下卷記告示審語及募疏讚語

荒政紀略一卷 明楊德周撰 培林堂書目 鄞志

中興十二論卷　明馮京第撰結埼亭外集總志
全祖望曰閩人奉唐王稱制京第上恢復十二
論今尚有存之而求之未得
私議官制一卷　明沈潜撰蘆樓集序總志
歷朝政務六卷仝
守藩事宜卷　明陳良謨撰道光志浙志鄞志
兩浙戰船則例卷明李奎撰浙志鎮志
視莫政略卷　明張志昌撰道光府志象志
瘀史卷　明林時躍撰霜懷集鄞志
鉞史卷仝

賑流議卷　明朱金芝撰續耆舊傳鄞志

廟制圖攷四卷　清萬斯同撰浙江書錄鄞志四
庫著錄　邵亭書目作一卷

廟制折衷二卷　清萬斯同撰全祖望撰鄞志

議稿卷　清周近梁撰鄞上遺聞錄慈志

明史刑法志三卷　清姜宸英撰浙志慈志

提藿自法十卷　清聞性善撰聞志鄞志

鹽政全書卷　清史在甲撰許王猷撰墓志鄞志

淮鹽本論二卷　清胡文學撰四庫著錄浙江書
錄鄞志

鹽政通攷卷 清胡文學撰楊州府志鄞志

救荒慎始錄卷 清董霱撰董氏譜載全祖望撰墓表

所著有救荒慎始錄隱學書屋吟稿鄞志案今謝山集墓表無此語

撫苗條議卷 清任德敏撰乾隆志傳鎮志

學校祀典攷一卷 清張懋建撰鎮志蛟川詩話是書附介石初集中釃軒錄作四卷

莊浪政略四卷 清邱陸撰周志道尊縣鄞志

酉陽政略四卷仝

救荒慎初錄四卷清董雩撰董氏書目

海運錄要卷清謝占壬撰經書文編鄞志

南山保甲書一卷清陳僅繼雅堂刊堂鄞志

捕蝗彙編四卷仝

救荒必備三卷仝

按子目一曰辟穀神方二曰代匱易知三曰

藝稙集証

通鑑平治彙貫卷清卓家寅撰忠義志奉志

[illegible]

[illegible]

[illegible]

[illegible]

[illegible]

[illegible]

[illegible]

[illegible]

四明經籍志

鄞縣張壽鏞編輯

史部十四

目錄類

請書目錄六卷陳傅稿撰舊唐藝文志鄭氏通志鄞

唐書解題三十卷宋樓郁撰通志浙志鄞志奉志

目錄二卷宋樓郁撰通志玉海

鄞志謂此即高孝宗訓目錄一卷鄞志入子

部現依四庫存目列此

蘭亭攷十二卷　宋高似孫撰鄞志

四庫著録謂似孫刪改桑世昌本而成徵引諸家頗為賅備於宋人題識搜據尤詳世昌之原本既佚存以一篇尚足見禊帖之源流天祿琳琅書目又桑世昌蘭亭考似孫刪定十二卷附群公帖跋一卷

漢藝文志攷証十卷宋王應麟撰宋志浙志四庫著録道光府志鄞志

經石攷文一卷　宋王應麟焦氏國史經籍志鄞志

袁氏舊書目卷　元袁桷撰清容集鄞志

袁氏新書目卷亡

家藏書目卷　明楊守陳撰楊文懿集鄞志

經濟攷略卷　明戴鱀撰浙志鄞志

四明范氏書目卷明范欽撰焦氏國史經籍志黄氏書目作天一閣藏書目

用工著作攷卷　明李堎撰浙志道光府志鄞志

歷朝紀略一卷　清李鄴嗣撰杲堂文鈔鄞志

自序略學者讀涑水通鑑苦於泛濫未能得要領涑水前有目錄復倣史公年表體事俱橫列不復經覽暇時爲釐正作歷朝紀略一卷每朝舉其事之最大者旁以甲子而書法

即寫焉

石經攷一卷　清萬斯同撰四庫著錄道光府

志　鄞志　郘亭書目。

常熟蔣氏省吾堂刻本按即省吾堂叢書之一

湛園題跋一卷　清姜宸英撰顧湘小石山房叢書慈志

金薤琳琅訂補卷　清葉亮撰慈北遺文慈志

二老閣書目卷　清鄭性撰鮚埼亭集慈志

畫書碑帖題跋一卷　清顧椢伴梅草堂著書目慈

石古文攷四卷　清萬斯同撰劉坊撰行狀鄞志

分隸偶存二卷　清萬經撰四庫著錄郘亭書目鄞志

石經攷四卷　清全祖望撰蔣傳鄞志

天一閣碑目卷　今

天一閣碑目卷　清范懋敏編通行本鄞志

邵亭書目有天一閣書目十卷范欽後人懋任

編錄而鄞志無之

重編天一閣書目十卷清范邦甸等編通行本鄞志

讀易別錄卷　清全祖望撰知不足齋叢書鄞志

按是書臚列諸家講易書目

四明經籍志

鄞縣張壽鏞編輯

史部十五

史評類

帝王略論五卷唐虞世南撰唐書藝文志鄭氏通志太平覽引書目作公子先生論德志

中興龜鑑卷宋林保撰寶慶志續通考道光府志鄞志

史評五評卷宋趙粹中撰宋志寶慶志鄞志

讀史纂論卷　宋李元白撰宣繒撰墓志奉志

通鑑瘖辨卷　宋王熙撰劉源集奉志

讀書隨筆五卷　宋錢律撰續文獻通攷奉志兩浙名賢錄讀史作讀書嘉靖志康乾志道光府志誤錢滸

通鑑答問五卷　宋王應麟撰氏集國史經籍志郘亭書目鄞志四庫著錄提要曰以書乃玉海之附刊十三種之一案志浙志道光府志作四卷

續史編卷　明魏偁撰嘉靖志浙志鄞志

通鑑品藻卷 明戴璟撰道光府志嘉靖志無卷

明史藝文志作漢唐通鑑品藻三十卷奉志

謂康乾志作郡史品藻無卷目案四庫存目

戴璟有群史藻三十卷又有漢唐通鑑品藻

三十卷謂後者即前者材本改易其名也

史論一卷 明俞淮撰桂棠草堂鈔錄慈志

史記鈔卷 明陳沂撰史記評林引用書目鄞

續修兀厓兩漢書議十二卷 明張邦奇撰四庫存目鄞志

東沙史論四卷 明張時徹撰浙志澹生堂書目鄞志

彙編史論卷 明張一貫撰兩浙名賢錄浙志鄞志

史論卷　明姜應麟撰湛園未定稿慈志

二十一史平衡錄卷　明姜應麟撰湛園未定稿慈志

徵文錄曰姜宸英撰太常傳略又有醫學地理各數種以未詳其名故不著錄

史衡卷　明楊敃昇撰雍正府志道光志慈志

史斷卷　仝

讀史偶記卷　明范鴻儒撰李志鄞志

史評卷　明范兆芝撰鮚埼亭集鎮志案史評共篇

史記榷參三卷　清王治臯坦園藏本慈志

漢書榷參三卷　仝

涑水餘論一卷　清姜宸英撰亦有生齋集慈志

二十一史論二十九卷　清裘璉撰年譜徵文録慈志

史斷四卷　清馮全脩撰徵文録慈志

史竊四卷　仝

徵居史記說内外各一卷　清黄式三撰定志

史總二卷　清夏鳳池撰象志

史略歌論十三卷　清裘日和撰采訪册慈志

兩漢總論一篇　清姜炳璋兩浙輶軒録象志

漢書㬷讀書卷　清葉燕撰小峴集慈志

讀史測蠡十卷　清王渥撰溪上詩輯徵文録慈志

四明叢書

紹圖抄本

子部綱目

樵家類

類書類

小說類

釋家類

道家類

四明經籍志

鄞縣張壽鏞編輯

子部一

儒家類

志林新書三十卷晉虞喜撰隋經籍志慈志晉書本傳作志林三十篇舊唐志鄭氏通志林新書二十卷太平御覽引書目作志林說馮國翰曰此書今佚明陶宗儀輯十三節入說郛據更采三國志注文選志史記索隱正義太平御覽等書補錄三十七節合為一卷

廣林二十四卷　晉虞喜撰隋經籍志注慈志
馬國翰曰廣林佚已久今輯為一卷

後林十卷　晉虞喜撰隋經籍志注慈志
舊唐書經籍志鄭氏通志作後林新書

釋滞一卷　晉虞喜撰杜氏通典慈志
馬國翰曰唐志載喜所著無此書之滞喜別撰此而史志佚之耶抑其為志林廣林篇目之一耶疑不能明仍依通典原題錄存一種

通疑一卷　晉虞喜撰杜氏通典慈志
馬國翰曰通疑一卷隋唐志並不載杜佑通

典與虞喜釋滯並引皆論禮服而此則論劉
智喪服釋疑以道疑名意其因劉書而作如
基毛詩駁韋昭辨釋名之類与徒通典輯錄
五節仍其原題与釋滯比次附廣林之後即
以補後林之闕焉可也

觀省襍著三十卷宋胡誼撰成化志兩浙名賢錄
奉志謂康乾志作胡謙誤

孝悌類鑑七卷宋俞觀能撰道光府志象志

童草須知三卷宋史浩撰宋志浙志
鄞志案此書在鄮峯真隱漫錄中

訓鑒卷　宋汪大猷撰宋史本傳

鄞志謂一統志浙志合備忘訓鑒為一書誤

石魚偶記　宋楊簡撰鄭氏二老閣藏本鄞志

先聖大訓六卷宋仝　書錄解題馬氏通攷

經義考又擬經云存四庫着錄道光府志郘

亭書目慈志

曾子注十卷　宋楊簡撰書錄解題馬氏通攷

慈志

記先訓卷　宋楊簡撰百川書志慈志浙江

遺書錄日記家訓七十一條附慈湖遺書後

訓語卷 宋楊簡撰遺書注慈志

徵文録曰慈湖文肩誨語一書曾汲古編与家記大意相同見慈湖遺書目録

語録卷 宋楊簡撰陳本堂集慈志

徵文録曰慈湖語録其门人曹漢炎所刊者葉陳著与漢炎書云近又本心所求慈湖詠春詩槁及叔所刊語録与時議梓本堂見之者已歸於徵今則無從訪得之

定川言行編卷 宋袁燮撰宋元學案鄞志

楊子發揮三卷 宋高元之撰樓鑰撰墓志鄞志

寶慶志作二卷

冊學二十四卷 宋史守之撰結埼亭集鄞志

濂洛師友問答辨疑 宋李元白撰宣繒撰墓志奉志

心鑑一卷 宋李詞借撰王應麟撰墓志奉志

觀頤悟言一卷 宋王宗道撰成化志千頃堂書

目嘉靖志康乾志道光府志奉鎮鄞定志

蒙蒙畜江集二卷 宋袁甫撰菉竹堂書目鄞志案

是書係甫語錄

蒙訓四十四卷 宋王應麟撰宋志浙志鄞志

李振裕刊本道光府志俱作七十卷

黃氏日鈔九十七卷宋黃震撰百川書志浙志慈志鄞志四庫著錄邵亭書目作九十五卷宋史傳道光府志作一百卷述古堂書目作九十二卷千頃堂書目作九十八卷徵文錄今本九十七卷缺二卷實九十四卷四庫提要曰是書本九十七卷凡讀經者三十卷讀三傳及孔氏書者各一卷讀諸儒書者十三卷讀文集者十卷計六十八卷皆論古人其六十九卷以下凡奏劄申明公移講義策問書記序跋啟祝文祭文行狀墓志著錄者計元

卷皆所有作之文其中八十二卷八十九卷原本佚闕其存者实九十五卷也惟大興劉氏有舊刊大字本而与不誤鏞按九十二卷今刻本亦註原無序

鼠璞二卷　宋戴植撰此書因埴為桃源人誤為湖南桃源鄞志未載詳見儀頋堂題跋

心書六篇　宋舒沂撰康乾志奉志道光府志作六卷兩浙名賢錄作心經六卷

性理解疑　宋葛文亨撰采訪冊奉志

讀書記卷　元袁桷撰涧志鄞志

分年日程三卷　元程端禮撰　内閣書目　鄞志　元史本傳作進學規程　四庫著錄　郘亭書目作讀書分年日程　道光府志有讀書程又有進學規不僻所云

程朱子與旨六卷　宋柳鴨撰　徵文錄　慈志

理學精華二十卷　元仝

從政章十一篇　元何壽撰　宋元學案　慈志

徵文錄書分三十目

學範六卷　明鄭真撰　明志　黄氏書目　鄞志

性理叢說卷　明鄭真撰　明志　黄氏書目仝

四明叢書

一齋家訓卷　明周昊撰聞志鄞志

理解卷　明戴德彝撰采訪冊奉志

守身箴卷　仝

體認持守二箴　明王漁撰道光府志象志

墨池手錄三卷　象山舊志題王漁撰新志引千頃

堂書目謂係江蘇王渙撰

集程朱議論卷　明楊守阯撰嘉靖志黃氏書目

　道光府志鄞志

經史訓戒百二十卷　明張昺撰聞志鄞志天啟志

　慈志道光府志鄞志

正蒙集解卷　明余本撰浙志黄氏書目慈志

望江講學錄四卷　明周謹撰桂泉草堂鈔錄慈志

晋江講學錄五卷仝

謫餘要語卷　明洪鉞撰天啟志慈志

正蒙解卷　明何欽撰徵文錄慈志

東西銘註卷仝

石门講義六卷　明俞淮撰慈志

寅恭堂心學答门錄四卷　明俞相撰桂榮草鈔錄

慈志

省躬長語卷　明劉泓撰天啟志慈志

薛子庸語音釋十二卷　明向程撰四庫存目慈志

講章卷　明馮柯撰貞白甲帙慈志

小學補一卷　仝

質言七卷　明馮柯撰貞白乙帙慈志

求是編四卷　明馮柯撰貞白戊己帙慈志

孝友家訓卷　明張大器撰雍正府志慈志

正蒙發微卷　明倪復撰兩浙名賢錄黃氏書
目鄞志

尊心錄十二卷　明宋佳撰嘉靖志康乾志奉志

昭事錄卷　明張邦奇撰文定公文選鄞獻

表鄞志

群書歸正集十卷　明林昺撰黄氏書目鄞志本

書列四庫子部存目鄞志未載

辨性錄卷　明李朴撰四明詩纂鄞志

存心編卷　仝

问業証疑卷　仝

慎思集卷　明杜思撰桃源志鄞志桃光府

志作慎軒集

養心錄卷　明杜思撰桃源志鄞志道光府

志作心目錄

正蒙通注卷　明顧宸米撰　閩志　鄞志

証道編卷　明周应治撰　従子昌晋撰行状　鄞志

明湖講録卷　明周应治撰　鄞志

聖學傳心録卷　仝

萬氏蒙訓六卷　明萬邦学撰　黄氏書目　鄞志　道光府志作二卷　閩志　萬氏家訓

誠身録卷　明劉尭宾撰　浙志　道光府志　定志　鎮志

衍愆編卷　仝

集古格言卷　明曹之珙撰　道光府志　陳志稿

鎮志

講經口授卷　清萬斯同撰煙嶼樓藏本鄞志

布聖堂講義十卷　清范光燮天一閣書目鄞志

補張氏復古篇卷　清董正國撰錢志本傳鄞志

修補黃氏宋元學案百卷　清全祖望撰道州何氏刻本

鄞志

宋元學案補遺百卷　清王梓材撰采訪冊鄞志

新校舒廣平學案三卷　清徐時棟撰汝州刊本附

文靖類稿後鄞志

求仁錄十卷　明潘平格撰四庫存目慈志潘

平格列清朝

東西銘注卷　清葉蘅撰嘉興府志慈志

先賢垂訓分論二卷　清顧棡撰伴梅草堂著書

目慈志

小學校誤卷　清劉燦撰黄式三撰傳鎮志

家訓卷　清陳炳撰定志

子思子輯解七卷　清黄以周撰定志

四明經籍志

鄞縣張壽鏞編輯

子部二

兵家類

經武要略卷　宋袁燮撰真德秀撰行狀鄞志

兵略卷　仝

孫子綱領卷　明黃潤玉撰浙志成化志鄞志

孫子兵法注卷　明黃潤玉撰嘉靖志道光府志鄞志

武經小學卷　明張楷撰呂文懿集道光府志鄞志

軍門行稿五卷　明馮岳撰兩浙名賢録慈湖耆舊

傳慈志
防海策卷　明趙文華撰谿上遺聞錄慈志
馮元飆撰事實作防海要略
單伍約束卷　明顧琳撰葉本撰行狀慈志
銷兵聚兵議卷　明顏鯨撰兩浙名賢錄慈志
兵制集卷　明馮能成撰天啟志慈志家傳
家作屯撰兵制集
海寇前後議二卷　明萬表撰焦氏國史經籍志鄞
志明志作三卷四庫存目作海寇
議一卷

車兵騎三陣法 明黃元恭撰王世貞撰墓鄞志

馭將卷 仝

孫子十三篇注卷 明華夏撰過宜言鄞志

行兵陣略圖説 明向時正撰徵文錄慈志

南北籌兵論卷 明姚紀撰雍正志慈志

正

威砲圖編一卷 明錢沃臣撰象志

四明叢書

約園抄本

四明經籍志

鄞縣張壽鏞編輯

子部三

法家類

棠陰比事一卷　宋桂萬榮撰　百川書志　絳雲樓書目　慈志　四庫著録　郘亭書目作棠陰比事一卷附録一卷　提要曰宋桂萬榮撰明吳訥刪補

讞獄稿一卷　明馮岳撰　張瀚撰墓志　慈志

恤刑稿四卷　明馮岳撰　分省人物考　千頃堂

書目 慈志

棘寺祥刑卷 明水佳允撰 聞志 鄞志

明允錄卷 明顧達撰 李一鵬撰傳 慈志

四明經籍志

鄞縣張壽鏞編輯

子部四

農家類

耕織圖一卷　宋樓璹撰宋志續通志書錄解題鄞志四庫著錄作耕織圖詩無卷目

農占祀先錄　明夏誠撰浙志杭州府志鄞志總志

樹藝攷二卷　明李德維撰浙志鄞志衣德編作一卷

桑麻集卷　明李堣撰道光府志鄞志

蠶桑譜卷　明丁學龍撰康熙志本傳沈延嘉序奉志

蠶桑要術一卷　清任儀撰通行本慈志

四明經籍志

鄞縣張壽鏞編輯

子部五

醫家類

本草拾遺十卷唐陳藏器撰宋志鄞志唐志爲茲查閲本唐志不見是書李時珍謂此書精覈物類收羅幽隱自草以本一人而已

諸家本草二十卷宋日華子撰嘉祐本草鄞志

本草辨正三卷宋李中撰康乾志道光府志奉志

傳信方百卷宋卞大亨撰道光府志象志

治背瘡方一卷 宋史源撰 宋志 鄞志

增釋南陽活人書 宋王作肅撰 攻媿集 鄞志

脈圖幅 宋高衍孫撰 清容居士集 鄞志

難經釋疑卷 宋陳端孫撰 榮陽外史集 鄞志

醫書十事 元高彭撰 清容居士集 鄞志

脈緒脈系圖卷 明呂復撰 黃氏書目 鄞志

內經或問卷 仝

難經附說卷 仝

靈樞經脈箋卷 仝

五色診奇眩卷 仝

切脈樞要卷　仝
運氣圖説卷　仝
運氣常變釋卷　仝
四時變理方卷　仝
長沙論傷寒十釋卷　仝
養生褀言卷　仝
木草集要八卷　明王綸撰本草綱目引書目慈
志天一涸目作三卷道光府志無卷目
明醫褀著六卷　明王綸撰百川書志薛氏醫案
慈志千頃堂書目作八卷道光府志無卷目

醫論問答一卷 明王綸撰 駁樂堂藝文志 千頃堂書目 慈志

節齋小兒醫書 明王綸撰 千頃堂書目 浙志 慈志

胎產醫案一卷 明王綸撰 馮氏抱珠山房重刊本

周通判醫案四卷 明周南撰 桂棠草堂鈔鈔慈志

圖注難經八卷 明張世賢撰 四庫存目 鄞志

圖經脈訣四卷 附方一卷 仝

傷寒要訣歌括 卷 仝

王叔和脈訣注八卷 仝

活人滋補方 卷 明萬表撰 浙志 駁樂堂藝文志

活人經驗方卷明萬表撰浙志聚堂藝文志鄞
志黃氏書目一作萬邦孚撰

濟世良方六卷明萬表撰浙江書錄四庫存目
鄞志浙志聚樂堂藝文志黃氏書目醫藏書目
俱作五卷道光府志萬表萬表有積善堂驗
方一卷未知是否上列活人經驗方

急救良方二卷明張時徹撰黃氏書目鄞志浙
志道光府志

攝生衆妙方十卷明張時徹撰天一閣書目四庫存
目鄞志黃氏書作四卷嘉靖本

鍼灸節要三卷　明高武撰　浙志　四庫書目　鄞志

鍼灸聚英四卷　明高武撰　浙志　四庫存目　鄞志

錢志引鍼灸大成作三卷

痘疹正宗五卷　明高武撰　醫藏目錄　鄞志

醫學要旨十卷　明毛雲鶚撰　三補耆舊詩　鄞志

灵樞經摘注十卷　明高士撰　浙志　黃氏書目　鄞志

志齋醫論二卷　明高士撰　浙江書錄　四庫存目

鄞志

醫家指要卷　明杜春撰　桃源志　鄞志

痘疹方論五卷　明萬邦孚撰　浙志　鄞志　黃氏書

目作六卷天一閣書目作二卷

增濟世良方卷　明萬邦孚撰浙江書錄鄞志

醫學問世編卷　明董一麟撰乾隆志傳鎮志浙志引定志作董麟

痘疹遺書卷　明董一麟撰乾隆志傳鎮志作黃一麟

醫貫六卷　明趙獻可撰浙志黃氏書目鄞志

二朱一例卷　明趙獻可撰浙志鄞志

内經鈔卷　仝

善問注卷　仝

經絡考　卷　仝

正脈論　卷　仝

絳雪丹書　卷　明趙貞觀撰　聞志　浙志　附注醫貫條　鄞志

痘疹論　卷　明趙貞觀撰　浙志　鄞志

會宗醫書四卷　明董光明撰　三補耆舊詩　鄞志

鼓峯醫學心法　卷　明高斗魁撰　醫林指目　鄞志

吹毛編　卷　明高斗魁撰　採訪册　鄞志　業山為鼓峯自記醫案

脈學外案科痘瘄幼科纂萃　明周志域撰　剡川詩鈔　孝志

醫學藝餘卷　明陳宏烈撰雍正府志慈志

傷寒撮逢　明秦東暘撰徵文錄慈志

小兒按摩經卷　明陳氏撰鍼灸大成引用書目

鄞志子部未著目浙志趙友欽有革象新書趙淵有萬物數注較六壬天文圖說原引甬上耆舊詩攷是三書皆張淵所撰耆舊詩張淵傳中並載之浙志以三書分屬趙友欽趙淵二人誤也

鄭氏瘄畧卷　清鄭啓壽撰采訪冊鄞志

痘疹一擢手二卷　清邵誠蒼撰采訪冊鄞志

傷寒論全書本義十三卷清許鈺撰采訪冊鄞志

治疹要言一卷清應統枚撰采訪冊鄞志

大乙神鍼心法兩卷清韓貽豐撰畊餘樓藏本鄞志

內經合璧卷　清柯琹撰季諾來蘇集序慈志

傷寒論注來蘇集四卷清柯琹撰徵文錄慈志

傷寒論翼二卷　仝

傷寒附翼二卷　仝

難經補注六卷清董懋林撰假物樓脞錄慈志

辨症集要八卷清槐[illegible]章撰徵文錄慈志

驗方隨記一卷清顧棡撰伴梅草堂書目慈志

諸脈類參十卷　清貴志雲撰蓮山草堂藏稿志

經絡全圖卷　清陳景伴撰陳志稿鎮志

本草綴遺卷　清張用均撰采訪冊鎮志

本草經緯卷　仝

本草指隱卷　仝

醫宗要略卷　清周爾皇撰奉志

醫學分珠十二卷　清張璇撰剡源志奉志

黄帝内經集註九卷　清黄以周撰定志

山農藥性解四卷　清錢捷撰象志

醫解卷　清李如珠撰象志

傷寒餘義卷　清賴一怙撰彖志

四明經籍志

鄞縣張壽鏞編輯

子部六

天文類

乾象歷三卷 吳闞澤撰三國志本傳無卷目隋書經籍志作三卷

劉洪乾象歷術注三卷吳闞澤撰唐書藝文志總志按隋志乾象歷三闞澤撰梁有乾象歷五卷劉洪等注又有闞澤注舊唐志乾象歷闞澤閔詳註新唐志劉洪象歷三卷闞澤注

甄鸞數術記遺注會稽太守劉洪付乾象於
徐岳又授闞澤〻為注解據此澤有自撰本
有注本當非一書故並列之〻蘇案舊唐志
子部歷算類乾象三卷下注闞澤注闞洋撰
道光府志所載闞澤祇有乾象歷數註一書
各書間互有異同總志所引亦不實

穹天論卷　吳虞撰晋書天文志　困學紀聞
總志太平御覽引書目作虞昺穹天論王應
麟日月令正義穹天虞氏所說不知其名按
天文錄虞昺作穹天論晋書天文志虞聳作

穹天論聳昺皆虞翻子虞喜安天論云族祖
河間立穹天聳為河間相然則非昺也

安天論六卷 晉虞喜撰 七録隋經籍志注總
志舊唐藝文志作一卷

渾儀浮漏景表銘詞四卷 宋豐稷撰 宋志鄞志

六經天文編六卷 宋王應麟撰 宋志浙志道光
府志鄞志四庫著目郘亭書目俱作二卷經
義攷入群經類謂宋志作六卷今志二卷

候度箴二十章 明葉生撰 天啟志慈志

星歷辨析卷 明陳槐撰 嘉靖志黄氏書目道

光府志鄞志

天文辨六卷　明周南撰桂榮草堂鈔録道光

府志慈志

華象新書卷　明張瀾撰閩志鄞志道光府志

作華象新書攷

星歷釋義二卷　明林祖述撰四庫存目慈志

律曆書卷　清周維棫撰四明志徵慈志

京師三景合表
武林三景合表　清章忠瑩撰采訪冊鄞志

四明三景合表仝

句股圖說十二卷　清張校均撰子錫路撰行狀鎮志

四明經籍志

鄞縣張壽鏞編輯

子部七

術數類

太元經釋文卷吳虞翻撰鄭氏通志慈馬氏通考作太元釋文陳振孫曰太元釋文卷相傳候芭虞翻宋忠陸續互相增損非後人所作也吳秘嘗作音義豈即此也

楊子太元經注十四卷吳虞翻撰七錄隋經籍志慈志王應麟玉海作十三卷經義考入擬經

作太玄經注十四卷云佚

六甲奇書卷　宋周鍔撰浙志寶慶志道光府鄞

九九通數卷　宋王次翁撰寶慶志鄞志

衍極圖說卷　宋史彌大撰續通考道光府鄞志

辨虛一卷　宋張漢撰慈志王應麟七觀賦

注典卷目經義攷入擬經作一卷云佚

著書卷　宋史定之撰四明文獻鄞志案

蔣志文有易贊

潛虛解卷　宋史守之撰全祖望題友林集鄞

太極圖說卷　明史蔡卿撰仝

象數叢揮三卷　元史公珽撰　鄭真撰行狀　鄞志

古今識鑒八卷　明袁忠徹撰　明志　百川書志　絳雲樓書目　鄞志　浙江書錄　采古今相法有奇驗者

人象大成二卷　明袁忠徹撰　述古堂書目　元賞齋書目　鄞志　分省人物考作人象大成書　黃氏書目作人象賦

相書機要卷　明袁忠徹撰　西袁氏家乘　鄞志

大易明道圖卷　明黃潤玉撰　成化志　鄞志　鄞志崇南山集有道器圖及明道歌

文王八卦入用圖卷　明黃潤玉撰　成化志鄞志

業是圖載南山集中

洛書吊白地理圖卷　明黃潤玉撰　成化志鄞志

皇極經世觀物外篇釋義四卷　明余本撰　浙志

聚樂堂藝文志黃氏書目鄞志經義攷入擬

經之存　鄞獻表道光府志作皇極釋義　浙志

入經部通禮類　嘉靖乙巳補刊陳震福藏本

通書捷經卷　明樓楷撰　四庫四存目鄞志浙

江書錄椎箕諸星值日吉凶

皇極通十卷　明周南楷雍正府志慈志道光

府志無卷目

大六壬十二卷　明陳茂禮撰　兩浙名賢錄　慈志

三極通二卷　明馮柯撰　貞白甲帙　明史藝文志　慈志

皇極經世通解卷　明倪復撰　兩浙名賢錄　鄞志　黃氏書目解作釋經義攷入擬經二未見　道光府志作皇極經世書通攷

壬六天文圖說卷　明張淵撰　聞志　鄞志

萬物數注較卷　明張淵撰　甬上耆舊詩　慈志

易林辨疑卷　明王應龍撰　聞志　鄞志

易林起例卷　明屠本畯撰屠氏見聞錄鄞志

太元闡一卷　明屠本畯撰經義考入擬經云

未見鄞志

修芳涓吉符一卷　明屠本畯撰天一閣書目鄞志

筮吉指南十二卷　明萬邦孚撰明志浙志鄞志道

光府志作十五卷

日家指掌二卷　明萬邦孚撰明志黄氏書目鄞志

通書纂要六卷　明萬邦孚撰明志黄氏書目鄞

志道光府志作三卷

子平集論卷　明林文燮撰閩志鄞志

易史卷　明華夏撰過宜言鄞志

初易卷　明華夏撰明鶴草堂集鎮志

會心編二十卷　明沈近禧撰耆舊傳鄞志

韻易襍訂卷　明杜宏瓚撰續耆舊傳鄞志

易塵卷　明董德鏞撰從弟德撰家傳鄞志

太極辨論卷仝

山水元運論卷　清劉大良撰采訪冊慈志

天元窺管偶譚卷　清施英楷撰采訪冊慈志

陰陽宅吉凶訣卷　清僧澈堂撰錢志鄞志

地理真原真四卷　清顧烱撰碑梅卓堂著書目鄞志

神相類編一卷 清顧棡撰 伴梅草堂著書目 鄞志

地理正宗秘聞七卷 清貴志雲撰 蓮山草堂藏本 慈志

地象精義四卷 仝

地理解一卷 清裘興瑞撰 采訪冊 慈志

奇門一得集 卷 清葉元封撰 采訪冊 慈志

先後天圖說 卷 清朱文懋撰 乾隆志傳 鎮志

太極圖說 卷 清史宗瑜撰 象志

四明經籍志

鄞縣張壽鏞編輯

子部八

藝術類

投壺經一卷　晉虞潭撰　慈志隋經籍志無名氏舊唐藝文志作郝虞潭撰七錄作四卷　慈志虞潭原有投壺經一卷舊唐志入襍藝術類实作郝冲虞潭法撰

筆髓法一卷　虞世南撰　宋藝文志道光府志慈志鄭氏通志筆體論全唐文作筆髓論徵

文錄曰是册分七目曰原古曰辨应曰指意曰釋真曰釋行曰釋草曰契妙詳述用筆之法蓋當時与過庭書譜張懷瓘書斷並行此

書譜一卷　唐孫浩撰定志

字學樞要二卷　宋王珩撰道光府志鄞志

臨池筆記卷　宋史彌忠全祖望題友林集鄞志叢史氏家傳又有廬陵氏集

射譜卷　宋馮湛撰袁燮撰行狀鄞志

樂曲譜卷　宋高似孫撰續通志鄞志

五書韻總五卷　宋高衍孫撰閩志焦氏國史經

籍志鄞志

樂事錄　卷　宋袁甫撰宋史本傳閩志道光府志鄞志

樂事錄　卷　宋樓撰閩志鄞志

書學纂要　卷　宋袁褎撰浙志鄞志宋史藝文志補作書集要

梅雪窩刪潤琴譜　明徐銑撰嘉靖志鄞志

山水人物花鳥卷　明鮑溦撰程篁墩集鄞志

書圖類與　明張得中撰成化志黃氏書目鄞志

大書長語篇　明費瀛撰夢蘭室藏本慈志

射學指南卷 明高武撰浙志鄞志

書訣一卷 明豐坊撰四庫存目鄞志

淳化帖書評卷 明豐坊撰黄氏書目鄞志

續繪圖寶鑑卷 明方仕撰浙志鄞志

榘縵集卷 明華夏撰鄞志續耆舊傳作榘

縵安絃譜過宜言

琴譜卷 明高宇泰撰鮚埼亭外集鄞志

髮書八鈔卷 明鄔振晰撰剡川詩鈔補存鄞志

奕旦評一卷 明馮元仲撰續說郛慈志

分韻篆書十條冊 明印棟隆撰李鄴撰墓志鄞志

書學彙編十卷清萬斯同撰四庫存目浙江書錄鄞志

明州畫史卷清印承嗣撰寶學堂集鄞志聞志作四明古今名畫譜續耆舊傳作四明畫史

大成樂譜卷清李如玉撰三補耆詩鄞志

印譜卷清林樾撰明鴻草堂集鄞志

四明書畫十六卷清袁鈞撰采訪冊鄞志

日課編印譜四冊清盧登焯抱經樓書目鄞志

淳化祖帖考卷清盧登焯撰鐵志鄞志

淳化閣帖考卷清黃定衡撰定文撰傳鄞志

書畫錄四卷　清施奕楧撰　采訪冊　鄞志

古香亭書畫錄　卷　清顧棡撰　伴梅草堂着書目　慈志

奕錦一卷　清盛植騎撰　采訪冊　慈志

映雪草堂印譜　卷　清孫履仁撰　采訪冊　慈志

琹譜雅音九音奏　卷　清姚燮撰　藏本　鎮志

今樂考証八卷　仝

書品一卷　清盧派撰　刊本　鎮志

書學略則　卷　清毛玉佩撰　剡源志　奉志

校碑隨筆　卷　近人方若撰　定志　按此書有石印

校碑續筆　卷　仝

讀畫四卷　近人方若撰定志

印萃一卷　近人方若撰定志

留耕堂印譜四卷清錢鴻基撰彖志

四明經籍志

鄞縣張壽鏞編輯

子部九

譜錄類

鼎錄一卷　陳虞荔撰舊唐藝文志直齋錄題郘亭書目總志宋藝文志作古今鼎一卷

四庫著錄提要曰舊本題梁虞荔撰攷陳書列傳荔釋褐為梁西中郎遷中書舍人侯景亂歸鄉里陳名為太子中庶子領大著作東陽揚州二大中正贈侍中謚曰德是荔當為

陳人梅梁者誤也

歙器圖一卷 陳虞荔撰宋藝文志慈志雍正府志道光府志作歙器録道光府志以虞荔為梁人誤徵文録曰鼎録一書漢魏叢書寶顔堂秘笈續百川學顔氏文房小説中皆收之而歙器録則罕有見者

梅譜卷 宋王子惠撰剡源集寧志

蟹略四卷 宋高似孫撰書録解題四庫録郘亭書目鄞志

硯箋四卷 宋高似孫撰絳雲樓書目讀書

書敏求記四庫書目邵亭書目鄞志

泉品卷　宋高似孫撰鄞志

文房四友除授制宋鄭清清之撰黃氏書目鄞

徐興公書目制作譜

袁氏家藏古玩卷　明袁忠徹撰天一閣書目鄞志

瓊花攷一卷　明楊瑞撰浙志鄞志四庫存

目作瓊花譜

集古印譜十卷　明范大徹撰甬上耆舊傳抱經

樓書目鄞志楊德政序曰鴻臚范君雅好古

出其所得古印若銀若玉若銅凡三千五百

有奇咸類次之登之善楮以公同好名曰印譜

茶說一卷　明屠隆撰　徐興公書目　鄞志

茗笈三卷　明屠本畯撰　徐興公書目　黃氏書目　鄞志　四庫存目作二卷　鄞志失引

麯部觥述一卷　明屠本畯撰　徐興公書目　鄞志

芋記一卷　仝

茗椀譜一卷　仝

香[illegible]一卷　清屠本畯撰　尤氏藝文志　徐興公書目　鄞志

盆史一卷　仝

野菜箋卷　明屠本畯撰鄞志廣群芳譜疏

譜叅條引是書

鳥史卷　明楊文瓚撰續耆舊傳鄞志

蟲史卷　仝

淬劍石譜卷　明丁攀龍撰康熙志本傳奉志

食憲卷　明馮元仲撰天益山堂集慈志

酒克卷　仝

茗笈卷　仝

蘭易一卷　明馮京第撰四庫存目慈志經

義攷作鹿亭翁天根易入擬經類云存

蘭易十二翼卷 明馮京第撰慈志四庫存目附

於蘭易條下經義攷入擬經類云存

蘭史一卷 明馮京第撰慈志四庫存目附

於蘭易條下

蘭小正一卷 明馮京第撰結埼亭外集慈志

經義攷入擬經類云存

人蓡圖說卷 清鄭昂撰采訪冊鄞志

藝蘭小譜卷 清董承瀗撰采訪冊鄞志

石譜十六卷 清張懋建撰蛟川詩話鎮志而

浙輶軒錄作二十卷乾隆志無卷目

洋烟述攷八卷清姚燮撰藏本鎮志

繹舟二卷　清孫事倫撰孫氏七千卷樓藏

本奉志

一瓢泉譜一卷清厲鵬撰定志

續古玉圖攷卷近人方若撰定志

四明經籍志

鄞縣張壽鏞編輯

子部十

襍家

任子十卷　漢任奕撰虞喜志林太平御覽引書目道光府鄞志慈志鎮志定志句章徵文錄曰任子久佚馬總意林中輯成六十節

羣書理要五十卷唐虞世南撰玉海慈志

陽春錄一卷　唐馮無已撰馬氏通志焦竑國史經籍志慈志張金吾愛日精廬藏書志作

陽春集

卜世論卷　唐孫郃撰嘉靖志康乾志奉志

孫子文纂四十卷唐孫郃撰奉志引唐書藝文志

浙志為証查閱本唐書經籍儒家類襍家類

類不見是書

孫氏小集三卷唐孫郃撰奉志引唐書藝文志

浙志經籍儒家類襍家類事類不見是書

吳江應用集二卷吳越林鼎撰宋史藝文志十國

春秋慈志雍正府志作林鼎文集五十卷疑

合無隱而言之

洛陽花木記卷 宋周師厚撰 通志畧 宋文選 鄞志

臆說五卷一 宋王珩撰 道光府志 鄞志

樵言三卷 宋王珩撰 鄞志

告蒙卷 宋王伯庠撰 樓鑰撰行狀 鄞志

猗覺寮記二卷 宋朱翌撰 文淵閣書目 讀書敏

求記 四庫著錄 郘亭書目 鄞志 遂初堂書目

作樵志

適齋備忘十七冊 宋汪大猷撰 樓鑰撰行狀 鄞志

道光府志作適齋存槁備忘

漫錄卷 宋汪大猷撰 宋史本傳 鄞志

班左擷芳十卷 宋陳居仁撰周必大神道碑 鄞志

天官書集注卷 宋高文虎撰浙志延祐志鄞志

蓼花洲閒錄卷 宋高文虎撰徐興公書目 黃氏書目 鄞志

游岷漫筆一卷 宋楊王休撰彙志

樸語三冊 宋史彌大撰菉竹堂書目嘉靖志道光志作二篇鄞志按攷抱經樓藏本有問惟篇大衍篇制衍篇為國篇得民篇帝堯篇丕赫篇等目則不止二篇矣云云

鏡庵叢書卷 宋史彌大撰浙志嘉靖志鄞志 續通攷作叢說

歷代總括卷　宋史彌撰　全祖望題友林集　鄞志

聞見因筆卷　宋王時叙撰　道光府志　奉志

甕牖閒評八卷　宋袁文撰　文淵閣書目　四庫著錄　郘亭書目　鄞志

石魚家記十卷　宋楊簡撰　百川書目　慈志　宋史本傳無卷目　徵史錄曰慈湖遺書十八卷目卷之十六爲家記一論易二論書詩春秋禮樂四五論語六論孝經七論文學中庸八論孟子諸子九論學文論字義歷數十論治道封建兵法凡十卷

律解辯疑卷　宋楊簡撰世善堂書目慈志

鷟露類雜卷　宋羅仲舒撰鄭辰四明志徵慈志

梅堂襍志五卷　宋趙粹中撰寶慶志鄞志

瑣碎錄二十卷　宋陳曄撰浙志鄞志

記林卷　宋袁濤撰袁燮撰墓志鄞志

蘧窗叢編卷　仝

月湖信筆一卷　宋史定之撰四明文獻鄞志

道通一卷　仝

异聞錄卷　宋史守之聞志鄞志太平請話

日守之心非叔文彌遠為著异聞錄以寓規諫

心易卷 宋史守之撰 全祖題友林集 鄞志

龜鑑卷 仝

經畧卷 宋高似孫撰 浙江書録 鄞志

史畧卷 仝

聖人面南賦卷 宋舒[illegible]撰 康乾志 奉志

天地明察論卷 仝

聖明潤色祖業賦卷 仝

諸子纂言卷 仝

離騷經卷 宋葛文亨撰 宋訪冊 鄞志

文章正宗註釋 宋王子熏撰 剡源集 奉志

傳家龜鑑卷　宋李珂撰康乾志本傳奉志剡

源集作傳宗龜鑑

子集鉤元卷　宋李元白撰宣繒撰墓志奉志

集略卷　宋高似孫撰浙江書錄鄞志

詩略卷　仝

緯略十二卷　宋高似孫撰宋志絳雲樓書目

四庫著錄郘亭書目道府志鄞志

文苑英華鈔四卷宋高似孫撰四庫存目鄞志

繁露詁卷二　宋高似孫撰齊東野語鄞志

襍著十卷　宋趙善待撰絜齋集袁燮撰墓

志鄞志

襍錄二卷　宋王宗道撰浙志續通考道光府志鄞志鎮志

聞見因筆一卷宋王宗道撰浙志續通考鎮志鄞志謂嘉靖志奉志謂康乾志程王時叙

困學紀聞二十卷宋王應麟撰百川書志天祿琳琅書目南雍舊書目四庫著錄郘亭書目道光府志鄞志

筆海四十卷　宋王應麟撰宋史本傳浙志道光府志鄞志

小學諷詠四卷　宋王應麟撰　宋志　道光府志　鄞志

石窗野語　卷　宋史文卿撰　全祖望題友林集　鄞志

續蒙求八卷　宋舒津撰　嘉靖志　奉志

墨安　卷　宋孫福翁撰　黃氏日鈔　慈志

繁露　卷　宋孫福翁撰　黃氏日鈔　慈志　黃震曰孫福翁編三　三王五帝而下迄於五代名野史纂無極太極以來至於時政名曰墨兵錄天地事物之變以及平品彙流形名曰繁露凡百二十卷他作亦百二十卷上暫視

史公籌邊十策

玩易通解卷　宋馮芷撰徵文錄慈志

韻庵暇筆三卷　元黃叔英撰元史藝文志補浙
志嘉靖志鄞志鎮志謂千頃堂書目暇作下
入集部道光府志亦作下筆

聞見日鈔十六卷　元柳鵬撰徵文錄文慈志

要語錄十卷　明薛眼耘薛氏世風刪鄞志謂
黃氏書目錄誤集

博笑三笑　明薛眼耘撰薛氏世風刪鄞志

小學諷詠補遺卷　明姚伯良撰成化志鄞志

家禮便宜錄卷　明豐耘嘉靖志鄞志

許心百忍箴註卷　明李孝謙撰　閏志　鄞志

風箴論卷　明周冕撰　閏志　鄞志

海涵萬象錄四卷　明黃潤玉撰　四庫存目　鄞志　黃氏書目作三卷是書一名南山樵錄　道光府志作南山錄　浙江書錄曰摘辨性理經傳子史及古今人物詩文雜説書頗賅　四庫提要曰書曰潤玉孫溥錄其平日言論分四十類

六書正疑卷　明夏誠撰　浙志小學考　鄞志　總志

黃金尺一卷　明胡宏撰　黃氏書目　鄞志

筆談類稿卷　明楊文卿撰　閏志　道光府志　鄞志

勉學錄　卷　明洪嘗撰浙志道光府志鄞志

隨筆　殘卷　仝

文筆　殘卷　仝

經子訓故百二十卷　明洪嘗撰黃氏書目鄞志

太平十二策　卷　明桂彥良撰慈志明史本傳無卷目焦氏國史經籍志作一卷

歸田錄　卷　明張楷撰十頃堂書目成化慈志慈志

自警要語　卷　明張琳撰百川書志浙志慈志

訓愚錄　卷　明李公浚撰忠義志奉志

自拙　卷　明李公傑撰忠義志奉志

劬勞篇卷　明戴德彝撰　采訪冊　奉志

沙秋經卷　明呂宗諭撰　忠義志　奉志

木天禁語卷　明宋儒撰　康乾志　奉志

海岱須埃卷　明王桐撰　奉志

困學寡聞錄卷　明楊守阯撰　明志　黃氏書目　道光

府志　鄞志

叢光子卷　明魏偁撰　浙志　嘉靖志　鄞志

經書僅悟卷　明魏偁撰　嘉靖志　鄞志

聞見類纂小史十四卷　明魏偁撰　嘉靖志　四庫存目　浙

江書錄　鄞志

禮敎儀節卷　明豊熙撰已見史部

勸忍百箴攷註四卷　明許名奎撰天一閣書目鄞志案

冊銘錄有四明梓碧山人奎百忍箴

經濟考畧十卷　明戴鱀撰黃氏書目鄞志案聞

作戴鱀撰已見史部

經濟總論十卷　明王杰撰嘉靖志鄞志

聞見漫錄二卷　明陳槐撰烟嶼樓藏本鄞志鄞

獻表作見聞漫錄

寤思錄卷　明張昺撰張邦奇撰墓志鄞志慈志

杜詩質疑卷　明周旋撰千頃堂書目道光府

志愿志

簡籍遺聞二卷明黃溥撰浙江書錄四庫存目鄞志

閒中古今錄二卷明黃溥撰浙志道光府志鄞志

石亭樵錄一冊明陳沂撰天一閣書目鄞志浙江書錄曰是書分四種曰維楨錄署沂名曰拘墟晤言曰詢蒭錄二種俱不著欵曰善謔錄下署大函山人其為沂一人所作或併錄諸家未可定也

拘墟晤言一卷明陳沂撰尤氏藝文志四庫存目鄞志黃氏書目云此書即在樵錄中道光

府志作拘墟集

畜德錄二卷　明陳沂撰焦氏國史經籍志鄞志絳雲樓書目黄氏書目作一卷此書鄞志子史兩部均收惟史部爲一卷子部爲二卷稍有不同故並存之

誨似錄卷　明陳沂撰江寧府志黄氏書目鄞志

存疾錄卷　明陳沂撰黄氏書目鄞志

詢蒭蕘錄一卷　明陳沂撰四庫存目鄞志

河亭辨論卷　明陳沂撰絳雲樓書目鄞志

測蠡官見卷　明馮厚撰萬姓統譜嘉靖志道

光府志慈志

葯亭說詩鈔卷闕 明向錦撰 采訪冊慈志

傳集錄辨卷 明向錦撰 采訪冊慈志

論學新稿卷 明顧英撰 千頃堂書目 嘉靖志慈志

通義節要卷 明顧英撰 道光府志 慈志失載

郊外農談三卷 明張撰 四庫總目 天一閣書目 道

光府志慈志

勸世方言卷 明劉鑽撰 天一閣書目慈志

普天澤錄卷 明陳誌撰 徵文錄慈志

朱子感興詩註 明向欽撰 徵文錄慈志

家規卷　明鄭渭撰寒村人物考慈志

豯洲記錄卷　明秦金撰徵文錄慈志

善惡記錄卷　明陳敬義兩浙名賢錄浙志慈志

管見日鈔卷　明馮東儀撰鹿瞜樓集慈志

仕訓卷　明張謙撰雍正府志慈志

政畧卷　仝

山中寤語卷　仝

索隱編卷　明劉廷寅撰天啟志慈志徵文

錄日日雍正府志作其子劉瑋著誤

莊列韓柳手纂　明何洪邁撰天啟志慈志

拙菴學言稿十五卷　明宋玹撰　嘉靖志　寧志　成化杭州志作拙菴學言集　康乾志無稿字集字

百家類纂四十卷　明沈津撰　明史藝文志　四庫存目　慈志

慈湖定性規卷　明顧鯨撰　兩浙名賢錄　慈志

原性訂學篇卷　明顧鯨撰　天啟志　慈志

澧陽問答錄卷　明馮能成　浙志　天啟志　慈志

金石言卷　明周樾撰　徵文錄　慈志

燕貽襍記一卷　明袁宗泗撰　徵文錄　慈志

歷代宗藩訓典十二卷　明馮柯撰　明史藝文志　四庫存目　慈志

迴瀾正論二卷 明馮柯撰貞白乙帙慈志

論墨卷 仝

厲直錄卷 仝

歸栽錄卷 明馮柯撰貞白丙帙慈志

緣事卷 仝

賓襄錄卷 明仝

國書卷 仝

三山崇祀家規 明馮柯撰貞白丁帙慈志

遠觀編卷 明馮琴撰徵文錄慈志

藏用錄卷 仝

意志編一卷　明董伯麟撰價物樓勝錄慈志

雲山日記卷　明王亶撰天啟志慈志

采真編卷　仝

諸子辨疑卷　明馮烶撰徵文錄慈志

桃源語錄卷　明虞鏞撰三補耆舊詩鄞志葉

三補詩文有易理璞章治家言

程學管窺卷　明范訢撰浙志鄞志葉錢訢誤新

洞中漫讀記九卷　明倪復撰兩浙名賢錄鄞志

東巢樵著二卷　明倪復撰四庫存目鄞志

壺齋問答卷　明倪復撰兩浙名賢錄耆舊詩鄞志

見聞欄楯卷　仝

觀古錄卷　仝

律呂直解卷　明薛治撰鄞獻表鄞志

山中集卷　明萬表分省人物考明名臣行言錄鄞志

九沙草堂襍言二卷　明萬表撰浙志黄氏書目鄞志

灼艾集八卷　明萬表撰百川書志四庫存目鄞志抱經樓書目灼艾二卷新集二卷餘集二卷別集二卷鄞志謂黄氏書目作十卷誤道光府志作十卷亦因誤襲誤也

窺豹俚語卷　明李正芳撰鄞獻表鄞志衣德

編曰嘗集俚語七十條皆因物比与充中居

德律身文的今重刊行世

襍記卷　明汪玉撰石函集鄞志道光府

志鄞獻表作襍錄記

微寓錄卷　明謝瀍撰康熙志奉志

覯頤錄卷　明張邦奇撰文定公文選鄞獻

表鄞志

甬川史說卷　仝

讀書錄要語卷　明張邦奇撰文定集鄞志

說林二十四卷 明張時徹撰明志黄氏書目鄞志

律呂辨卷 明高武撰閩志鄞志

曼古篇卷 明孫先祖撰道光府志不詳何邑人

索隱編卷 明劉津撰道光府志未詳何邑人

過言卷 明邱澤撰萬卷遺集鄞人

童學書程一卷 明豊坊撰尤氏藝文志鄞志

了彙三十三卷 明余有丁撰黄氏書目鄞志

日知錄五卷 明汪坦撰明志黄氏書目鄞志

仕餘錄卷 明周希程撰道光府志象志

蠡測海警卷 明黄元恭撰王世貞撰墓志鄞志

屯田卷　仝

鹽筴卷　仝

灌園叢談卷　明范大澈撰浙志道光府志鄞志

桃源聞見錄卷　明張沔撰聞志鄞志

廣生篇二卷　明董日撰抱經樓書目鄞志

韻雅錄卷　明張學撰定志

鴻筵四十八卷　明屠隆撰明志黃書目四庫存
目道光府志鄞志浙江書錄曰張右文稱其
書以參合三教爲本綱羅宇宙古今精入造
化散及名物微言開示來學甚多然亦未免

過譽云

說矇編一卷　明屠隆撰張應文撰傳鄞志浙志尤氏藝文志黃氏書目編作篇

知命篇一卷　明屠隆撰徐興公書目鄞志

長松茹退二卷　明屠隆撰黃氏書目鄞志

破迷論一卷　明屠隆撰見聞錄鄞志

考槃餘事四卷　明屠隆撰黃氏書目絳樓書目四庫存目鄞志

遊具雅編一卷　明屠隆撰四庫存目鄞志名山遊概記作遊具箋提要曰所載笠杖漁竿之

序皆便於遊覽之具故以為名卷末附圖四式一曰太極一曰葫蘆樽一曰山遊提盒一曰提爐雖書中所已具以其形製皆須圖乃明故復附會於末云按提要所云此書殊以入譜錄類為宜不知四庫何以入雜家

漢魏叢書六十卷明屠隆撰明志黃氏書目鄞志尤氏藝文志作二百卷天一閣書目作二百五十卷

家教輯畧一編明李德維撰依德編鄞志

霞外麈談十卷明周應治撰黃氏書目四庫存目鄞志

藥語卷　明董光宏撰浙志鄞志

教家要言　仝

傅子漫言卷　明傅光前撰聞志鄞志

訓學解卷　明王应龍撰聞志鄞志

山林經濟籍二十四卷　明屠本畯撰明志浙志鄞志黃氏書目作二十六卷

燕閒彙纂一卷　明屠本畯撰徐興公書目黃氏書目鄞志

山林友議二卷　明屠本畯撰黃氏書目鄞志

蕪三圖一卷　明屠本畯撰徐興公書目黃氏書目鄞志

山居代曆一卷　明屠本畯撰　屠氏見聞錄　鄞志

演讀書十六卷　明屠本畯撰　徐興公書目　黃氏書目　鄞志

韋弦佩一卷　明屠本畯撰　尤氏藝文志　鄞志

四庫存目無卷數

憨子襍俎一卷　明屠本畯撰　黃氏書目　鄞志　案

是書在山林經濟中

聾觀一卷　明屠本畯撰　徐興公書目　屠氏見聞錄　鄞志

聾政一卷　明屠本畯撰　白華堂藏本　鄞志

五子諸策五卷　明屠本畯撰　黃氏書目　鄞志　案

是書在山林經濟中

艾子外語一卷 明屠本畯撰 餘興公書目 鄞志

案是書在山林經濟中

田叔禩記卷 明屠本畯撰 屠氏見聞錄 鄞志

採膏緒言卷 明屠本畯撰 屠氏見聞錄 鄞志

案見聞錄所載本畯著述尚有傲高二士清

妒經解等書

狀遊蔆一卷 明屠本畯撰 餘興公書目 王思

狀屠本畯蔆張可大翻

吉辯一卷 周应辰撰 餘興公書目 鄞志

左譚卷　明包岩叟撰　天爵堂集　鄞志

心印紺珠經三卷　明萬邦孚撰　濩雲堂藏本　鄞志

管天筆記卷　明朱勲撰　聞志　鄞志

斐園日記卷　明李埈撰　聞志　道光府志　鄞志

寐見語卷　明林祖述撰　三補耆舊詩　鄞志

炊血編卷　仝

多識錄百卷　明錢若迲撰　錢氏在茲集　鄞志

醫閒漫記一卷　明賀欽撰　千頃堂書目　鎮志

山堂披華五十卷　明謝泰宗撰　詩文草創　道光志

鎮志

山舍偶考卷　明張鳴喈撰乾隆志傳鎮志

防秋譜卷　明周西撰鮚埼亭集鎮志

韻歷卷　明周西撰陳志稿鎮志

圍莊　明范兆芝撰乾隆志蛟川詩話鎮志

左右鏡卷　明王嗣奭撰聞志耆舊傳道光府志鄞志

山中天卷　仝

冷然編卷　仝

掛石編卷　仝

管天筆記卷　仝

管天筆記外編卷明王嗣奭撰採訪冊鄞志烟嶼

樓集跋曰官天筆記原書不知幾何卷今首尾並佚約畧次之尚可得六卷其子目為異聞攷誤叢訓正音其他不可知矣蓋先生隨筆記錄或全錄他人語或附己意大都考証之學至專以己見為議論者則為官天筆記外編一帙其子目為尚論文學世道涉世異端先生以明紳為國初遺老著此書時年已八十餘其中或相厲晚節譏斥貳臣而絕不作怨懟朝之語和平蘊藉蓋與厚齋之生相近者也

存俟篇卷　明汪樞撰道光府志

天爵堂筆錄卷　明薛岡撰黃氏書目道光府志

徐興公書目作筆錄

趨庭日記卷　明沈泰灝撰葛世撰行狀鄞志

蕙句集十三卷　明沈泰鴻撰明志鄞志

武彝綴考卷　明楊德周撰道光府志鄞志

輿識隨筆十二卷　明楊德周撰尤氏藝文志黃氏書目鄞志

石門避暑錄卷　明楊德周撰嘉來獻錄鄞志

弦葦纂要卷　明陳良謨撰兩浙名賢錄鄞志

危言一卷　明陳士京撰全祖望撰鄞志

志林二十卷　明蔣之麐撰黃宗羲蔣氏三世傳鄞志

官歷漫紀卷　明高斗樞撰續耆舊傳鄞志

城書彙酌卷　明董德鏞撰從弟德鑑撰家傳鄞志

可如六卷　明董德鏞撰浙江書錄四庫存日鄞志

寔籍軒日記卷　明董德偁撰續耆舊傳鄞志

旅木集記卷　明沈光文撰續耆舊傳鄞志台海使槎錄作旅草果木集記

三峻聽雪卷　明李文纘撰續耆舊傳鄞志

石𥫉間吟卷仝

井中錄卷仝

剡溪漫筆卷　明孫能傳撰孫氏七千卷樓刻

本明史藝文志道光府志奉志

益智編四十一卷　明孫能傳撰孫氏七千卷樓刻

本四庫存目道府志奉志無卷目以書列入

四庫存目奉志失引

八紘錄卷　明梁棟材撰康熙志本傳奉志

甘露藏卷　明王恆撰浙志　奉志　康熙志作甘露卮

廣知編卷　明張志昌撰道府志　象志

達人曠覽一卷　明袁仲錫撰徵文錄慈志

九陽子考卷　明韓孫受撰薛三省撰墓志慈志

範地格言一卷　明徐新撰文溪人物志畧慈志

碎金一卷　明陳時詠撰鄭先弼撰行狀慈志

厚齋集覽二卷　明袁宏益撰姚似儀傳慈志

宦林便覽卷　明馮煥撰徵文錄慈志

居家規成錄卷　明阮震亨撰無名氏撰墓志慈志

寉然語卷　明林庭梧撰四明志徵慈志

韻肄卷　明馮颺撰雍府志慈志

癡券卷　仝

闞湖記言一卷　明劉尹聘劉振之合著抱經樓書目橫山集慈志

闞湖記言一卷　明劉尹聘劉振之合徵文徵慈志

識大編卷　明劉振之撰黃宗羲思舊錄慈志

必告錄卷　明劉振之撰雍正府志慈志

陶政錄　明桂一章撰清芬集慈志

山林經濟籍　明馮元沖撰馮廷楷撰遺集序慈志

三墳衍義卷　明鄭濂撰高州年譜慈志

竹石山人手錄　明秦祖襄　雍正府志　慈志

反騷一卷　明葉國楨撰　葉蜚雲撰行狀　慈志

叢騷一卷　仝

讀書觀卷　明馮念先撰　馮元仲撰序　慈志

篔溪自課一卷　明馮京第撰　徵文錄　王晫檀几叢書二集　慈志

讀書燈一卷　明馮京第撰　檀几叢書二集　慈志

真至會約一卷　明馮京第撰　鮚埼亭外集　慈志

河圖論卷　明姚紀撰　雍正府志　慈志

道聽途說編三十卷　明李文請撰　續耆舊傳　鄞志

東錢湖褀俎卷　明楊東琦撰　徐興公書目　鄞志

問奇初編一卷　清范光文撰　天一閣書目　鄞志

寤憶一卷　仝

事心錄卷　清萬斯選　浙志　鄞志

群書辨疑十二卷　清萬斯選　培林堂書目　道光府志　鄞志

河洛敷言卷　清虞世塏撰　三補耆舊詩　鄞志

紺溪本論卷　清陳鴻績撰　閩志　鄞志

紺溪偶論卷　仝

旅窗隨筆卷　清左臣黃撰　續耆舊詩　鄞志

道腴録卷　清董元揩撰續耆舊詩鄞志

心學約言卷　清徐懋照撰閩志鄞志

廣益編卷　清何之任撰三補耆舊詩鄞志

旅窓隨筆卷　清董道權撰鄭梁撰傳鄞志

提經樵唱卷　清陳翰邦撰三補耆舊詩鄞志

猴山旦筆卷　清胡奇佑撰兩浙輶軒錄鄞志

日餘講識六卷　清謝為雯撰春草堂集鄞志

証人講議卷　清陳茲登鮚埼亭集墓志鄞志

續証人講録卷　仝

竹湖日知録卷　仝

經史問答十卷清全祖望撰通行本鄞志蔣志

作經史問答錄

困學紀聞三箋清全祖望撰鮚埼亭集鄞志

雙韭山房答問錄卷清全祖望撰見祖望劄源

九曲辭第六困小引鄞志

南湖隨筆一卷清陳美訓撰采諸冊此書刻南

湖文集後

資聞襍錄二十卷清周海撰錢志鄞志

困知錄十卷清董秉純撰蔣徵士撰行狀鄞志

三餘偶錄二十卷清孫守奎袁鈞撰墓志鄞志

困學紀聞補注卷　清屠維序撰　東井文鈔　鄞志

息園筆錄卷　清屠維序　鄞志

繹言卷　清俞經撰　瞻衮堂藏本　鄞志

補雅一卷　清童槐撰　段兆鏞撰墓志　鄞志

過亭筆記一卷　仝

從政筆記四卷　仝

眉叟筆記四卷　仝

四明七觀詳注卷　清范士緯撰　雲堂藏本　鄞志

詹詹言二卷　清陳僅撰　繼雅堂藏本　仝

竹林答問一卷　仝

讀史意鑑一卷 清陳僅繼雅堂藏本鄞志
致曲編卷 清王日章撰 鄞志烟嶼樓集墓
表先生讀書勵志置二編凡上有得則書之
修身齊家擇交處世以致飲食言語之微曰
致曲編自經傳史傳以致百家小說之屬曰
思編又有鑑古編無忘編讀書譜致曲類格
言思類襍攷鑑古援古人無忘記今人皆嘉
言懿行之可法者讀書譜即譜讀書之程要
也草稿皆巨帙未編卷
困學紀問偶箋卷 清許徵三撰 姚燮撰墓志 鄞志

覆載陰陽論六卷　清應名山撰　周志　鄞志

撷香樓筆記　卷　清范邦楨撰　湲雲堂藏本　鄞志

澄心錄一卷　清董岱撰　六一山房藏本　鄞志

呂氏春秋襍記　清徐時棟撰　烟嶼樓藏本　鄞志

城西草堂筆記十卷　仝

女訓　卷　清楊乃撰　三補耆舊詩　鄞志　王

一辰曰字文定周容繼妻

著道錄十卷　清潘平格撰　毛文強撰傳　慈志

辨二氏之学二卷　仝

契聖錄二卷　仝

講律納音卷　清吳夢揖撰徵文錄慈志

弟一戒書卷　仝

淑人書卷　仝

同野論學要語卷　清鄭梁撰見黃稿慈志

讀書樵記卷　清鄭梁撰五丁集慈志

湛園札記四卷　清姜宸英撰鶴皋栗氏刊本慈志四庫著錄邵亭書目作二卷文獻徵存錄作三卷

似奕編卷　清沈李楷撰嘉興府志慈志

心相篇註一卷　清秦遵宗撰徵文錄慈志

經世篇卷　清葉亮撰慈北遺文慈志

八大家澄心錄卷仝

心餘問答八卷　清宋日達撰王巡墓田記慈志

經世卷　清裘璉撰國史列傳慈年譜作

經史類

文選註解輯韻　清裘璉撰年譜慈志

錦囊收千八卷　清裘璉撰年譜徵文錄慈志

新傳編卷　清胡玉麟撰徵文錄慈志

太平策卷　清周緘撰王國撰傳慈志

南樓日記卷　仝

寸積録卷　清桂濂撰　探源集　慈志

拾餘録一卷　清姚廷信　徵文録　慈志

襍鈔一卷　清馮丹香撰　溪上詩輯　慈志

春雪齋音律考卷　清董之正　價物櫝胜録　慈志

四明理學源流卷　清顧棡撰　伴梅草堂著書目　慈志

編年追愧録二卷　仝

攬恨編一卷　仝

酣古齋閱古隨記一卷　仝

瘦痴蜕卷　清王國撰　兩浙輶軒録補遺　慈志

伊蒿錄卷　清馮全脩徵文錄慈志

聞見前後集二卷清牟櫄撰溪詩輯續編慈志

蓬峯襍記一卷清費志雲撰夢蘭室札記慈志

駒隙餘談一卷清胡學龍撰竹南詩注慈志

耳學錄十卷清葉愚撰則古軒鐫本慈志

簡香日錄卷清鄭勲撰烟嶼樓集慈志

二研齋讀書隨筆清鄭勲仝

臆説一卷　清方欽華撰徵文錄慈志

鏡湖襍着二卷清董明倫撰價物樓賸錄慈志

寄竹隨筆一卷清袁大燮撰宋詩冊慈志

夢夢錄二卷 清王涯撰 采訪冊慈志

詹詹卷 仝

古字錄二卷 清葉元塏撰 采訪冊慈志

鐵仙隨筆卷 仝

十三六壺盧銘一卷 仝 葉金壽撰 采訪冊慈志

曼庵隨筆五卷 仝

不窺園隨筆四卷 清董祿琛撰 采訪冊慈志

見聞謹述卷 清謝紹懋撰 乾隆志 傳 鎮志

要覽捷書卷 清謝緒潋撰 陳志 稿 鎮志

音韻辨疑卷 清曹鍠撰 陳志 稿 鎮志

讀書隨筆一卷　清劉堯右陳志稿鎮志

讀書錄十二卷　清張樾建撰蛟川詩話鎮志

兩浙輶軒錄作八卷

續越語肯背錄一卷　清張樾建撰蛟川詩話兩浙輶軒

錄鎮志乾隆志無卷目

左傳聯珠十六卷清李三選撰采訪冊鎮志

學經隨筆卷　清張樾延撰李昌昱撰傳鎮志

李昌昱撰傳云學經隨筆兩帙扶輿究徵具

在心得至

學史隨筆卷　清張延撰李昌昱撰傳鎮志

若强恕錄最爲學者近理者已之務尤非苟作

强恕錄卷　清張懋延撰李昌昱撰傳鎮志

問津錄卷　清謝鯤祚撰蛟川耆舊詩鎮志

炳燭軒析訓一卷　清沈謨撰陳福熙撰傳鎮志

一笑編卷　清陳元棫撰采訪冊鎮志

澄心錄卷　清謝佑琦撰陳志稿鎮志

備遺錄　仝

質古錄　清謝佑琦撰蛟川耆舊詩鎮志

徵奇錄　仝

編年錄　仝

天文地輿纂要卷 清謝佑琦撰族文洵祚撰傳 鄞志

瞥觀集卷 清謝篪賢撰陳焯撰墓志鎮志

敦善錄卷 清邱學撰晚聞居士集鎮志

鄮荃筆記卷 清張本均蛟川耆舊詩鎮志

日知錄記疑卷清劉燦撰黃式三撰傳鎮志

蛟川耆舊詩作補訂日知錄

筆記四十卷 清劉燦撰采訪冊鎮志業家傳

文有眉警錄日有編

勸學編一卷 清劉燦撰采訪冊鎮志

字學辨正卷 清謝錚賢撰復莊文椎二編鎮志

經典類編八卷 仝

養軒風雨錄 清李恭浚撰 蛟川續耆舊詩 鎮志

雞窗瑣語卷 仝

道聽錄卷 仝

簇錦集卷 仝

息遊園襍纂八卷 清姚燮撰 藏本鎮志

責備餘言卷 清袁奎撰 采訪冊慈志

藏真襍記卷 仝

半醒居偶談卷 清裘千振撰 采訪冊慈志

樸庵筆記卷 清呂道昌撰 剡川詩鈔補存 奉志

論語禮記箕法卷 清孫事倫撰 孫氏七千卷樓藏

本奉志

竹溪未足稿八卷 清孫事倫撰 鈔本奉志

楊曾一貫四卷 清張璇撰 剡源志奉志

訓蒙日記卷 清藍運森撰定志

襍志一卷 清厲得鵬撰定志

抱甕堂隨筆四卷 清仝

食破硯齋襍錄十卷 仝

古今禮辨一卷 仝

聞鷄錄三卷 仝

三音均部略四卷　黄式三撰　定志
儆居讀通考二卷　仝
儆居讀子集三卷　仝
鄭君粹言一卷　仝
朱吕问答一卷　仝
炳燭録二卷　仝
黄氏塾課三卷　仝
儆居襍著内外各四卷　仝
襍著二卷　清黄以愚撰　定志
受經居襍著卷　清黄以恭撰　定志

受經居日記卷 仝

碧梧齋示兒語二卷 清姜桂蕚撰 象志

司馬法攷徵二卷 清黃以周撰 定志

儆季襍著十一卷 仝

續儆季襍著一卷 仝

嬹蓺軒襍著三卷 清黃家岱撰 定志

海邊課趣四卷 清錢學懋撰 定志

古化今說一卷 近人方若撰 定志

陶文萃一卷 仝

藥雨叢刊卷 仝

國語學草創卷近人胡以魯撰定志

劄記一得錄卷清史宗瑜撰象志

尊行錄四卷　清姜炳章撰象志

率性編卷　清賴善熊撰象志

抱經樓藏書記清俛象占撰象志

盤桓居筆記卷清錢沃臣撰象志

孤松草廬筆記仝

弦歌亭筆記卷仝

壺廬山房筆記仝

行雲館筆紀卷仝

管見微述二卷 仝

經史質疑卷、 清佚名 象志

蛾術齋筆記二卷 清林泊安撰 象志

四明經籍志

鄞縣張壽鏞編輯

子部十一

類書類

長州玉鏡二百三十八卷隋虞綽撰舊唐藝文志總志鄭氏通志作長州玉鑑閩本唐書經志類事長州玉鏡作百三十八卷虞綽等撰

北堂書鈔百六十卷唐虞世南撰宋史藝文志四庫著錄書錄解題郘亭書目總志舊唐藝文志作百七十卷劉禹錫佳話錄曰虞公之

為秘書於省後堂集群書中事可為文用者號為北堂鈔書今北堂猶存而書鈔盛行世晁公武曰北堂書鈔百七十三卷世南仕隋為秘書郎時鈔經史百家之事以備用分八十部八百一類北堂者省之後堂世南鈔書之所用也道光府志藝卷目

兔園策十卷唐虞世南撰馬氏通考總志陳第世善堂書目

通題九十卷宋袁轂撰乾道圖經鄞志

韻類題選百卷宋袁轂撰書錄解題焦氏經籍

志鄞志乾道寶慶志俱無題送二字

百川學十冊　宋左圭輯浙江書錄文瑞樓書

目鄞志

玉海二百卷　宋王應麟撰至正志宋史藝文

志補鄞志四庫著錄郘亭書目辭學指南四

卷均附本條下鄞志列集部道光府志作二

百四卷

小學紺珠十卷宋王應麟撰宋史藝文志補浙

志四庫著錄郘亭書目道光府志鄞志

筆海四十卷　宋王應麟撰宋史本傳浙志道

府志鄞志

姓名急就篇二卷宋王应麟撰浙志至正志四

庫著錄郘亭書目鄞志道光府志作八卷

經傳蒙求卷　宋应翔孫撰經義攷入羣經無

卷目亡佚鄞定志

小學紺珠卷　宋史蒙卿撰明一統志鄞志

廣事文類聚卷宋史吉卿全祖望題友林集鄞志

續蒙求八卷　宋舒津撰嘉靖志王应麟序鄞

韻錄卷　元黄玠撰續文獻通攷嘉靖志

鎮志道光府志以黄玠列宋朝慈志作纂韻

錄引四庫總目為証茲查四總類書襍彙類著目存目均不見是書

群書類編故事二十四卷 明王罃撰 研經室外集

增廣事物紀原卷 明張楷撰 千頃堂書目慈志浙江通志道光府志作廣事物紀

劉錦類編六卷 明楊守陳撰 楊文懿集鄞志

鈎元類聚卷 仝

策學會元四十卷 明戴暨撰 明志黃氏書目浙志作戴撰閩志作戴鼇撰

正學類編十五卷 明李堂撰 明志鄞志黃氏書目

輯明理經濟之文凡二百六十首

三史文類五卷　明趙文華撰　千頃堂書目餘乾

學傳是樓書目總志

漢雋類編卷　明張大器撰道光府志按張大

器總漢人總志不載是書蓋失記也

博物策會十七卷　明戴璟撰明史藝文志奉志

謂府志縣志無卷目

文苑彙雋二十四卷　明屠隆撰鄞志

浙江書錄曰分二十四门拾唐類函天中記王

氏彙苑事文類聚四編中擇其要着標題分

注略仿初學記之例鄞志案四庫子部存目

縹緗對類二十卷舊本題明屠隆撰採對偶字句各區門類皆市井憧憧之辭殆市賈所託名也

同姓名錄十二卷明余寅撰明志續通志文瑞樓書目鄞志四庫著錄附周應賓錄補一卷郘亭書目與四庫著錄同惟錄補錄余寅作徐寅

同姓名錄補卷明周應賓撰續通志鄞志四庫著錄附於余寅同姓名錄條下

文選類語卷　明陳應璠撰道光府志鎮志乾
隆志傳作應賓

璽菴類纂十冊　明林時對撰抱經樓書目鄞志
案抱經樓藏本又有璽菴襍錄

子史類函卷　明項可試撰奉志康乾志本傳
作史函子函二十卷

三才藻異三十三卷　明屠粹忠撰浙江書錄四庫
存目鄞志鎮志道光府志無卷目

句甬紺珠錄卷　清王梓材撰采訪冊鄞志

經史類纂卷　清周近梁撰溪上遺聞錄慈志

邁園類纂卷 仝

姜氏類書四十九卷清姜宸英撰馮氏耕樓藏本慈志

三才類編卷 清裘連撰國史列傳慈志

三才議異卷 清裘連撰 仝

事物異名錄四十卷清厲荃撰仁和關氏鐫本慈志

三才異名錄卷 清顧棡撰伴梅草堂著書目鄞志

玉屑重編六卷清馮全修撰徵文錄慈志

湖物源流志四卷清謝泰定撰陳志稿蛟川耆舊

詩鎮志

代醫類鈔三卷清厲得鵬撰定志

墓志類聚卷 近人方若撰定志

四明經籍志

鄞縣張壽鏞編輯

子部十二

小說類

鄞川志五卷　宋朱翌撰書録解題鄞志

名賢碎事卷　宋袁文撰絜斋集鄞志

美節録卷　宋薛師心撰四明詩彙鄞志

至正真記四卷　元孔斋撰四庫存目文瑞樓書

目鄞志

客座新聞卷　明袁宗徹撰鄞志

笑苑卷　明陸瑜撰何喬遷神道碑鄞志

語怪錄卷　明陳沂撰黃氏書目鄞志

善謔錄卷　仝

四明薛氏錄卷　明薛晨撰天一閣書目鄞志

賢識錄一卷　明陸釴撰四庫存目鄞志

病逸漫記卷　明陸釴撰四庫存目無卷目鄞志失載提要是書襍記當時事實

北窗瑣語一冊　明余永麟撰浙志四庫存目鄞志

烟霞小說八卷　明范欽撰澹生堂書目鄞志黃氏書目作十四種浙江書錄曰所采小說自

吴中故語及猥談凡十種

撫掌錄卷 明范欽撰 浙志鄞志

古今諺一卷 明范欽撰 天一閣書目 范氏書目 鄞志

歌謠諺語一卷 仝

迂言海岳新書 明范鎬撰 錢志鄞志

繼志錄卷 明董可觀撰 董氏書目 鄞志

廣義錄卷 仝

曼卿錄卷 仝

補陀靈異錄卷 明屠隆撰 徐興公書目 鄞志

補陀靈應錄卷 明屠隆撰 黄氏書目 鄞志

編年採考二卷 明孫森撰抱經樓書目鄞志

識小編卷 明周志宾撰黄氏書目鄞志案

曰內篇九卷外篇

丑寅聞見志卷 明薛岡撰鄞志案是書附天爵

堂集末

三洞志 明楊德周撰浙志鄞志

金華襍識四卷 明楊德周撰尤氏藝文志四庫

存目鄞志徐興公書目五卷

見聞記訓一卷 明陳良謨撰四庫存目鄞志

果報見聞錄卷 明楊式傳撰四庫存目列入清朝鄞志

竹溪小記卷 明朱金芝撰全祖望忍辱道人
些詞鄞志

滄窩筆語卷 明林宏珪撰續耆舊傳鄞志

空錄卷 明沈延賞撰楊德周撰沈合虛
傳鄞志

贈哀錄卷 明林時躍續耆舊傳鄞志

荷牐叢談四卷 明林時對撰祀經樓書目鄞志

鹿溪新語卷 明李文纘撰續耆舊傳鄞志

捜軼編一卷 明陳時詠撰徵文錄慈志

懷古錄卷 明楊汝昇撰雍正府志慈志

七松遊卷　清范光文撰天一閣書目
續世說新語卷　清李鄴嗣撰浙志文苑傳鄞志
　續耆舊傳作補世說
四明龍薈一卷　清聞性道撰續通志四庫存目鄞志
勸善錄卷　清吳初觀撰三補耆舊詩鄞志
泮宮紀略卷　清李如玉撰仝
幻影論年卷　清陳翰邦撰仝
疑年襍記卷　清李昌榮撰釆論冊鄞志
澹柏廬遺聞卷　清屠可堂撰屠氏見聞錄鄞志
宗族見聞錄卷　清孫守奎撰袁鈞撰墓志鄞志

甬上方言二卷 清張緄撰 習靜樓藏本 鄞志

枌社賸觚卷 清周世緒撰 烟嶼樓藏本 鄞志

地西草堂瑣語二卷 清徐世棟撰 仝

浮生見聞錄卷 清沈謙撰 四明志徵 慈志

瑣談卷 清沈李楷撰 嘉興府志 慈志

景行卷三十卷 仝

世說儷雋卷 清裘連撰 國史列傳 慈志

見聞紀異卷 清裘連撰 年譜 慈志

夢仙憶記一卷 清顧梱撰 伴梅堂著書目 慈志

燈秋隨記八卷 仝

吳門畫舫錄卷 清董鱗撰 溪上詩輯 總志

南游瑣記二卷 清任荃撰 徵文錄 總志

俎史八卷 清姚燮撰 藏本 總志

梅蘭錄一卷 仝

古今見聞錄卷 清劉鴻翱撰 采訪冊 奉志

噱談六卷 清厲德鵬撰 定志

蓬山清話十六卷 清倪象丘撰 象志

春宵偶語二卷 清陳之翰撰 象志

辛壬脞錄一卷 清王時蕙撰 象志

四明經籍志

鄞縣張壽鏞編輯

子部十三

釋家類

語錄卷 唐法嘗撰九灵山房集鄞志

净土自信錄卷 宋王闐撰樂邦文類而浙名賢

外錄鄞志慈志

太上感應篇贊 宋鄭清之撰而浙金石志云是

書尚有傳本鄞志

偈頌卷 宋卲道冲撰宝慶志鎮志

不思議辨正卷 宋僧明智撰 灵峯山志 鎮志

法宝傳三卷 仝

重編天台諸文類集十卷 宋僧如吉撰 浙志 鄞志

六重问答卷 宋僧延壽撰 樂邦文類 鄞志

觀經釋卷 宋僧妙宗撰 仝

法華經顯應錄 宋僧宗曉撰 攻媿集 鄞志

樂邦文類卷 仝

四明尊者敎行錄七卷 宋僧宗曉撰 鮚埼亭集 鄞志 天一閣書目作六卷

十不二门指要抄 宋僧僧知禮撰 四明尊者實錄 鄞志

金光明義拾遺記三卷　仝
金光明文句記六卷　仝
觀經疏妙宗鈔二卷　仝
觀音別行元義記四卷　仝
觀經融心解一卷　仝
輔行傳宏決題下注文一卷　仝
義例境觀互照一卷　仝
天台教與起信論融會章一卷　仝
別理隨緣二十問一卷　仝
釋請觀音疏消伏三用一卷　仝

四明叢書

約園抄本

對闡義鈔輔三用一十九問一卷　仝

光明玄當體章問答偈一卷　仝

釋難扶宗記二　仝

觀心二百問一卷　仝

十義三卷　仝

解謗書三卷　仝

答日本國源信禪師二十七問一卷　仝

答楊文公三問并書一卷　仝

絳幃三十問答一卷　仝

金光明三昧儀一卷　仝

天台山方外志作志光明懺儀

大悲心呪行法一卷 宋僧知禮撰四明尊者实錄 鄞志

天台山方外志作大悲懺儀

授菩薩戒儀一卷 宋僧知禮撰四明尊者实錄 鄞志

放生文一卷 仝

修懺要旨 仝

鄞志案是書俞殿頭作

發願文一卷 宋僧知禮撰四明尊者实錄 鄞志

鄞志是書司法祝坦作

仁王懺儀一卷 宋僧本如撰 浙志 延祐志 鄞志

十三科卷　宋僧本如撰　延祐志　鄞志

金錍注卷　宋僧吉撰　天台山方外志　鄞志

述宗教正心論一卷　宋僧法忠撰　寶慶志　鄞志　浙志無述字

語錄卷　宋僧瑞裕撰　育王志　鄞志

語錄卷　宋僧正覺撰　鄞志　寶慶志有語錄真贊諸集傳其徒

語錄卷　宋僧德夫撰　育王志　鄞志

楞嚴經補注卷　宋僧可觀撰　鄞志

金剛疏卷　宋僧元照撰　浙志　嘉靖志　鄞志

刪定尼戒本卷　仝

彌陀義疏卷 宋僧元照浙志鄞志

資持記卷 仝

濟緣記卷 仝

行宗記卷 仝

應法記卷 仝

住法記卷 仝

報恩記卷 仝

光明續遺記三卷 宋僧慈雲撰浙志鄞志

光明文句記六卷 仝

指源集卷 宋僧宗杲撰餘杭志鄞志

正法眼藏卷 仝
宗門武庫一卷 仝
書問一冊 宋僧宗杲撰文瀾閣書目鄞志
年譜四卷 仝
師說三冊 仝
語錄五卷 宋僧宗杲撰書錄解題文獻通攷菉竹堂書目鄞志元賞齋書目作普說語錄大藏目錄作四卷餘杭志作三十卷宋志云黃文昌撰陳振孫曰其徒道謙所錄韓魏公序之葉餘杭志又有語要二卷節取語錄三

十卷中擇其要者錄為上下二卷又鄞志業
菉竹堂書目有大慧禪師法三冊大慧禪師
書一冊
全錄八十卷　宋僧宗杲撰普燈錄孝宗詔以
宗杲全錄八十卷入十藏
語錄一冊　宋僧志庵撰文淵閣書目鄞志
上會錄卷　宋僧義雲撰渭南文集鄞志
語錄集稿二卷　宋僧法平撰寶慶志天童志鄞志
大光明藏卷　宋僧寶曇撰寶慶志鄞志
五燈二十卷　宋僧普濟撰釋藏目錄鄞志

後錄卷　宋僧宏智撰天童志鄞志
語錄卷　宋僧慧印撰鄮忠公文集鄞志
首楞嚴經元覽卷宋僧柏庭天一閣書目鄞志
困革論卷　宋僧善月撰浙志上天竺山志鎮志
金錍義解卷　仝
楞嚴元覽卷　宋僧善月撰絛興書目鄞志鎮志
金剛金解卷　宋僧善月撰延祐志鄞志鎮志
圓覺畧說卷　仝
楞伽通義卷　仝
簡境十策卷　宋僧善月撰上天竺山志鄞志鎮志

四部格言卷　仝

宗教元述卷　仝

十會語錄卷　宋僧知愚撰延福寺志鄞志

語錄卷　宋僧妙堪撰育王志鄞志

佛祖統記五十四卷　宋志僧磐撰元史藝文志補纂竹堂書目文淵閣書目四庫存目鄞志

謄語六冊　宋僧大觀撰育王志鄞志

六會語一冊　仝

五會語錄卷　元僧懷信撰兩浙名賢外錄庠志

十門指要約說三卷　元僧善良撰清容集鄞志鎮志

指要條論卷 合

教觀撮要四卷 合 元僧妙坦撰黄文獻集坦禪師

五會語錄卷 塔銘鄞志

圓修要義一卷 元僧善容撰黄文獻集容公塔

銘鄞志

三會錄卷 元僧德明撰育王志袁桷桷撰

塔銘鄞志

心要卷 元僧悟光撰育王志鄞志

四會語卷 元僧悟光撰育王志鄞志業危

素撰偈銘師有心要四会語行於世間為詩

詩清麗可傳门人拾其稿得二卷素題曰雪窗集蓋別號雪窗云

雪窗語錄卷 元僧悟光撰護法錄鄞志

五會錄卷 元僧大證撰雪竇寺志鄞志

四會語錄卷 元僧顏撰淅志淨慈寺志鄞志

頌古從容庵錄卷 元僧覺撰鄞志

拈古語請益錄卷 元僧覺撰淅志默樂堂藝文志

鄞志元志補有萬松老人評唱天童覺和尚頌古從容庵錄及萬松老人評唱天童拈古

請後錄

中峰廣錄三十卷 宋僧明本 浙志 黃氏書目 鄞志 元志補作中峯和尚廣錄 虎阜山志廣錄三十卷 今在大藏中

楞嚴徵心辨見或問一卷 元僧明本撰 浙志 鄞志

四十八願文一卷 元僧明本撰 徐興公書目 鄞志

一花五葉集四卷 元僧明本撰 元志補 黃氏書目 鄞志

廣事須知一卷 仝

懷淨土詩一卷 元僧明本撰 浙志 鄞志 黃氏書目入釋家類

松雪普鑑二卷 元僧昕撰 元志補 鄞志 黃氏書目作松雪

語錄六卷　元僧無愠撰元志補黄氏書目
　　鄞志按護法錄作瑞岩語錄慧
　　照語錄

山庵襍錄卷　元僧無愠撰鄞志

法華經注卷　元僧智郎撰成化志鄞志

六會語錄卷　元僧德海撰育王志鄞志

天台別傳卷　元僧照注撰天台山房外注鄞志

唐宋高僧傳卷　元僧曇噩撰元志補志黄氏書目鄞志

教家四書卷　元僧善入撰清容集鎮志

佛法金湯二卷明屠隆撰張應文撰傳鄞志縡

雲樓書目作佛法金湯編一册

觀音考二卷　明屠隆撰文瑞樓書目鄞志

娑羅館清言卷　明屠隆撰張衣文撰傳黄氏書目鄞志刊本作清語道光府志作娑羅園

續清言一卷　明屠隆撰鄞志不載乃新增者

語錄四卷　明僧超如撰大慈寺志鎮志

語錄卷　仝

藥師正意卷　明僧心源撰鎮志

心經初參卷　明楊德周撰徐興公書目鄞志

心經注卷　明阮震亨撰無名撰墓志慈志

金剛經註解附錄二卷　明傅洽撰黄氏書目鄞志

雨軒語錄五卷　明僧溥洽撰明志黄氏書目鄞志

空林編卷　明僧大同撰黄氏書目鄞志

方便錄卷　明僧妙浄撰百忍圖鄞志

見心錄卷　明僧來溴撰延壽寺志鄞志

三會語錄卷　明僧崇裕撰護法錄鄞志

法華經注卷　明僧知朗撰浙志鄞志

歸元直指四卷　明僧一元撰黄氏書目鄞志天一閣書目作二卷

夢觀錄六卷　明僧守仁錢志仙釋傳鄞志

碧岩錄十卷　明僧圓悟撰影樂堂藝文志

語錄十二卷　明僧圓悟撰天童寺鄞志浙志

三會語錄卷　作密雲語錄

語錄二十卷　明楚石誦師撰象志

布水集二十卷　清僧道志撰天童寺志鄞志

禪燈世譜　仝

歷傳祖圖贊卷　仝

悟禪師年譜卷　仝

紀年譜卷　仝

北遊錄卷　仝

語錄卷　仝

語錄二十卷　仝

全錄卷　清僧通奇撰　天童寺志　鄞志

七會錄二十卷　清僧通门撰　天童寺志　鄞志

全錄卷　清通唄撰　天童寺志　鄞志

東甌宗說通卷　清僧衍懺　浙志　閩志　鄞志

語錄卷　清僧鏡宗撰　囊雲集　鄞志

語錄卷　清僧本豊撰　天童寺志　鄞志

宝積錄九十三卷　清僧本晢撰　天童寺志　鄞志

敦本崇正錄一卷　仝

奏對錄卷　仝

金錄卷　仝

後錄卷　仝

六會語錄卷　清僧本晝撰天童寺志鄞志

二會錄卷　清僧超靜撰天童寺志鄞志

二會錄卷　清僧元盛撰天童寺志鄞志

華梵集語卷　仝

語錄卷　清僧遠撰適可軒集鄞志

語錄十二卷　清僧真心撰法海寺志鄞志

楞嚴億一卷　清王渥撰　采訪册慈志

金剛經心得二卷　清葉錫鳳撰　采訪册慈志

心經心得一卷　仝

阿彌陀經心得一卷　仝

三經心得補註一卷　仝

圓覺經直解增註二卷　仝

語錄卷　清僧千日撰　采訪册鎮志

芝峯語錄四卷　清僧宗輝刊本　鎮志

四明經籍志

鄞縣張壽鏞編輯

子部十四

道家類

网令內傳一卷漢四皓註慈志

老子道德經註三卷吳虞翻撰慈志道光府志作老子訓注無卷目

伯魏陽參同契註吳虞翻撰經義考陸總明曰虞翻注參同契云易字從日下

內典要三十卷梁虞攷撰乾道圖經慈志徵文

錄曰隨志載無名氏内典要二十卷鄭氏通志云内典博要三十卷虞孝恭撰疑即是書

會稽洞記一卷　唐賀知章通志藝文畧焦氏經籍志鄞志

丹水圖詠釋卷　唐賀知章撰道藏目錄鄞志跋止錄曰道藏中有丹圖詠以明山名勝著為二十四詩而記之未元虛傳賀知章注与元道士毛永貞石田山房詩合為一卷則此詠此註亦永貞之流所為也

入道表一卷　唐賀知章撰唐志鄞志查唐書

經籍志道家類並無是書

老子解十卷　宋趙善湘撰宋史本傳浙志鄞志

老子解卷　宋僧祖鏡撰五燈會元鄞志

老子講義卷　元吕虛夷撰靖容居士集鄞志

道德經注解卷　明黄润玉撰明志黄氏書目道光府志鄞志浙志成化志作老子注解天一閣書目作附注

參同契綱領卷　明黄润玉撰浙志鄞志

陰符經注一卷　明黄润玉撰成化志黄氏書目道光府志鄞志

列仙傳二卷　明黄潤玉撰聚樂堂藝文志鄞志

道德經贊言卷　明萬表撰分省人物考黄氏書

　目、焦竑撰墓志鄞志獻徵錄明名臣所言行錄

　俱作道經贊言

元門入道資糧卷　明萬表撰分省人物考黄氏

　書目鄞志

老子解一卷　明張時徹撰黄氏書目鄞志

廣玉壺冰一卷　明張邦侗撰仝

道德經解二卷　明沈一貫撰黄氏書目鄞志

老子通二卷　明沈一貫撰抱經樓書目鄞志

莊子通十卷　仝

廣桑子遊卷　明屠隆撰黄氏書目鄞志

冥寥子二卷　明屠隆撰明志鄞志尤氏藝文志黄氏書目作冥寥子遊

冲虛至德真經内註八卷　明楊志元撰采訪册鄞志

探元錄一卷　明李承寀撰閩志鄞志

陰符經注卷　明吴翔撰閩志鄞志

老子譯卷　明范鴻儒撰李志鄞志

陰符經疏義卷　明葉國楨撰葉蜚雲撰行狀慈志

元會册運符四卷　仝

參同契注二卷　清仇兆鼇撰　抱經樓書目　鄞志
慎真篇集註卷仝
莊子鄭二卷　清施鍠撰　董正國撰傳　鄞志
三三合卷　清施毓緄撰　采訪冊　鄞志
莊子因証卷　清陳良佐撰　陳志稿　鎮志
玉樞經瀹二十四卷　清姚燮撰　刊本　鎮志

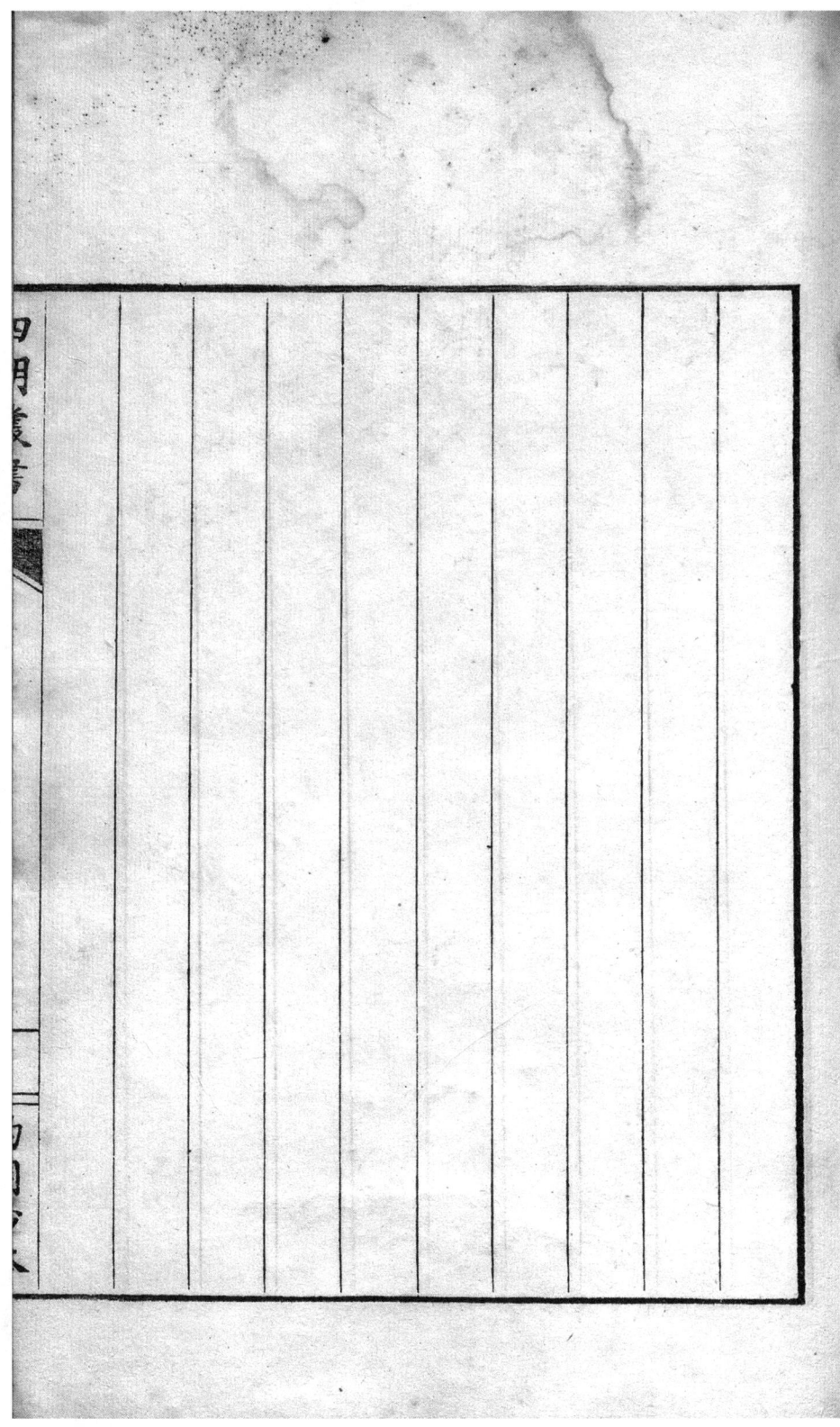

四明經籍志

鄞縣張壽鏞編輯

集部一

別集類

侍御史二卷 吳虞翻撰 隋經籍志 總志 閩本舊書藝文志無御史職銜作三卷 太平御覽引書目作書

朝請集十二卷 晉虞喜撰 七錄 隋經籍志 總志 鄭氏通志作一卷

虞預集十卷 晉虞預撰 隋經籍志 唐書藝文志（閩本舊唐志未見）總志晉本傳曰預著詩賦碑誄論難數十篇

徵文錄曰唐經籍志載虞說（閩本舊藝文志作虞茂）五字圖百二十八卷攷晉書虞預初名茂犯明穆皇后母諱故改焉但古人同姓名者甚多其書未必即為預著故不著錄

鄞志曰紹興府志兩書釋問一卷云從史除鄭氏通志定作虞喜今攷通志衹云虞氏撰無喜名也隋志亦不著其名故不著錄

謏世集五卷　隋虞世基撰　鄭氏通志　總志謂舊唐文藝志作謏代集今查閩本舊唐志祇有虞謏集五卷並不註明虞世基

虞世南三十卷　唐虞世南撰　舊唐藝文　總志

歸鄉詩集一卷　唐賀知章撰　通志藝文略　焦氏經籍　鄞志

秘監集一卷　唐賀知章撰　徐興公書目　鄞志

朝英集三卷　唐賀知章撰　道光府志　鄞志不載

擬白氏諷諫五十首　唐胡抱章撰　南都新書　鄞志

林無隱文集二十卷　吳越林無隱撰　福建通志　總志

經緯集十四卷　宋孫沔撰　書錄解題　鄞志　宋志作孫沔集十卷　續通考作孫文公集

鄞江集九卷　宋王致撰　鄞志　道光府志作十卷　閩志祕閣錄藏百八十篇　宋志集部有鄞江集九卷不標王致姓名　李杲堂耆舊詩序爲鄞人總集誤也

和靖詩集四卷　宋林逋撰　四庫著錄　郘亭書目　奉志

四明詩選及通考俱作三卷

王説遺稿十卷　宋王説撰　浙志　鄞志　寶慶志　説有奏議書疏詩文二百十一篇

王詠遺稿十卷　宋王詠撰　寶慶志　鄞志　聞志作鄧城紀舉詩

桃源文集　卷　宋王説撰　道光府志

樓郁遺集三十卷　宋樓郁志　浙志　延祐志　道光府志　鄞志　奉志

鄮峯漫錄十冊　宋樓璩撰　菉竹堂書目　書錄解題　鄞志

曹粹中遺稿　卷　宋曹粹中撰　寶慶志　延祐志　玉海　鮚埼亭集　奉志　鎮志

平山文稿　卷　宋曹粹中撰　嘉靖志　奉志

王官谷十詠　宋俞充撰　王官谷集　鄞志

沈煥家集卷　宋沈煥撰　平園續稿　鎮志　宋志無家字　寶慶作文集　鄭志作家集五卷

袁轂文集七十卷　宋袁轂撰　乾道圖經　鄞志

海上稿卷　宋孫枝撰　滎陽外史集　鎮志　鄞志

陳禾文集十卷　宋陳禾撰　乾道圖經　鄞志

四休堂詩集卷　宋周鍔撰　北宋五十家小集　鄞志

周鍔文集二十集卷　宋周鍔撰　續通攷　道光府志　鄞志　寶慶志作奏議表啓襍文

明天集一卷　宋周鍔撰　鄞志　寶慶志　尚書汪大猷差次之製序以冠其首尊之曰鄞江先生集

王斵和杜詩一百七十一篇　宋王斵撰　寶慶志　鄞志

周銖文集二十卷　宋周銖撰　滎陽外史集　道光府志　鄞志

田間集一卷　宋薛唐撰　浙志　薛氏世風則　鄞志

南沙集　卷　宋王蒻撰　鄞志　寶慶志本傳作西河集

袁承文集七十卷　宋袁承撰　滎陽外史集　鄞志

林保文集三十卷　宋林保撰　平園續稿　道光府志　鄞志　續通考作林特迭文集二十卷

磨衲集　卷　宋王庭秀撰　浙志　延祐志　困學紀聞　宋詩紀事　鄞志　奉志　慈志

嵩山二十四詠　宋樓异撰　嵩書　嵩少集　鄞志

彥益先生文集二十卷　宋薛朋龜撰　薛氏世風冊　鄞志　浙志作三十卷　道光府志作薛州集

趙敦臨文稿五十卷　宋趙敦臨撰　浙志　鄞志　奉志

靖真集　卷　宋周邦彥撰　嘉靖志　攻媿集　道光府志　奉志

平山文集二十卷　一宋陳顯撰　嘉靖志　續通攷　道光府志　奉志　鄞志

曹説詩文三十卷　宋曹説撰　延祐志　奉志　浙志誤曹粹中　鄞志

歷山集卷　宋王伯庠撰　攻媿集　道光府志　鄞志

雲安集卷　宋王伯庠撰　攻媿集　道光府志　鄞志

宏詞集要卷　宋王伯庠撰　延祐志　道光府志　鄞志　吳書子部作宏詞集要　今列集

安撫集十五卷　宋薛居寔撰　薛氏世風刪　鄞志

樊伯撝文集卷　宋樊伯撝撰　奉志

李忠文集四十卷　宋李忠撰　康乾志　道光府志　奉志

聽松閣集八卷　宋薛敵愚撰　薛氏世風刪　鄞志

山房集三十卷　宋魏杞撰　延祐志　道光府志　鄞志

光溪稿卷　宋安劉撰　閩志　鄞志

儼菴文集十二卷　宋李璸撰　鄞志

南枝集十卷文續集八卷 宋薛靖撰 薛氏世風刪 鄞志

朱翌集四十集 宋朱翌撰 宋志鄞志 延慶志作灊山集四

道光府志作灊山文稿四十卷

灊山集三卷 宋翌撰 四庫著錄 郘亭書目 鄞志

宋志無灊山二字

五湖集一卷 宋朱翌撰 宋志鄞志

湘江集 卷 宋朱翌 安徽通志 萬姓統譜 鄞志

待制文集十卷 宋張邵撰 宋史本傳 鄞志

張晉彥文集 卷 宋張祁 江南通志 鄞志

總得翁集 卷 宋張祁撰 江南通志 安徽通志 鄞志

遁齋存稿二十卷　宋汪大猷撰　平園續集汪公神道碑　道光府志

鄮峯真隱漫錄五十卷　宋史浩書錄解題　四庫著錄　邵亭書目　鄞志　宋志無真隱二字　道光府志文集五十卷

史浩外集二十卷　宋史浩撰　樓鑰撰碑文　鄞志　全祖望題友林集作二十五卷

趙粹中文集十卷　宋趙粹中撰　寶慶志　鄞志

茶甘甲乙稿卷　宋高元之撰　浙志　道光府志　鄞志　寶慶志　詩三千襍著五百號茶甘甲乙稿藏家

昌黎集校証卷　宋高元之撰　五百家汪韓集　鄞志

奏議制稿二十卷　宋陳居仁撰樓鑰撰行狀　平園續稿　鄞志

陳居仁詩文集著十卷　宋陳居仁撰樓鑰撰行狀　鄞志平園稿無集著二字

于湖集四十卷　宋張孝祥撰　文獻通考　四庫著錄　郘亭

書目　鄞志　江南通考　絳雲樓書目作於湖居士集

古風律詩絶句三卷　宋張孝祥　宋志　鄞志

相山集卷　宋王璧撰　延祐志　鄞志　慈志

吹音一卷　宋薛循祖撰　薛氏冊風刪　鄞志

紙閣詩卷　宋樓撰　攻媿集　鄞志

王時敘集二十卷　宋王時敘撰　嘉靖志　康乾志　道光府志作詩

文集二十卷

恭菴存稿三十卷　宋王時會撰浙志嘉靖志康熙志道光府志

王莒棠璧橋卷　宋王莒撰剡源集孝志

舒文靖集二卷　宋舒璘撰孫氏七千卷樓刻本四庫著錄邵亭書目孝志

舒文靖類稿四卷　宋舒璘撰明成化間裔孫讓刻本清雍正間裔孫玢刻本同治間族孫溥熙汝州刻本結埼亭集外編孝志孫氏七千卷樓刻本作三卷道光府志有廣平文集

鄭鍔賦集卷 宋鄭鍔撰攻媿集鄞志

釃古堂文集卷 宋王正己撰攻媿集鄞志桃源志秘閣集卅卷

荊澧集卷 宋王正功撰攻媿集鄞志

蠹齋集十卷 宋戴機攻媿集鄞志

求定齋詩餘卷 宋樓鍔撰攻媿集鄞志

攻媿集百二十卷 宋樓鑰撰宋志書錄解題聚樂堂藝文志聚樂鄞志四庫著錄邵亭書目作一百十二卷約園藏武英殿聚珍本

別本攻媿集三十三卷 宋樓鑰撰鄞志四庫存目提要曰此本前後無序跋又文集有目而詩集無目

較原集少七十八卷蓋後人選錄而

成然世所傳寫大抵此本今亦附

存真目焉

張良臣詩集十卷 宋張良臣延祐志鄞志南宋群賢小集有

雪窻小集一卷

通村遺稿二十卷 宋安昭祖撰攻媿集鄞志

家塾自藏六卷 宋薛澄撰薛氏世風則鄞志

放麑子集卷 宋舒仲武撰攻媿集鄞志

姚穎家集十卷 宋姚穎撰攻媿集鄞志

絜齋集二十六卷叢集十三卷 宋袁燮撰書錄解題鄞志四庫存

目邵亭書目作二十四卷不附後集納
國藏武英殿聚珍本道光府志有青鈔
十卷鄞志各部失載

疎寮集三卷 宋高似孫撰書錄解題鄞志四庫
書著錄邵亭書目作疎寮小集
一卷附高翥信天巢遺稿條下

烟雨詩一册 宋高似孫撰文淵書目鄞志內
閣書目作烟雨齋集

騷畧三卷 宋高似孫撰宋志補述古堂書
目四庫存目鄞志

樗寮集卷　宋張即之撰閩志鄞志

玉堂西掖制誥二十卷宋陳卓撰浙志嘉靖志鄞志

菊坡集十卷　宋陳卓撰浙志嘉靖志鄞志

舒亶文集一百卷宋舒亶撰宋史藝文志慈志鄞

通志作舒信道集二十集

懶堂詩集卷　宋舒亶撰全祖望詩話厲鶚宋

詩紀事慈志

草堂詩集三十卷宋嚴羲民撰徵文錄慈志

慈湖遺書十八卷宋楊簡撰四庫著錄郘亭書目

鄞志錢曾述古堂書目慈湖集

二十卷紉園藏嘉靖刻本慈谿馮氏鈔本
有補遺卷
陳居士詩集卷　宋陽晉錫撰　象志
留臺集卷　宋劉渭撰　象志乾隆象山縣志
集已失惟蓬萊寺記見延祐志
益齋詩文集卷　宋楊王休撰　象志道光縣見攻
媿集文華閣待制楊公行狀
松隱集二十卷　宋卞大亨撰　象志謂雍正道光府志誤作隱
卞圜攷証杜詩手卷　宋卞圜撰　延祐府志王氏七觀雍正寧
波府志象志道光府志列大亨下

四明叢書　抄本

趙善湘詩詞雜著三五卷　宋趙善湘撰宋史本列鄞志續通攷道光府志作詩志文集百卷

王宗道詩文五十卷　宋王宗道撰續通攷道光府志鄞奉志鎮志定志

蒙齋集四十卷　宋袁甫撰鄞志絢因藏英殿聚珍本

蒙齋續集六冊　宋袁甫撰菉竹堂書目鄞志

逵章集卷　宋应繇撰道光府志定志

怡親集卷　宋馮世亨撰徵文錄慈志

懷萱集卷　宋馮世亨撰徵文錄慈志

姚穎家集十卷　宋姚穎撰攷槐集慈志

羅江集卷　宋羅仲舒撰元光閣藏本慈志

西澗詩鈔　宋裘從仁撰徵文錄慈志

江軒記卷　宋舒沂撰康乾志奉志

舒拙稿十五卷　宋舒沂撰本堂集王應麟序慈志

自樂山翁吟　宋史彌應撰四明文獻鄞志

樸齋外集卷　宋史彌大撰續通考道光府志鄞志

昌黎集校証卷　宋史彌忠撰全祖望題友林集鄞志

自齋集五十卷　宋史彌忠五百家注韓集鄞志

滄州詩稿卷　宋史彌堅全祖望題友林集鄞志

獨善先生文集十二卷　宋史彌鞏撰浙志雍正志鄞志

四明叢書　絳園抄本

友林詩稿二卷　宋史彌寧撰　郡齋讀書志　鄞志

四庫著錄　邵亭書目作友林乙稿一卷

壽樂稿卷　宋史岩之撰　四明文獻　鄞志

雲麓稿卷　宋史宅之　四明文獻　鄞志

用拙齋集卷　宋史宜之撰　全祖望題友林集　鄞志

月湖集卷　宋史定之撰　全祖望題友林集　鄞志

湖語諸注作月湖老漁文集

野樂篇卷　宋史嵩之撰　全祖望題友林集　鄞志

史安之類稿卷　宋安之撰　全祖望友林集　鄞志

拙齋集卷　宋慥之撰　全祖望題友林集　鄞志

汲古文集卷　宋王撝撰閩志鄞志

安晚集六十卷　宋鄭清之撰宋史本傳鄞志四庫著錄郘亭書目作安晚堂詩集七卷

袁似道書集十卷　宋袁似道撰孫楠西山阡表鄞志

從政餘工一卷　宋薛師點撰浙志薛氏世風删鄞志

雪蓑集一卷　宋薛師傳撰浙志薛氏世風删鄞志

自笑編三卷　宋薛琦撰浙志薛氏世風删鄞志

美芹錄十卷　宋薛師心撰浙志薛氏世風删鄞志

梅麓集卷　宋樓枎撰宋詩紀事鄞志

瓦全集卷　宋王溁撰　庶齋老學叢談　鄞志　書錄解題以王溁為鄞人

深寧集一百卷　宋王應麟撰　宋史本傳　道光府志　鄞志　延祐志作文集八十卷

玉堂類稿二十三卷　宋王應麟　宋史本傳　道光府志　鄞志

掖垣類稿二十二卷　宋王應麟撰　宋史本傳　道光府志　鄞　延祐志内外制四十五卷即上二書

四明文獻集五卷　宋王應麟撰　浙志　四庫著錄　郘亭書目　鄞志

深寧先生文鈔摭餘編三卷　宋王應麟撰　桒熊刻本　約園藏鈔本

默齋稿卷　宋王應麟撰　續通考　道光府志　鄞志

本堂集九十六卷 宋陳著撰 浙江書錄孫氏七十卷樓刻本鄞志四庫著錄邵亭書目作九十四卷道光府志作九十五卷

景山文集卷 宋聞子奇聞志鄞志

果齋文集卷 宋史蒙卿撰內閣書目鄞志袁桷史君墓志作文集二十卷續宏簡錄作靜清集蘇州府志宦績傳作靜修集

史蒙卿詩稿卷 宋史蒙卿撰鄞志

瓦釜雷鳴集十卷 宋林澤撰本堂集鄞志

林澤和陶詩一卷 宋林澤撰本堂集鄞志

四明叢書　紹興抄本

西麓詩稿一卷　宋陳允平撰　南宋群賢集　黃氏書目
鄞志

西麓繼周集卷　宋陳允平撰　通志　鄞志

蜩鳴稿一冊　宋陳允平撰　宋志補　文淵書目　鄞志

日湖漁唱二卷　宋陳允平　宋志補　黃氏書目　鄞志

臨溪處士餘力補稿卷　宋單庚全撰　剡源集　奉志

蔣氏聯珠集卷　宋蔣曉撰　延祐志　浙志　作三經珠集
奉志引鄞志　案袁桷蔣公墓志諸書
庚申文絕甲子全祖望湖語云蔣作
多聞解清絕義熙以後甲子編集

疑堯臣有詩文集因舊志俱未著錄
而袁全亦明人至有集不得據以補入
特附識於此云

避地編　卷　宋王子兼撰剡源集奉志

燒痕燒田稿　卷　宋王子兼剡源集奉志

李元白襍文五十卷　宋李元白撰宣繒撰墓志奉志

藝游集襍文駢体二五　宋李詞伯撰王應麟墓志奉志

南齊文集　卷　宋李以楠撰采訪册奉志

棲莠集　卷　宋陳觀撰請客集奉志

窾蚓集　卷　宋陳觀撰請客集元史藝文志奉志

嵩里集卷　宋陳觀撰清客集元史藝文志奉志

趙與葺遺文卷　宋趙與葺撰剡源集奉志

百將吟卷　宋李一鱗忠義志奉志

寓菴遺稿卷　宋王崇撰剡源集奉志

頤庵居士集二卷　宋劉應時撰知不足齋集叢書絳雲樓書目總志馬氏通攷作熙庵詩稿雍正志道光府志作頤庵稿約園藏鈔本

寶山樵著十卷　宋劉厚南撰程士龍撰傳總志

常吾集卷　宋童居易童模易義維志總志

龜巢集卷　宋翁逢龍撰四明志嶽總志

雪牕集二卷附録一卷 宋孫夢觀撰 四庫著録千頃書目

亭書目慈志盧文弨宋藝文志補作雪

牕文二卷嘉業劉氏藏刻本

日録遺稿一百二十卷 宋桂錫榮撰桂氏探源録慈志

芳所集二十卷 宋桂錫榮撰東山集慈志

溲峯集卷 宋姚獬孫撰姚譜嘉靖志慈志

南牕集卷 宋劉準撰閩志鄞志

史徽孫詩文卷 宋劉孫徽撰晴容集鄞志

觀物和陶詩卷 宋史徽孫撰全祖望題友林集鄞志

起村集卷 宋史明孫撰紹興府志鄞志

雲間集卷 宋史越伯撰 全祖望題友林集鄞志

補寒山詩三百篇 宋僧浩志撰 乾道圖經鄞志

橘州集十卷 宋僧宝曇 宝慶志鄞志

蒙隱稿十三卷 元鄭芳叔撰 元志補 四明文獻鄞志

松鄉集十卷 元任士林撰 文淵書目四庫著錄郘亭書

目奉志鄞志道光志無卷目居易錄

作句華集孫氏刻本

野航集卷 元袁澤民撰 西袁氏家乘鄞志

靜學稿二十卷 元王昌世撰 黃文獻集元志補鄞志

竹亭隱集五十卷 元徐亮撰 三茅志鄞志

清容居士集五十卷 元袁桷撰 續通志 成化志 四庫著錄 郘亭書目 鄞志 道光府志作文集五十卷 宜稼堂叢書刻本

致亭集三十七卷 元袁桷撰 補遼金元藝文志 鄞志 黃氏書目作二十七卷

四明高僧詩卷 元袁桷撰 四明文獻 鄞志

東洲詩集卷 元杜國英撰 晴容集 鄞志 文淵書目作杜東洲吟稿

臥雲齋文集卷 元袁裒撰 續經籍考 鄞志

畏齋集十卷 元程端禮撰 焦氏經籍志 鄞志 四

庫著錄邱亭書目作六卷道光志無卷目

聯珠續集卷　元蔣昭先撰延祐志鄞志

積齋集五卷　元程端學撰補遼金元志四庫著錄邱亭書目鄞志

求我齋稿三十三卷　元鄭覺民撰九賓山房集鄞志元志補嘉靖志傳作文集黃氏書目作三十一卷道光府志作求齋文集三十三卷

甬東野人語四卷元薛同孫撰元志補黃氏書目鄞志

文集十卷　元蔣宗簡撰元志補鄞志

蓬廬居士集卷　元史公珽續通考鄞志成化志道光府志

作蓬廬稿

桂莊集卷　元閻元春撰閻志鄞志

南雷樵唱詩稿卷　元閻元春撰閻志鄞志

書林外集七卷　元袁士元撰續經籍考黄氏書目

四庫存目鄞志天一閣書目誤卷道光

府志無卷目

鄞庠集卷　元袁士元撰西袁氏家乘鄞志

東湖集卷　元袁士元撰西袁氏家乘鄞志

月湖集卷　元袁士元撰西袁氏家乘鄞志

裔孫鈞曰先生所爲詩有鄞庠

東湖書林諸卷皆散失孫忠徹
裒其遺亡爲書林外集凡七卷

甬山集十卷　元李在明撰晴客集元志補鄞志

學箕集三卷　元薛壽撰薛氏世風刪鄞志補
遼金元志浙志黃氏書目作薛觀

瑞室稿七卷　明薛明道薛氏世風刪鄞志補
遼金元志作瑞堂浙志黃氏書目
作瑞堂集

謝窩類稿卷　元劉希賢撰元志補成化志道光
府志鄞志

文集卷　元鄭保撰滎陽外史集鄞志

蓬廬居士集卷　元史公珽撰續通考鄞志成化志

道光志作蓬廬稿

桂莊集卷　元聞元春撰聞志鄞志

南雪樵唱詩稿卷　元聞元春撰聞志鄞志

書林外集七卷　元袁士元撰續經籍考黄氏書目四

庫存目鄞志天一閣書目誤卷道光府志無卷

鄞庠集卷　元袁士元撰西袁氏家乘鄞志

東湖集卷　元袁士元撰西袁氏家乘鄞志

月湖集卷　元袁士元撰西袁氏家乘鄞志

映雪齋稿卷　元孫元蒙撰滎陽外史集元志補鄞志

子淵詩集六卷　元張仲深撰四庫著錄邵亭書目鄞志

金臺集二卷　元馬易之撰補遼金元志鄞志天祿琳瑯書目四庫著錄邵亭書目浙江書錄道光府志縣志卷目

金台後集一卷　元馬易之撰補遼金元志鄞志

海雲清嘯集卷　元馬易之撰道光府志鄞志黃氏書目是色素所編定

學古集卷　元文賢四明詩彙鄞志

思剡集卷　元徐本源撰元志補剡川詩集道光

府志群志鄞志

遺稿卷　元豊灼撰三茅志鄞志

遂初集三十卷　元王厚孫撰補遼金元藝文志續通考

鄞志黃氏書集作稿

衍桂堂集卷　元鄭晉夫撰續通考元志補遺道光府志鄞

守齋類稿三十卷　元厲申撰明志嘉靖志續通考道光府志

味道編卷　元陳樸撰浙志補遼金元志道光府志

鄞志奉志

雪軒集卷　元陳樸撰浙志補遼金元志道光府志

鄞志奉

壯猷集卷　元陸巘撰　烏斯道撰墓　鄞志

言事集卷　元（仝上）

山長集　元周棐撰　明詩綜　鄞志

環碧軒集卷　元吳志淳撰　黃氏書目　鄞志

柳南漁隱集卷　元吳志（仝上）

文集卷　元黃正齋撰　南山集　鄞志

存笥稿卷　元王允昇撰　管天筆記　鄞志

小集卷　元李素齋撰　小林棲石刻　鄞志

詩文襍著總二十卷　元黃叔英撰　黃文獻集　嘉靖志　四明

文獻集　盧文弨遼金元志補　慈志　鎮志

浙志雍正府志作三十卷宋元學案作庵稿著三十卷鏝大昕元藝文志補作文集二十卷道光府志無總字

納軒集十卷

元姚應鳳撰姓譜慈志兩浙名賢錄道光府志作納軒稿

鳳岩文集十卷詩集五卷元柳鵬撰徵文錄慈志

槐蔭詩集三卷

元董國臣撰徵文錄慈志

雪磯集卷

元孫庚撰元詩選癸集元史藝文志補道光府志慈志

寶雲堂文藝二卷　元趙偕撰千頃堂書目補遼金元藝文志補憲志縣雪堂書目作寶雲堂文集

寶峯先生遺集六卷　元趙偕撰千頃堂書目補遼金元藝文志補浙江遺書錄憲志

舟山小隱吟錄二卷　元黃玠撰鄭元慶湖錄元史藝文志補續通志藝文畧志畧浙江採書錄四庫著錄卽亭書目憲志鎮志

知非稿卷　元黃玠撰續通考嘉靖志湖州府志鎮憲志浙江通志作知非舊稿徵文曰玠有弁山集

知非稿合為一編鄭元慶湖錄云吟錄止二卷古曝書亭見之當不能得其全集則知非稿當又有別本段仍並列其書焉

全歸集七卷　元張庸撰麗宋樓藏書志慈全浙詩話明詩綜俱無卷目

遺安稿卷　元張克仁撰張金吾澹游集跋慈志

芸巳集卷　元黄野傳撰浙志湖州府志鎮志慈志

詩卷　元葉子西撰剡源集奉志

剡源文集三十卷　元戴表元撰四庫著錄元史本傳千

頃堂書庫志天一閣寫本作三十二卷
康乾志作三十八卷道光府志作刻專錄
按獨志堂有鈔本二十六卷

榆林集五十卷　元戴表元撰清容集奉志

剡源佚文二卷　元戴表元掠氏七千卷樓刻本奉志

剡源文鈔三卷　元戴表元黃宗羲選董柘斐藏鄭
喬遷鈔本按鄭喬遷有藏蜜廬
文榮能文之畑士也

嚼蠟編卷　元董叔揮撰剡源集奉志

梅村詩集卷　元陳文権撰忠義集奉志

思刻集卷　元陳子翬元史藝文志成化志康乾志奉

蟻台稿卷　元班顧撰康乾志本傳奉志

詩一詩　元樂之才撰晴客集鎮志

海巢集卷　元丁鶴年撰道光府志丁孝子詩

卷刊入藝海珠塵丁鶴年詩集刊入琳琅書

崇陽稿卷　元李善撰道光府志

懷靜士詩一卷　元僧明本元志補虎阜山志鄞志

筠溪牧潛集七卷　元僧圓至撰成志補元賞齋書目文端

樓書目鄞志元志補四庫著錄邵亭書目

作牧潛集

雪窗集卷　元僧悟光撰　元詩選　育王志　鄞志

山居詩一編　元僧益撰　元詩選　四明詩彙　鄞志　奉志

詩卷　元僧平撰　清容集　鄞志

文集十卷　元僧烱同撰　雪竇等志　鄞志

古鼎外集　元僧祖銘撰　浙志　元詩選　鄞志　奉志

指南集三卷　元僧仲韶撰　佛光統紀　天台志　鄞志

蒲室集十五卷　元僧大訢撰　元志補　四庫著錄　邵亭書目

鄞志

不繫舟集卷　元僧祖柏撰　元志補　鄞志

山居百詠詩卷　元僧鏡中和永明之作　寶峯志　鄞志

詩卷 元僧珣撰剡源集奉志

松楓齋襍著卷 明呂湲戴良撰鄞志

遺集卷 明程徐撰外省人物考鄞志

退菴集卷 明潘者水撰黃氏書目鄞志

頤正稿卷 明楊起政撰四明詩彙鄞志

武中槁卷 明楊起哲撰四明詩彙鄞志

友菊詩集一卷 明賀雄撰浙志本傳鄞志

文集卷 明紀師道撰滎陽外史集鄞志

遺稿卷 明張文海撰鄞志

文集卷 明鄭駒滎陽外史集鄞志

四明叢書　約園抄本

滎陽外史集百卷　明鄭真撰　明志　寅氏書目　鄭志　四庫著錄　即亭書目作七十卷　成化志　道光府志作襍著詩文六十卷

東山稿卷　明蔣（佚名）撰　遜志齋傳　鄞志

遺草卷　明王敬中撰　耆舊傳　鄞志

畦東文集　明錢安撰　聞志　鄞志

約庵詩集　明錢安撰　聞志　鄞志

三石山房集四卷　明全整撰　宋元學案　鄞志

圖書緒論卷　明王桓撰　王科撰年譜　慈志

明白先生集卷　明王桓撰　兩浙名賢錄　千頃堂書目　道

光府志慈志

春草集十卷　明烏斯道撰　明史藝文志慈志四
庫著錄郘亭書目作春草齋集十卷附錄
一卷道光府志作春草齋集無卷目此
書外當有秋吟稿

來青樓集卷　明劉嶼撰　徵文錄慈志

靖節集卷　明桂彥良撰　間過庭分省人物考
全浙詩話道光府志慈志

靖溪集卷　明桂彥良撰　分省人物考全浙詩話
道光府志慈志

四明叢書 約園抄本

春和詠言卷　明桂彥良撰　千頃堂書目　全浙詩話　慈志　成化志作春秋詠言　天啟志作春和詠　名賢錄作春和詠

山西集卷　明桂彥良　千頃堂書　明詩綜　慈志

拄笏集卷　仝上

老拙集卷　仝上

中都紀行卷　仝上

和陶詩卷　明桂良彥　千頃堂書目　分省人物考　慈志

遯軒集卷　明王桓撰　四明詩幹　慈志

視志稿卷　明傅習撰　分省人物考　千頃堂書目　慈志　鄞志

閩中草稾 明陳恭撰千頃堂書目黃潤玉寧波簡要志雍志道光府志鄭志作閩中稿

客齋集卷 明桂同德撰兩浙名賢錄千頃堂書目雍志道光府志

恕齋詩稿二卷 明王珣撰徵文錄雍志

駙馬集卷 明桂慎撰四明志徵雍志

宗生集卷 明桂全撰四明文獻雍志

夢陶詩文集十卷 明錢亨撰桂棨草堂鈔錄雍志

夢墨集稿十卷 明時銘撰兩浙名賢錄千頃堂書目雍志道光府志無卷目

觀光集　卷　明陶恭　浙志　千頃堂書目　定志　鎮志

歸來集　卷　明陶（仝上）

形勝賦　卷　明陶恭撰　定志

點易齋文集　卷　明施邦彥撰　定志

丹台外史集　卷　明蔣景高撰　象志

雲屋集　卷　明（仝上）

白石山人集　明錢唐撰　象志

耕雲集　明顧田撰　象志

棲雲居士稿　卷　明邱鑑撰　象志

樗庵自怡稿　卷　明俞吉士撰　象志　雍正府志　道光府志作

自貽稿

東谷詩雋卷　明黄思銘撰道光府志象志

蔣鎵事詩文二十卷　明蔣子述康乾志奉志

聖朝唱和集卷（仝上）

詩集卷　明李公美撰忠義志奉志

南游稿卷　明李公浚撰忠義志奉志

澹菴稿卷（仝上）

永思集卷（仝上）

太素生稿卷　明李公達忠義奉志

嚘桂集卷　明裘　撰成化志康乾志道光志奉志

持詔集卷　明董轟撰　黃氏書目　奉志　浙志　董誤黃

鄮陽集卷　明樂原用　嘉靖志　康乾志　道光志　奉志

金台稿卷　明呂宗瑜撰　忠義志　奉志

養生稿卷　明（仝上）

南洲集十五卷　明徐璉撰　嘉靖志　道光府志　奉志

晴軒稿卷　明陳協和撰　嘉靖志　奉志　康熙志　本傳

晴作清　道光府志稿作集

卒庵集卷　明王子沂　奉志　剡源詩鈔作卒庵詩集

東軒集卷　明王應平殿撰　嘉靖志　康熙志　道光志　奉志

嗚窮集卷　明謝員撰　求東日記　明詩綜　道光府志

鄞志　浙志　黄氏書目作諫短

唐詩續音卷　明豊耘撰　浙志　道光府志　鄞志

中林集卷　明李孝謙撰　簡要志　道光志　黄氏書目　鄞志

長律英華稿卷　明李孝謙撰　簡要志　道光府志　鄞志

浙志無稿字

三秀集卷　明李孝謙撰　南山家傳集　鄞志

栖雲遺稿十三卷附錄四卷　明楊範撰　碧川文選　鄞志　道光府

志作栖雲稿無卷與附錄

詠物百詩卷　明楊範撰　浙志　成化志　道光府志　鄞志

菊花百詠卷（仝上）

柳莊集四卷　明袁珙撰抱經樓書目鄞志黃氏書目作一卷道光府志柳莊詩集無卷

蓮芳堂詩卷　明周德庭撰四明文獻鄞志

清石集卷　明袁珪撰浙志嘉靖志道光府志鄞志

律詩類編卷　明王榮撰水東日記鄞志

歸田集卷　明戴安仲撰浙志成化志道光府志鄞志

蝸濡集一卷　明謝璉撰兩浙名賢錄鄞志道光府志無卷目

江天集四卷　明薛敬撰薛氏世風刪鄞志象志名宦傳作三江集

濟美集三卷　明薛服撰薛氏世風刪鄞志黃氏書目作濟善集

墨齋寄興一卷　明薛服穗撰薛氏世風刪鄞志

樵著文集卷　明崔植撰成化志鄞志寧波簡要志文集鄞獻作表樵著

丹山樵集卷　明崔植撰閩志鄞志

沓隱集卷　明王賓撰浙志成化志黃氏書目道光府志鄞志

西上集卷　明王賓撰浙志成化志黃氏書目道光府志鄞志道光府志作西上集

南游集卷　明王賡撰浙志黃氏書目道光鄞志

雲屋集卷　明胡唐撰浙志成化志黃氏書目道光志鄞志

雪窗稿卷　明姚伯良撰兩浙名賢錄浙志黃書

目道光府志鄞志

安分齋集十卷　明鄭本忠撰四庫存目鄞志嘉靖

志無齋字道光府志無卷目

林皋集卷　明樓澄撰蔣傳鄞志道光府志作林皋稿

思牧齋集卷　明張得中撰明一統志黃氏書目

鄞志道光府志思牧集無卷目

江村吟稿卷　明張得中撰明一統志黃氏書目鄞志

桑榆稿　卷　明桂瑓撰　元詩癸集　选　成化志　道光府志　卷志

知歸庵詩集二卷　明董仲瑞撰　卷志

頤情稿　卷　明茅天麒撰　曹口撰　志　卷志

吟餘集　卷　明沈兕明撰　徵文録　卷志

厚德堂詩集二卷　明楊銘撰　千頃堂書目　卷志　道光府志　無厚德

家居集三卷　明葉生撰　千頃堂書目　道光府志　卷志

明德二十五卷　明葉生撰　千頃堂書目　卷志

冰壺集　卷　明顧道撰　四明詩萃　卷志

澹然集十八卷　明陳敬宗撰明史藝文志鄞志鄭
曉吾學編作澹然居士集四庫存目作五卷

紀行錄卷　明陳敬宗撰徵文錄鄞志按敬宗自序
是編係其令諸子錄其在官進中吟詠
之殘稿而成

北京賦一卷　明陳敬宗撰初承業澹生堂書目鄞志

半古文集卷　明鄭子湖撰寒村人物考鄞志

鳳池吟卷　明王伯輝撰四明詩稾鄞志

雲泉集五卷　明劉本撰千頃堂書目浙志鄞志

金台集卷　明桂宗儒葉銘臻撰墓鄞志

止庵集　卷（仝上）

楚軒集　卷　明周詗撰張應能撫行狀慈志

抱拙生集　明柳緒撰四明詩彙緒上詩輯續慈志

百琴操　卷　明張楷撰千頃堂書目道光府志慈志

陝西紀行集　明張楷撰千頃堂書目成化志道光府志慈志

輶候集　卷（仝上）

介庵集　卷　明張楷撰千頃堂書目成化志慈志

效顰集　卷　明張楷撰千頃堂書目慈志

四遺集　卷　明張楷撰正德志慈志

和選詩卷　明張楷撰呂懿文集正德志慈志

和唐音二十八卷　明張楷撰明史藝文志慈志明詩綜

作合唐集

張楷和李杜詩十二卷明張楷撰明史藝文志慈志

張楷和許丁卯集詩卷明張楷撰楊文懿集正德志慈志

張楷和高季迪缶鳴集詩卷明張楷撰楊文懿集慈志正德志

張楷和釋中峯梅花百詠詩明張楷和千頃堂書目正德志慈志

蒲東珠玉詩一卷　明張楷撰天一閣書目慈志

匪莪子集二卷　明俞貴陽撰慈志銘志上遺聞錄無目

桂榮草堂鈔錄作二卷

芝蘭詩稿卷　明周瀛撰　三補耆舊詩徵文錄　慈志　鄞志

榤庵艸一卷　明錢景康撰　桂棠堂錄　慈志

允然子集卷　明顧懋撰　抱樓書目　浙志　道光志　慈志

金蘭集卷　明顧懋撰　黃潤玉南山稿　慈志

懶顛集卷　明王兖修撰　成志　黃氏書目　道光志　鄞志

鄞陽稿卷　明藏性撰　成化志　黃氏書目　道光府志　鄞志

柏台稿卷　仝上

文集卷　明周翰撰　成化志　鄞志

蛟川集卷　明包莘撰　浙志　黃氏書目　鄞志

竹窻集卷　明李鍔撰　浙志　黃氏書目　鄞志

菊泉集卷　明洪性　浙志　黃氏書目　鄞志

長靖詩稿卷　明李迪撰　李氏衣德編　鄞志

東皋遺稿八卷　明張湛撰　槎湖張氏譜　浙志　鄞志　黃

氏書目作東皋集　道光府志湛作煁

東皋遺稿作東皋文集無卷目

符台外集五卷　明袁忠徹撰　明志　浙志　鄞志　道光府志

作外台集

鳳池吟稿卷　明袁忠徹撰　浙志　嘉靖志　道光府志　鄞志

拙休稿卷　明袁忠徹撰　浙志　嘉道光府志　鄞志　錢

目休誤林

瑞芝詩集　卷　明袁忠徹撰　南山集　鄞志

竹窩稿　卷　明萬金撰　浙志人物傳鄞志

采拙齋學言稿　十五卷　明朱琰撰　嘉靖志奉志

蚓鳴集　十二卷　明朱旻撰　康乾志奉志

詩人木屑　卷　明朱儒撰　康乾志奉志

姑溪集　卷　明徐惟超撰　嘉靖志康乾志道光府志奉志

柳軒集　卷　（仝上）

蕉窗集　卷　明嚴貞撰　浙志康乾志奉志

擬唐音　卷　明嚴貞撰　康乾志奉

西錦集　卷　明王景才撰　康乾志本傳道光志奉志

越鐫稿四卷　明王桐撰奉志

幽谷蘭倚集　明袁旵撰采訪冊奉志

遺稿五十卷　明學良撰浙志千頃堂書目鎮志

樂生集五卷　明許繼冠撰鎮志絳雲書目冠爲定海人

梅花百詠卷　明謝璟撰天愚集詩文草創鎮志

澹庵詩集卷　明謝瑊撰陳志稿鎮志

謝瑊梅花百詠卷　明謝瑊仝上

抑齋集卷　明王來撰千頃堂書目正德志慈志

綠野堂遺稿卷　明王來桂榮草堂鈔錄慈志徵文錄曰

是書來之五世孫燭輯六世孫福徵刊行

厪典文衡詩卷　明邱玉南山集慈志

園趣存稿卷　明夏誠撰千頃堂書目浙志杭州府志
成化志誠鄞人徙居仁和

餘留稿三十五卷　明夏時正撰千頃堂書目浙志慈志明史
藝文志作留餘稿

瀛嶼稿一卷　明夏時正撰千頃堂書目嘉興府圖記
浙志嘉靖志道光府志慈志鎮志

襍詩文卷　明夏時正撰道光府志

西湖書院十六通　明夏時正撰谿上遺聞錄慈志

東歸稿卷　仝上

拾穗三詠卷　仝上

夏時正梅花百詠　仝上

巢居閣集　明夏時正撰　蛟川詩話　鎮志

顧拙庵詩草卷　明顧幸孫撰　慈湖耆舊詩傳　慈志

谿雲稿卷　明錢鈺撰　兩浙名賢錄　天啟志　慈志

唐音和稿卷　明錢鈺撰　兩浙名賢錄　道光志　慈志

藥清軒詩草卷　明玧記撰　徵文錄　慈志

桂拙庵集卷　明桂璟撰　四明文徵　慈志

理庵集卷　仝上

大颿集十卷　明王濉撰　千頃堂書目　兩浙名賢錄　慈

天啟志作大慚稿明詩綜作大隗集道光府志作大隗集無卷目

南山家傳集卷　明黃潤玉撰鄞志錢志六十卷採溥編兩浙名賢錄黃氏書目作南山稿抱經樓書目作五十六卷鄞獻表潤玉有東皋草堂集道光府志作南山錄南山稿

泉源遺響卷　明方必明撰南山集鄞志

默庵詩稿卷　明戴浩撰嘉靖志黃氏書目道光府志鄞志

和鯉庭吟稿卷　明戴浩撰王瓚撰墓碑鄞志

鄮山稿卷卷　明蔡錫撰黃氏書目鄞志道光府志作賀山稿

山北文集卷　明成洵撰浙志黃氏書目鄞志

草堂詩錄卷　仝上

楊自徵存稿十卷附錄五卷　明錢奐撰天一閣書目鄞志閩志作梅溪讀稿耆舊傳作遺集

訥齋詩草卷　明錢奐撰閩志鄞志

秋台稿卷　明陳喻撰何喬新撰神道碑鄞志

蘭庵集卷　明豐慶撰浙志兩浙名賢錄黃氏

書目嘉靖志道光府志鄞志鎮志

豐氏園居十詠詩　明豐慶撰南山集鄞志鎮志

履典文衡詩卷　明邵德溫撰南山集鄞志

木居石稿十卷　明董琳撰洪常撰墓志鄞志着

舊傳作詩一卷

齋居百詠一卷　明董琳撰董氏書目鄞志

石田稿卷　明洪常撰嘉靖志黃氏書目道光

府志鄞志

楊文懿集二十五卷　明楊守陳撰徐興公書目鄞志

講學集一卷　明楊守陳抱經樓書目鄞志

敦奏集四卷　明楊守陳撰鄞志抱經樓書目

經筵講章一卷奏議集一卷辭謝

奏稿一卷祧廟議一卷守阯序著

於群經傳說者為講學集施於

朝廷獻納者為敦奏集

志喜集四卷　明楊守陳撰楊文懿集鄞志

朝天唱和集卷　仝

庭闈唱和集卷　明楊守陳撰閩志鄞志

七元文會詩卷　明楊守陳撰楊文懿集鄞志道光

府志所載晉菴集鏡川稿李觀稿桂茱稿

全坡稿銓部稿除鏡川稿外據抱經樓書均在楊文懿集中又明志黃氏書目作三十卷蓋連講學敷奏二集數之又抱經樓書目与百川書志所列于目異

碧川文鈔二十九卷 明楊守阯撰明志分省人物考鄞道光府志無卷目四文獻集作碧川文集

碧川文選四卷 明楊守阯撰四庫存目鄞志徐興公書作文選八卷浙江書錄曰碧川守阯字所字著本名乾乾齋集此則從集中選出者

朱子論定文鈔卷　明楊守阯　鄞志　道光府志楊守阯有襍
　詩文鈔鄞志不載

瘦齋詩稿卷　明虞璉撰　碧川文鈔　鄞志

梅莊集卷　明錢璡撰　錢氏在茲集　鄞志

南谷稿卷　明黃隆撰　宋史藝文志　黃氏書目　鄞
　志　耆舊傳作南谷集

耐軒集卷　明毛箴撰　三補耆舊詩　鄞志

筆隱集十三卷　明毛玉鈺撰　三補耆舊詩　鄞志

謙齋稿卷　明嚴端撰　浙志　宋志　黃氏書目　鄞志

南厓一得稿卷　明黃磚撰　浙志　黃志書目　鄞志

拓庵集卷　明錢瓚撰甬上耆舊傳鄞志天一閣書目作拓庵先生詩集

蘭莊稿卷　明萬禧撰萬氏家傳鄞志

栗軒集卷　明周祐撰甬上耆舊傳鄞志

朽木集卷　明金湜撰閩志鄞志

皇華集卷　明金湜撰甬上耆舊傳道光府志鄞志

夢刀集二十二卷　明薛槏撰浙志薛氏世風刪鄞志

味易詩集十三卷　明倪光撰浙志甬上耆舊傳鄞志

櫟軒集卷　明李端撰鄞獻表鄞志

句章小家言二十卷　明章玠撰四明文徵黄氏書目道光志鄞志

定志

丹山集卷　明屠滽撰閩志鄞志

集行稿卷　明章頤嘉靖志兩浙名賢錄黃氏書目道光府志鄞志

歸田稿卷　明張昺撰嘉靖志黃氏書目道光府志鄞志

棟莊稿稿卷　明張昺撰嘉靖志鄞志道光府志黃氏書目府志稿作集

容庵集卷　明全澤撰南雍舊書目江寧府志鄞志

友竹稿卷　明施應麟撰四明志徵黄氏目鄞志

心齋稿六卷　明李麟撰浙志黄氏書目道光府志鄞志

益齋稿卷　明盧瑀撰浙志黄氏書目道光府志鄞志

太白山人稿五十卷　明洪貫撰浙志道光府志鄞志甬上舊傳作五十卷

卧遊清味錄卷　明洪貫撰浙志萬氏書目道光府志鄞志

麟洲存稿卷　明楊誠元撰分省人物志鄞志道光府志作遺志甬上舊卷無存志

鳳洲遺稿卷　明楊誠仁撰浙志道光府志鄞志季無遺子

董鑰詩一卷　明董鑰撰甬上春舊傳鄞志

　紀圖抄本

松畦集　卷　明楊文卿撰　浙志黃氏書目道光府志鄞志

苕溪集　卷　仝

畏齋存稿　卷　明倪復撰　兩浙名賢錄鄞獻表鄞志道光府志作畏齋存稿

自菴稿一卷　明陳短撰　黃氏書目鄞志

夢軒集　卷　明劉洪撰　浙志嘉靖志道光府志鎮志

復齋稿　卷　明沃頖撰　乾隆志蛟志詩話鎮志浙志頖作泮

敬亭集　卷　明張鉞撰　蛟川詩話鎮志

東山集　卷　明劉璧　徵文錄慈志

夢忠集　卷　仝

博約新和集　仝

鳴湖集卷　明魏洪撰徵文錄慈志

真靜詩槁卷　明王盱撰湯理撰墓志慈志

惜陰集卷　明馮氏撰四民詩彙慈志慈湖耆舊

詩傳作天民詩集

友古集卷　明馮氏撰徵文徵慈志

樸齋集卷　明桂鎬撰四明志徵慈志

止齋集卷　明王鏓撰慈湖耆舊詩傳慈志

松崖集卷　明馮忠撰萬姓通譜浙志慈志徵文

錄曰忠字松厓因以名集天啟志道光

府志作松樵集誤

懸齋集卷　明王子澄撰　慈湖耆舊詩傳　慈志

報古集卷　明魏奐撰　兩浙名賢錄　道光府志　慈志

節齋襍稿卷　明王綸撰　千頃堂書目　嘉靖志　道光府志　慈志

月航集卷　明周津撰　千頃堂書目　嘉靖志　慈志

守齋文稿四卷　明周謹撰　桂榮草堂鈔錄　慈志

西嶼稿卷　明錢源撰　桂榮草堂鈔錄　徵文錄　慈志

柳塘先生遺稿卷　明楊子器撰　千頃堂書目　明詩綜　慈志

長平襍稿卷　明楊子器撰　千頃堂書目　嘉靖志　道光

楊子器褋詩文卷　明楊子器撰道光府志查慈志無褋詩文道光府志無早朝及柳堂先生遺稿未知慈志之柳塘先生遺稿及早朝詩或即府志所載褋文詩歟

王林詩鈔卷　明王術撰慈湖耆舊詩傳慈志

白齋集十卷　明張琦撰浙志鄞志道光府志無卷目徐興公書目作九卷

白庵集卷　明豐熙撰分省人物考道光府志鄞志

白齋竹里集七卷　明張琦撰四庫存目浙志鄞志嘉靖志作竹里館集浙江書錄作七卷道光府志

作竹里集無卷目

一齋集卷　明豐熙撰浙志道光府志鄞志

洞雲稿卷　明張時敏撰浙志黃氏書目鄞志道光

作洞雲集

岫雲稿卷　明張時敘撰浙志黃氏書目道光志鄞志

風木集卷　明張時攸撰桃漁集鄞志

且且翁稿集　明張時啟撰橫湖張氏譜鄞志

半湖集卷　明陳槐撰浙志黃氏書目道光府志鄞志

金陵百詠卷

大溪集卷　明周欽撰閩志鄞志

周欽和杜集卷 明周欽撰 桃源志 鄞志
思菴樵著卷二 明蔡欽撰 鄞表 鄞志
松坡集卷 明馮應奎撰 黃氏書目 鄞志
馮應奎和放翁詩二卷 仝
和劉松坡詩一卷 仝
謙齋槁卷 明嚴端撫 道光府志 鄞志
張文定集五十卷 明張邦奇撰 續文獻通考 黃氏書
目 鄞志 氏藝文志作通川集 靖志 觀
光樓集十卷 行玉樓集十卷 道
光府志 行作舒環碧堂集十六

卷養心亭集八卷靡悔軒集十二卷四友亭二十卷道光府志昭嘉靖志分列六目但無卷數

蔡軒詩稿卷　明張　撰萬卷樓遺集鄞志

西溪小稿卷　明周旋撰千頃堂書目明詩綜慈志

桓庵稿卷　明馮厚撰千頃堂書目姓譜慈志徵錄厚生坦庵黄虞稷之學者稱為坦庵先生故名其詩集曰坦庵稿雍正府志道光府志作洪庵福誤也

南陽稿卷　明馮厚撰　千頃堂書目　姓譜　道光府志　鄞志

中都稿卷　仝

旅館書懷集卷　明馮厚撰　徵文錄　道光府志　慈志

醫閭集九卷　明賀欽撰　續通志藝文畧　浙志　焦氏經籍志　聚樂堂藝文志　四庫著錄　邵亭書目　鎮志　道光府志有醫閭先生文集四卷　按四總提要　提醫閭集九卷　乃其子士諮蒐輯遺稿並生言行　都為一集　前三卷為言行錄　四卷至七

卷爲存稿皆樵文第八卷爲奏稿第三卷爲詩卷則道光府志所載醫閭先生文集四卷即爲醫閭集中第四卷至七卷之存稿也

稽山遊集卷　明張譯撰　彖風世守錄　蛟川詩話　鎮志

李興遺稿卷　明李興撰　薛文竹集　鎮志

樂休集四卷　明王愷撰　浙志　嘉靖定海志　四明詩彙　鎮道光府志無卷　卷目蛟川詩話四卷

東須集卷　明魏敎撰　浙志　耆舊傳　鄞志

棟塘集卷　明李正華耆舊傳鄞志鄞獻表作棟塘詩集

窺豹集卷　明李正華撰衣德編鄞志

擻篋留稿二卷　明汪玉撰今省人物考鄞志道光府志上有襍錄記三字無卷目

定齋集卷　明王應鵬撰明詩綜黃氏書目鄞志天一閣書目作定齋詩集二卷道光府志作稿

東台稿卷　明王應鵬撰浙志黃氏書目道光志

撫鐵稿卷　仝

王應鵬襍著稿卷　仝

采芹閣詩卷　明王應麒撰　三補耆舊詩　鄞志

西園草卷　仝

簡肅公文集十四卷　明屠僑撰　天一閣書目　鄞志　嘉靖志
黃氏書目　道光府志有東洲襍稿南
雁集未知是否在簡肅文公集中

誠軒稿卷　明戴櫃撰　朱志　道光府志　鄞志

北川文集卷　明吳惠撰　浙志　黃氏書目　道光府志　鄞志

石窗先生遺稿六卷　明華叟撰　天一閣書目　鄞志　石倉詩選
光府志作石窗集

賔陽禖著　卷　明王伯蔡撰　貽研堂陳氏藏　鄞志

果菴集　卷　明謝玫儀撰　浙志　黄氏書目　鄞志

海屋存稿　卷　明周伯撰　閩志　鄞志

覃湖文錄　卷　明張懋賢撰　百川書目　黄氏書目　鄞志

董山遺稿十五卷　明李堂撰　分省人物考　浙江書錄　鄞志

　四庫存目

南湖文錄　卷　明余本撰　浙志　黄氏書目　道光府志　鄞志

月逢軒詩集　卷　明陳墨撰　徵文錄　慈志

秋蟲吟　卷　明錢鎮撰　桂棠草堂鈔錄　慈志

西軒稿　卷　明錢鎸撰　桂棠草堂鈔錄　慈志

樂庵稿卷　明姚鏞撰　徵文錄　慈志

勉齋遺稿二卷　明鄭潢撰　四庫存目　江南詩鈔　慈志

東泉文集卷　明姚鎮撰　四庫存目　千頃堂書目　道

光府志　慈志　明史藝文志作姚鎮集八卷

潔齋文集二卷　明丘紳撰　徵文錄　慈志

晴景樓集卷　明裘壤撰　徵文錄　慈志

寓庵集卷　明回錦撰　千頃堂書目　兩浙名賢錄　道

光府志　慈志

竹坡集卷　明回錦撰　千頃堂書目　兩浙名賢錄　慈

志　道光府志集作稿

左氏詠卷　明周錦撰　千頃堂書目兩浙名賢錄道

光府志慈志

和梅花百詠卷　仝

東穡漫稿四卷　明姚汀撰　千頃堂書目浙志道光志慈志

謫所吟稿二卷　仝

菼齋集卷　明顧英撰　千頃堂書目嘉靖志道光府志慈志

菼齋集卷

于于集卷　明應宗儀撰象志

澹菴集卷　明應元徽撰象志

鳴槩稿卷　明王渙撰象志

東川百詠卷　明汪綸撰嘉靖志康乾志奉志道光府志

作奉化百詠

陽岩集卷　明江汜撰康熙志本傳奉志

一齋文集卷　明宗佳撰嘉靖志奉志

觀光錦榮鳴玉圭休休子等集卷　明江淵撰黃氏書奉志

渼靖集卷　明江淵撰剡川詩鈔補存奉志

柏窗集卷　明周鏜撰汪綸撰行狀奉志

南山堂信齋文集十二卷　明項厚剛撰康乾志奉志康乾

志本傳作南山堂稿

秋台集十二卷　宋旭撰嘉靖志康乾志奉志道光府志

南園集卷　明宋佀撰康乾志本傳奉志

竹莊集卷　明孫勝撰康乾志奉志

竹莊學步稿卷　明孫勝撰奉志采訪冊

龍泉老叟稿卷　明卓碧撰忠義志奉志

蓮岩文集卷　明周槐撰采訪冊奉志

溪邊集　明周璉撰采訪冊奉志

龍川稿十一卷　明嚴俸撰康乾志奉志

司成集卷　明戴珣撰嘉靖志康乾志道光府志奉志

浩歌台百詠卷　明謝灉撰康靖志奉志

印岩集卷　明王訪撰剡川詩鈔補存奉志

葦齋集　卷　明袁孟悌撰　西袁氏家乘　鄞志

靜山集　卷　明戴鰲撰　閩志　鄞志　桃源集作稿

閩廣集　卷　明戴鯨撰　耆舊傳　黃氏書目　鄞志

東白樓稿　卷　仝

江南集　卷　明戴鯨撰　道光府志

戴中丞遺集八卷　明戴鰲撰　徐興公書目　鄞志　四庫存目作戴中丞遺集八卷　道光府志作中丞集無卷目

燼餘鈔存四卷　明張鈇撰　鮑繫齋藏本　慈志

詠史百絕稿　卷　明張鈇撰　千頃堂書目　嘉靖志　道

光府志無卷目

西嶺樵稿卷　明劉鍾撰　徵文錄慈志

竹窗集卷　明馮景隆撰　燼餘鈔存慈存

西坡集卷　明馮鍊撰　溪上詩輯慈志

堯諧詩鈔卷　明周鎔撰　桂榮草堂鈔錄慈志

定慧齋詩集卷　明王輔撰　桂榮草堂鈔錄慈志

南湖詩稿卷　明姚津撰　徵文錄慈志

巡南樵詠卷　明沈敎撰　分省人物考　千頃堂書目慈志

楚觀集卷　明劉墉撰　徵文錄慈志

草亭學詩卷　明宥鐸撰　徵文錄慈志

澹齋集卷　明劉鈤撰　采訪冊慈志

青集山人集　明王鎔撰　千頃堂書目　天啟志　慈志

叢菼集卷　明劉世龍撰　千頃堂書目　浙志　道光府志　慈志

周衡集卷　明洪鉞撰　千頃堂書目　天啟志　慈志　道光府志集作稿

虛窗漫稿卷　明向欽撰　徵文錄　志　慈志

舒情稿卷　明鄭渭撰　寒村人物考　慈志

隱川稿卷　仝

天然洞集卷　明鄭渫撰　寒村人物考　慈志

閒吟集卷　仝

半隱詩稿卷　明林昌撰徵文錄慈志

金陵吟草卷　明顧宝撰伴梅草堂集慈志

枚滋集卷　明龔本撰天啟志四明詩稟道光志慈志

鳴秋集卷　仝

清源集卷　仝

明山文集八卷　明姚淶撰千頃堂書目鄞志分省人物考道光府志作明山集明史藝文志作姚淶文集八卷明詩綜作明山存稿

少山集卷　明戴鼇撰　嘉靖志　黄氏書目　道光府志　鄞志

舒纓詩集卷　明舒纓撰　耆舊傳　鄞志

中丞遺集八卷　明柴經撰　徐公興書目　鄞志

漁澳居士集六卷　明蔣九華撰　樗庵存稿　鄞志

拘虛館集五卷　明陳沂撰　浙志　焦氏籍志　黄氏書目　鄞志

續拘虛集二卷　明陳沂撰　浙志　焦氏經籍志　鄞志

石亭文集十二卷　明陳沂撰　浙志　焦氏經籍志　明字無石亭二字

遂初齋集卷 明陳沂撰浙志黃氏書目明詩綜鄞志

紀遊集五卷 明陳沂撰浙志黃氏書目鄞志

后岡集二卷 明陳東撰明志分省人物考鄞志道光府志無卷目四庫存目詩集一卷文集一卷

竹塘文畧一卷 明王相撰浙江書錄四庫存目鄞志朱志作文集閩志作編脩遺卷

鳳山稿卷 明張鋐撰浙志明詩綜鄞志

淥江集三卷 明楊言撰黃氏書目道光府志無卷目浙志間作保和堂集

玩鹿亭集八卷　明萬表撰明志分省人物考鄞志四

庫存目有附錄一卷道光府志作

保和堂集

淮上稿卷　明萬表朱志鄞志

經濟文錄四十一卷明萬表撰續文獻通考浙江書目道

光府志鄞志

阿育王山房集卷　明王元立撰結奇亭集鄞志申時行

撰神道碑作碧山堂集

練川集卷　明陳賦撰閩志鄞志

闇然齋集卷　明范訢撰浙志黃氏書鄞志

蘭軒吟一卷　明薛魁撰　浙志薛氏如風删鄞志

郇膏樓詩稿卷　明黃松齡撰　采訪冊鄞志

自厔集卷　明包括撰　兩浙名賢錄鄞志

芝園定集五一卷　明張時徹撰　四庫存目鄞志

張時徹別集十一卷　明張時徹撰　鄞志四庫存目本書附於上書之下同列一條同光府志上一書混稱芝園集無卷目

芝園續集卷　明張時徹撰　宋志鄞志豐坊序作後集道光府志無卷目

勝遊錄二卷　明張時徹撰　聚樂堂藝文志沈明

明臣序鄞志徐興公書作四卷

北江詩文集卷　明李村撰四明詩彙鄞志

司馬集卷　明屠大山撰宋志鄞志道光府志另

有竹壚近稿李志有竹墟集

竹溪近稿一卷　明屠大山撰浙志鄞志徐興公書目

有司馬請詩一卷鄞卷獻表有屠司

馬詩畧

闇然遺稿卷　明袁文顯撰鄞志

汝震詩集六卷　明吳鎮天一閣書目徐興公書目有遊粵詩集二卷

石樓集卷　明陸鈳撰閩志鄞志

石溪集卷｜　明陸銓撰浙志明詩綜道光府志鄞志

少石子集十三卷　明陸釴撰明志朱道光府志鄞志四庫存目無子字

鄮溪集卷　明李循義撰浙志鄞志黃氏書云一作珠玉遺稿二卷按道光府志有珠玉遺集又有鄮溪稿恐係重出

棟塘集一卷｜　明李循義撰青藜閣藏本鄞志

棟塘續集卷　仝

金台集卷　明李循道撰衣德編鄞志鄞獻表翁若集

歸田集　明李循道撰衣德編鄞志

李循諭集四卷　明李循諭撰衣德編鄞志

萬卷樓遺集六卷　明豐坊撰抱經樓書目鄞志浙志明詩作南禺集鄞獻表作豐道考功遺集徐興公書目作豐道生摘稿二卷道光志有五經萬卷樓集未知是本書明萬曆丁已刊本前有徐時彥序有沈泰灝識衎圓藏書

南禺先生詩選二卷　明豐坊撰黄氏書目鄞志道府

有南禺摘稿未知是否本書

青蓮集三十卷　明史元中撰浙志黄氏書目鄞志

蛩鳴集卷　明虞鏞撰三補耆舊詩鄞志

曲泉集十二卷　明薛治撰浙志鄞志鄞獻表作十三卷

薛治襍著八卷　明薛治撰浙志黄氏書目鄞志

鰥哀稿卷　明薛治撰鄞志獻表鄞志

西爽樓詩文集卷　明薛治撰錢志鄞志

天一閣集三十二卷　明范欽撰天一閣書目鄞志道光府志無卷目

熙春堂集卷　明范欽撰錢志鄞志

一舫齋集卷　明張瀾撰浙志耆舊傳道光志鄞志

北山文集卷　明戎洵撰朱志鄞志

草堂詩錄卷　明戎洵撰閩志鄞志朱志作詩餘

五岳遊囊集卷　明張鎏撰鄞獻表鄞表

僅存稿卷　明李生威撰衣德編鄞志

遊勝集卷　明李生春撰砌里文獻錄鄞志

知希集卷　明李生萊撰衣德編鄞志

嘉樹樓吟卷　明李生時撰衣德編鄞獻表鄞志

燕山遊稿卷　明李生時撰衣德編切里文獻錄鄞志

李太僕詩畧卷全

看雲館集卷　明李生時永德編鄞志

棠棣集卷　明李生容撰永德編鄞志

李山人詩二卷　明李生寅撰浙江書録四庫存目

鄞志聞志作暘谷山人集道光府志

作李山人集

餘清堂稿十三卷　明汪鏜撰浙志徐興公書目鄞志

餘清堂定稿三十三卷　明汪鏜撰明志徐興公書目鄞志四庫

存目無定字

武陵詩銓卷　明張鏞撰聞志鄞志

世綸堂集卷　明黃元肅撰聞志鄞志

儀台漫興卷　仝

漫遊集卷　明黃元春撰浙志黃氏書目鄞志聞志道光府志作漫遊摘稿

松石稿卷　明周尚文撰三補耆舊詩鄞志

道東先生集卷　明董夢龍撰子大成撰墓志鄞志

統鈞堂集卷　明聞淵撰聞志鄞志

充齋集卷　明聞澤撰四明談助鄞志

方伯詩畧卷　明柴淶撰浙志黃氏書目鄞志

石里稿卷　明張子珦撰黃氏書目鄞志

迴泉集卷　明袁祖義撰西袁氏家乘鄞志

夢川集　卷　明何布濂撰　閩志　鄞志　錢志誤作景濂

汪淡詠景詩　卷　明汪淡撰　桃源志　鄞志

畸人集　卷　明張渡撰　閩志　鄞志

志齋稿　卷　明高士撰　閩志　鄞志

卧雲山房遺稿　卷　明范大澈撰　鄭梁撰傳　閩志　鄞志

涉江　卷　明王挺撰　道光府志　象志　挺作梃

同野遺稿　卷　仝

王梃襍著　卷　明王梃撰　道光府志　象志

尋樂篇　卷　明应振輔撰　象志

应振黼紀年錄　卷　仝

臨川集卷 明应雲鷺撰道光府志象志

東塘穀音卷 仝

象山襍稿卷 仝

鳳山集四卷續一卷 明周希程撰象志道光府志作鳳山詩集無卷目無續稿蒙志周希程仕餘錄集子兩部均收今列子部

丹陽吟稿卷 明姜文源撰象志

周拙集卷 明葉熙撰兩浙名賢錄浙志

講盈集卷 仝

何樓詩文集八卷 明周南撰桂宗草鈔錄慈志

貞所文集八卷　明周南撰分省人物考千頃堂書目

慈志張瀚撰墓志作詩文集四卷

東崖文集卷　明馮震撰馮尚書年譜慈志

讀史漫稿一卷　明陳鯨撰天一閣書目慈志

閒山七律詩一卷　明陳鯨撰徵文錄慈志

燕石稿卷　明陳說義撰兩浙名賢道光府志

木石山人詩草卷　明陳說義撰徵文錄慈志

冊敦堂集四卷　明趙文章撰千頃堂書目沈氏竹祉

堂舊藏本

顧翀仏餘拙稿卷　明顧翀撰葉本撿行狀慈志

蜀行稿卷　仝

世賓堂集　明張先年撰天啟志慈志

充然翁集　仝

湖江口占　仝

文榮詩畧二卷　明袁煒撰四庫存目慈志明史藝文志作袁煒詩集八卷千頃堂書目作袁文榮詩集八卷明詩綜作元峯集

文榮文集十卷　明袁煒撰世善堂書目尤氏藝文志

賢己集四卷　明李士元撰天一涸書袁氏坦園藏本慈志

皂囊集卷　明劉廷儀撰千頃書目天啟志慈志

燕遊漫稿卷　明秦鏜撰　千頃堂書目　道光府志　慈志
入賀稿卷　明王杏撰　嘉靖志　康乾志　奉志
寓洞稿卷　明王杏撰　嘉靖志　康熙志　道光府志　慈志
蟀吟集卷　仝
鯉湖集卷　仝
見山詩集卷　明趙勝撰　剡川詩鈔補存　奉志
減峰稿卷　明項守禮撰　康乾志　奉志
雪溪文集二十卷　仝
秋香集卷　明宗宗周撰　康乾志　奉志
奉川百詠卷　仝

其腔集卷　明鄔元臺采訪冊奉志

居園集卷　明周儀撰剡本奉志

翼政堂集卷　明周應龍撰剡川詩話鈔補存奉志

浮槎閣集卷　明鄔雷撰剡本奉志

嗚嗚草卷　明項如霖撰康熙志本傳道光府志奉志

蘭沙集四卷　明項可誠撰康熙志本傳奉志

紉珠集卷　明周採社撰剡川詩鈔補存奉志

戴良材詩集卷　明戴良材撰康熙本傳奉志

甘露滅卷　明王恒撰奉志浙志康熙志作甘露巵

兩都遊草卷　明王恒撰奉志

臥雪稿卷 明朱德鄰撰康熙志本傳奉志

片楮吟卷 明舒瑛撰康乾志奉志

杜曲集十二卷 明戴澳撰康乾志奉志

素行集卷 明丁攀龍撰康熙志本傳奉志

瞀庾樓文集卷 明周立本撰徐之垣撰墓志奉志

壁暉軒詩譜六卷 明周立本撰徐之垣撰墓志奉志剡川詩鈔補存作碧輝詩字

四六金壺六卷 明周立本撰康乾志奉志

嘉禾集卷 明李國標撰康乾志奉志

帶綵集卷 明鄔逢泰撰采訪冊奉志

墨莊逸稿卷　明鄔逢泰撰　兩浙輶軒錄　奉志

詩瓢五集　明周立寧撰　兩浙輶軒錄　奉志

康乾志本傳

文瓢卷　明周立寧撰　康乾本傳　奉志

學遊草卷　仝

蒙壯知非集卷　仝

茗斯堂集卷　明真貫撰　剡川訪鈔補　府奉志

水雲專小稿　明釋梗撰　奉志

余文敏公集十五卷　明余有了撰　浙志傳　是樓書目　鄞

志明志作文集　浙江書錄作　十二卷

休休齋集六卷 明管大勳 浙志 鄞志 菉竹黃氏書目別有管光錄集 天一閣書目有湘湖初集一冊

劍溪漫語卷 明管大勳撰 祝完序 湘湖初集 六所著有劍漫語等 佚

霞川集卷 明薛晨撫 鄞表 鄞志

瑞室錄卷 明薛晨撰 天爵堂志 鄞志

甬東山人稿七卷 明呂時撰 四庫存目 鄞志 浙書錄 道光府志作呂時臣 其原名也

楚遊詩草卷 明柴直撰 閩志 鄞志

石盂集十七卷 明汪坦撰 徐興公書目 四庫存目 鄞志 浙志作七卷 道光府志無卷目

包參軍集六卷 明包大中撰 浙江書錄 四庫存目 鄞志 聞志作三川子詩集

張長公集卷 明張邦仁集 槎湖張氏譜 鄞志

張孺愿集卷 明張邦侗撰 鄞志表 徐興公書目作諸草十卷

上林集卷 明張邦侗撰 鄞表 鄞志

烟波閣集一卷 明張邦岱 徐興公書目 鄞志

義章百詠卷 明張邦岱撰 槎湖張氏譜 鄞志 徐興公書目有勝遊錄三卷

京兆集卷 明張邦伊撰四明文獻集鄞志

醯鷄鳴瓿集 明張子中撰耆舊鄞志

豐對樓詩選四十三卷 明沈明臣撰浙江書錄傳是樓書目四庫存目鄞志明詩綜道光府志作豐對樓集浙志黃氏書作四十二卷抱經樓書目別有沈嘉則詩選十卷

帆前集一冊 明沈明臣撰鄞志天一閣書目隆慶戊辰朱氏舊雨軒刻

蒯緱集二卷 明沈明臣撰天一閣書目鄞志

越草一卷　明沈明臣浙江書錄天一閣書目四
庫存目鄞志

思烟集二卷　明葉大叔撰浙志徐興公書目鄞志
道光府作思烟草

貞玉集二卷　明葉大叔撰浙志黃氏書目鄞志

松風館集卷　明汪礼撰浙志黃氏書目鄞志道光無卷目

香雨齋集卷　仝

藏山稿二卷　明葉大叔撰徐興公書目鄞志道光志無卷目

廣木居詩草　明張子梁撰四明詩彙鄞志

皆非集二卷　明萬達甫撰四庫存目鄞志浙

雪舸草卷　明萬廌夫撰翁汝進撰行狀鄞志

鐵漢齋草卷　仝

偶園漫草卷　仝

面牆小槀二卷　明薛暨撰浙志薛氏世風冊鄞志

月湖集　明盧濬撰浙志黃氏書目鄞志

道光府志作盧雲

白川集　明楊明撰浙志黃氏書目鄞志

世德堂集卷　明陳大章撰閩志鄞志

餘清集卷　明陳大章撰三補耆舊志鄞志

官成集卷　仝

悦心稿卷　明董國俊撰三補耆舊詩鄞志

自適草卷　仝

廣園稿卷　明董可觀撰沈一中撰傳鄞志

南遊稿卷　仝

滌凡稿卷　仝

趙遠堂詩稿卷　明趙參魯撰閩志道光府志鄞志

軿遠堂詩稿卷　明王大華撰三補耆舊詩鄞志

陳善集六卷　明沈一貫撰兩浙名賢錄沈文恭年譜鄞志

喙鳴文集二十二卷　明沈一貫撰兩浙名賢錄浙志傳是樓書目培林堂書目鄞志道光府志有喙鳴

集無卷目

喙鳴詩集十八卷　明沈一貫撰兩浙名賢錄浙江書錄傳是樓書目培林堂書目鄞志道光府志有喙鳴集無卷目

弇州稿選十六卷　明王世貞撰沈一貫選四庫存目鄞志傳是樓書目作四部稿選

清橋遺稿一卷　明陳言撰徐興公書目鄞志

曲園居詩集十八卷　明沈九疇浙志徐興公書目作八卷道光府志作曲轅集無卷目

董樾偶存草卷　明董樾撰續耆舊傳鄞志

棲真館集三十卷　明屠隆撰　明志　黃氏書目　鄞志　抱經樓藏三十卷　道光府志無卷目

由拳集二十三卷　明屠隆撰　明志　徐興公書目　四庫存目　鄞志　道光無卷目　浙志　黃氏書目作三十一卷

白榆集二十卷　明屠隆撰　明志　黃氏書目　鄞志　道光志卷

橫塘集二卷　明屠隆撰　傳是樓書目　鄞志　徐興公書作卷

南游集二卷　明屠隆撰　黃氏書目　鄞志　徐興公書作廿

采真集二卷　明屠隆撰　黃氏書目　鄞志

冷然卌卷　明屠隆撰　黃氏書目　屠氏見聞錄　鄞志

娑蘿園逸稿 二卷明屠隆撰眉公秘笈鄞志

絳雲樓集卷 明屠隆撰耆舊傳黄氏書目鄞志見

闻錄作絳雪樓文部詩部

青溪集卷 明屠隆撰由拳集鄞志

嘯廬四賦卷 明董揚明撰白榆集鄞志

越吟一卷 明包大炣天一閣書目鄞志

自娱集卷 明柴應暵撰樓真館集鄞志耆

舊傳作自怡集

移居詩卷 明柴应暵撰白榆集鄞志

高葵遺艸卷 明高葵撰耆舊傳鄞志

農丈人集二十卷　明余寅撰　明志鄞志浙志作二十八卷
　連詩數之四庫存目下条詩集一卷
　附本條下

余寅詩集八卷　明余寅撰　明志鄞志四庫存目附條下

一枝軒吟稿卷　明萬邦孚撰　浙志明詩綜鄞志道
　光府志作一卷

夢鹿軒稿卷　明楊德政撰　黃氏書目鄞志

來遠山房詩文艸卷　明王榮撰　三補耆舊詩鄞志

柴以觀詩文偶存卷　明柴以觀撰　續耆舊傳鄞志餘
　興以書目作詩選

舸上夢吟集卷　明楊大名撰三補耆舊詩鄞志

自適艸卷　明陸樂撰閩志鄞志

霜鏡集十七卷　明陸宝撰徐興公書目鄞志

群廬集四卷　明陸宝撰遲鹥齋藏本鄞志徐興公書目作二十卷

悟香集三十卷　明陸宝撰淩雲堂藏本鄞志二列二書浙志作陸想龍鄞志謂其誤龍宝之父也

青溪小草卷　明陸宝撰遲鹥齋藏本鄞志

再來草卷　仝

潞草卷　仝

舲草卷　仝

漫素影卷　仝

台宕遊草卷　明陸宝撰徐興公書目鄞志

四課卷　明陸宝撰天禺文集抱經樓書目鄞志

梅園集二十卷　明沈一中撰浙江書錄四庫存目鄞志
道光府志無卷目

二都賦四卷　明馬斯臧撰浙志鄞志

七起七放二卷　明馬斯臧撰耆舊傳鄞志

木皇卷　明陳氏俊耆舊傳鄞志

宝尊集卷　明陳民俊著舊傳鄞志

海門先生文錄十二卷　明周汝登撰明詩綜鄞志

壺領漫吟二卷　明周汝觀撰徐興公書目鄞志

象王詩文稿卷　明萬邦孚撰鄞志

太白樓稿一卷　明吳禮嘉撰徐興書目鄞志

西巡草卷　明吳禮嘉撰采訪冊鄞志

塞外吟一帖　明吳禮嘉撰鄞志

月湖草七卷　明周應賓撰傳是樓書目鄞志

浙志作月波草林存草作集

東朱籬詩集卷　明朱應龍撰閒志鄞志

四明叢書　約園抄本

玉几山房稿十卷　明周應治撰　黃氏書目　鄞志　尤氏藝文志稿作集　道光府志無卷目

石窗副墨卷　明周應治撰　浙志　黃氏書目　鄞志

霞上草卷　明周應治撰　周昌晉撰行狀　鄞志

星軺集卷　仝

玉笈稿卷　仝

栩栩生外篇卷　明周應浙撰　徐興公書目　鄞志

周應浙襍篇一卷　明周應浙撰　徐興書目　抱經樓書目

畏所集卷　明劉泒撰　千頃堂書目　天啟志　慈志

四都賦一卷　明方詒撰　天一閣書目　慈志　徵文錄日

見峯集一卷　明劉廷謨撰　千頃堂書目　浙志　慈志

賛化集卷　明劉廷寅撰　天啟志　慈志

保槐堂稿二十二卷　明王文撰　明史藝文志　千頃堂書目　鄞志

北湖鳴春集八卷　明馮光浙撰　匏繫齋藏本　慈志

懷葛先生集十卷　明何洪邁撰　千頃堂書目　慈志　明史藝文志　何洪邁詩文集

甕瓠集五卷　明周召撰　桂巖草堂鈔錄　慈志

終慕集三卷　仝

周召律詩存稿四卷　仝

梅花百韻詩卷　明陳茂禮撰　兩浙名賢錄　慈志

大僕集卷　明顏鯨撰裘蔗村年譜慈志雍
正府志作冲字集

抱珠子集卷　明馮能成撰徵文錄慈志

禺親樓記卷　明何斆撰天啟志慈志

燕遊稿卷　明徐一忠撰雍正府志道光府志慈

秦游稿　仝

楚游集卷　仝

閩游集卷　仝

觀北集卷　仝

歸東稿卷　仝

郊居稿又續稿卷仝

何程詩文卷　明何程撰道光府志按何程慈溪人

而慈志不載是書

日蜂吟稿卷　明趙龍撰道光府志

贊化集卷　明劉瑋撰道光府志

圓川詩稿卷　明水靜撰桃源志鄞志

灼艾集卷　明王佐撰聞志鄞志

灼艾集續卷　明王佐撰敬止錄元賞齋書目鄞志

灼艾别集卷　明王佐撰元賞齋書目鄞志

葛會高梅花詩集卷明葛會高撰聞志鄞志

天咸軒集　卷　明陳邦訓撰　浙志　者舊傳　鄞志

蒼虬館稿　六卷　明丁繼嗣撰　徐興公書目　鄞志　道

光府志　稿作集

紫芝亭草　一卷　明丁繼嗣撰　徐興公書目　鄞志

海若藏稿　卷　明水鄉謨撰　閩志　桃源志　鄞志

鐵庵梵餘集　卷　明全天啟撰　浙志　黃氏書目　鄞志

道光府志　集作稿　者舊稿無梵餘字

日覽園集　卷　明葛文炳撰　浙志　黃氏書目　鄞志

閩志作運覽詩集

青環遺稿　卷　明吳應當撰　閩志　鄞志

鳩兹集十五卷　明徐時撰　六一山人藏本鄞志浙志傳是樓書目黃氏書作七卷起光府志無卷目鄞志為十二卷五六七卷皆有子目折數之实五卷

啜墨亭集十二卷　明徐時進撰黃氏書目鄞志浙江書目作一卷道光府志無卷目

逸老堂餘稿卷　明徐時進撰黃氏書目鄞志浙江書明志浙志闻志作逸我堂餘稿道光府志無卷目

信芳堂集卷　明莊學曾撰道光府志鄞志

水月山房集二卷 明陳之龍撰 浙志 黃氏書目 鄞志

渤海集卷 明陳之龍撰 閩志 鄞志

遵時堂集卷 明莊學曾撰 浙志 鄞志

環江集三卷 明李承棨撰 閩志 鄞志

寄傲齋集十五卷 明王嗣奭撰 耆舊傳 鄞志

寄傲齋後集卷 明王嗣奭撰 采訪冊 鄞志

樗寮艸卷 明莊喬新撰 耆舊傳 鄞志 道光

府志分樗寮小草樗寮續草

台雁賡草卷 明莊喬新撰 耆舊傳 鄞志

玄洲吟稿卷 明邱瀚撰 續耆舊傳 鄞志

黄景章遺稿 明黄景華撰三補耆舊傳詩鄞志
倪珣京寓稿一冊 明倪珣撰天一閣書目鄞志
李忠義公集卷 明李樓撰浙志黄氏書目道光志鄞志
營平集卷 明李振玉撰三補耆舊傳鄞志
餘藝集卷 仝
公餘草卷 仝
四鄉遊記卷 明李振玉撰續耆舊傳鄞志續傳
有波斯船論
偶存集卷 明錢敬忠撰續耆舊傳鄞志
蕗伽山房集卷 明范汝梓撰閩志鄞志

嫗解卷　仝

五岳軒詩草卷　明朱勲撰　聞志鄞志道光府志作五

嶽遊草

華玉詩草卷　明柴英撰　聞志鄞志

百藥草卷　明胡一桂撰　聞志鄞志

胡一桂四言詩一卷　明胡一桂撰　耆舊傳鄞志

桑麻正續集卷　明李緯撰　聞志鄞志道光府志

緯作煒

秋水亭集卷　明李先嘉撰　聞志鄞志

青蓮館逸稿卷　明李先嘉撰　聞志鄞志鄞獻表

青蓮館樵著

旅遊集　明許震亨撰耆舊傳鄞志

蔡學用詩集卷　明學用黃氏書目浙志鄞志聞

志作環堵集

帷事園遺草一卷　明桂受泰撰黃氏書目鄞志

蔡學用詩畧卷　明蔡學用撰徐興公書目鄞志

佳事風山集卷　明洪德漸撰聞志鄞志

雌溪草堂十卷　明汪彥撰徐興公書目鄞志

汪其浚諸草十卷　明汪其濬撰鄞志

屠本畯詩草六卷明屠本畯撰明志徐興公書目黃

氏書目鄞志

老言一卷　明屠本畯撰澹生堂書目屠氏見

聞錄鄞志

老居竹卷　明屠本畯撰聞志鄞

詩籍卷　明屠本畯撰聞志道光府志鄞

屠氏見聞錄又有田叔詩別緝

司農計草卷　明屠本畯撰砌里文獻錄鄞志

紀寓集卷　明李德詩撰砌里文獻錄鄞志

百越遊艸卷　仝

順齋詩集卷　明李德厚撰砌里文獻錄鄞志

虹臥樓詩稿卷　明李志中撰　閩志鄞志

入棧詠雪編卷　仝

遠遊錄卷　仝

陳涉論草卷　明陳涉撰　閩志鄞志

陳涉文章卷　仝

雲屯吟稿卷　明管櫝撰　閩志鄞志

閨麗詠卷　明管櫝撰續耆舊傳鄞志

張庚星集卷　明張庚星撰續耆舊傳鄞志

白璧齋集卷　明董志楨撰耆舊傳鄞志

亦愛廬詩稿卷　明董儁撰　閩志鄞志

借樹齋艸六卷　明李德繼撰　徐興公書目　鄞志　詩

选外又有尚書說六書廬陵紀興樹

藝考教家輯畧各一卷

明李德學撰　耆舊傳　黃氏書目　鄞志

松扉集　卷

退思集一卷　明李德進　砌里文獻錄　鄞志

聞龍詩畧一卷　明聞龍撰　徐興公書目　鄞志

幽貞廬草四卷　明聞龍撰　徐興書目　鄞志　聞志作卷

幽貞廬逸稿卷　明聞龍撰　聞志　鄞道光府志作幽

貞廬集無卷目

行菜吟一卷　明胡傳寄撰　聞志　鄞志

西清閣詩鈔四卷明楊承鯤撰浙志徐興公書目鄞志按抱經樓藏本以乙亥至丙戌分年凡三冊道光府志作西清閣集無卷

碭石編二卷明楊承鯤撰浙志徐興公書鄞志道光府志無卷目

野樵集卷明楊春撰閩志鄞志

鹿沙草堂集卷明應臬撰閩志鄞志浙志有楚遊草鳥溪詩草

桂莊稿卷明金鎰撰黄氏書目鄞志

句曲山房集卷明聞世選撰閩志鄞志

白華軒集卷 明李德孚撰耆舊鄞志衣德編作稿

栩〻集卷 明李德撰耆舊傳鄞志

杏文館禊詠二卷 明李德撰徐興公書目鄞志

庚甲草一卷 明李德豐撰耆舊傳黄氏書目

鄞志衣德編鄞獻表作李子年遺稿

伺麓詩稿卷 明李桐撰聞志鄞志

寒香閣戊寅集 明李桐撰續耆舊付鄞志

覽勝吟卷 明陳瑛撰聞志鄞志

離垢地遺稿卷 明陳瑛撰鄞獻表鄞志

存倏篇卷 明汪抠撰浙志黄氏書目鄞志

瓢草一卷　明汪柩撰　餘興公書目　鄞志

泡園草一卷　仝

嘯月樓集卷　明陳来章撰　耆舊傳　鄞志

虞伯龍詩集八卷　明虞伯龍撰　餘興公書目　鄞志　浙志　明詩綜作擔簦集

蘭軒吟一卷　明薛奎撰　薛氏世風則　鄞志

蜀遊草一卷　明戎珩撰　浙志　黄氏書目　鄞志

待月軒集三卷　明戎衣撰　餘興公書目　鄞志

采藍集四卷　明周應辰撰　煙嶼樓藏本　鄞志

兩京集卷　明周應辰　浙志　耆舊傳　鄞志

綠莊詩采九卷　明周應辰撰　徐興公書目　鄞志

　道光府志無卷目

六觴一卷　明周應辰撰　徐興公書目　鄞志

文江詩選一卷　明吳士瑋撰　徐興公書目　鄞志

美人篇一卷　仝

品蘭百詠一卷　仝

茄品百詠一卷　明吳士瑋撰　耆舊傳　鄞志

鶯華館集卷　明蔡溥撰　聞志　鄞志

天衢詩文集卷　明朱兆祥撰　聞志　鄞志

清風閣集卷　明施翰撰　聞志　鄞志

二華詩一卷　明施翰撰煙嶼樓藏本鄞志

斐園文鈔卷　明李墢撰閒煙嶼樓藏本鄞志

竹坡軒集卷　明李墢撰浙志道光府志鄞志

盟鵰集卷　明李墢撰徐興公書目鄞志

重編祕監集卷　明李墢撰密娛齋後集詩引鄞志

光溪集卷　明呂德珣撰鄞志

玉芝臺集卷　明趙世祿撰徐興公書目鄞志

豐正元集四卷　明豐越人撰四庫存目浙志耆舊傳鄞志道光府志無卷目石算明詩選作天放野人

鳴皐集一卷　明豐應元撰　浙志　徐興公書目

石倉明詩選　鄞志

独醒居詩部卷　明聞于朝撰　聞志　鄞志

独醒居文部卷仝

薊門遊華卷　明俞經訓撰　聞志　耆舊付　鄞志

東皇集卷　明全大震撰　聞志

澹庵集卷　明朱基昌撰　續耆舊付　鄞志

黃鼎鼒詩文遺稿　明黃鼎鼒撰　聞志　鄞志

大椿堂稿卷　明林祖述撰　三補耆舊傳　鄞志

感懷草一卷　明林祖述撰　徐興公書目　鄞志

濤溪集卷　明李德述撰　砌里文獻錄鄞志

息枝吟卷　仝

耐軒集句卷　仝

金峩山房集卷　明李康先撰　閩志鄞志

觀日堂集卷　明陸世科　閩志續耆舊傳鄞志

錢志觀日二字誤倒

若柯集卷　明范鴻儒撰　耆舊傳鄞志

董世癸遺詩卷　明董世癸撰　耆舊傳鄞志

董應震遺詩一卷　明董應震撰　耆舊傳鄞志

宅山遊覽集卷　明董應震撰　閩志鄞志

玉田吟卷　明楊德周撰續耆舊付鄞志

天爵堂集二十卷　明薛岡撰黄氏書目鄞志徐興公書目作二卷道光府志無卷目

淮集一卷　明薛岡撰徐興公書目鄞志

南地集一卷　明薛岡撰徐興公書目鄞志按岡又有天中稿

元旦除夕詩一卷　明薛岡撰耆舊傳鄞志

半樓襍集卷　明董大晟撰道光府志閩志鄞志

洞天諸賦卷　明董大晟撰道光府志鄞志

嘯廬集卷　明董大晟撰耆舊付鄞志

擘蘭集卷　明董守瑜撰浙志道光府志鄞
續耆舊傳有正續集

匯風集卷　明董守瑜撰鄞志引蔣傳所著曰匯風

候官四六卷　明屠本章撰屠氏見聞錄鄞志

頤闇集四卷　明徐家麟撰續耆舊傳鄞志

倒囊草卷　明徐家麟撰聞志鄞志

六鶴齋詩選八卷　明楊德周撰徐興公書目鄞志續
耆舊傳作六鶴堂集黄氏書目作
六卷道光府志作六鶴齋集

前後落花詩卷　明楊德周撰道光府志

銅馬編二卷　明楊德周撰續耆舊傳鄞志

淞庵集卷　仝

光溪集卷　仝

袁武綴稿四卷　明楊德周撰徐興公書目鄞志鄞志子部有袁武集綴考一卷引閩志爲鉦道光志作武袁綴考則稿恐考之誤也

楊德周杜詩解八卷　明楊德周撰四庫存目鄞志道府光無卷目

葦庵集卷　明陳朝甫撰續耆舊傳一本作四

葭露閣集卷　明周昌晋撰續耆舊傳鄞志

葭嶼山房集卷　明周元學撰黄氏書目鄞志

撫松閣遺草卷　明周元學撰從子齊曽撰墓志鄞

儀部遺集卷　明李㭎撰四明詩㮊鄞志

沘雲冲詩草卷　明沘雲冲撰耆舊傳鄞志

環堵槁十卷　明陸符撰浙志鄞志道光府志作環堵詩文槁無卷目

補陀詩一卷　明陸符撰徐興公書目鄞志

紫陌辭一卷　仝

雪瓢吟一卷　明陸符撰續耆舊傳鄞志

惜竹樓集卷　明孫儀撰耆舊傳鄞志

青海吟卷　仝

閒止樓詩掄二八卷　明沈泰鴻撰徐興公書目鄞志道光府志作閒止樓詩文集

循聲集卷　明沈泰永撰續耆舊傳鄞志

清署閒吟卷　明沈泰藩撰續耆舊傳鄞志

玉樣集卷　明沈泰章撰耆舊傳鄞志

除學進集卷　明徐學進撰鄞志

蠶甕集十六卷　明高斗樞撰續耆舊傳鄞志黃

氏書目道光府志作二四卷

咄咄吟一卷　明范汝棟撰錢志鄞志

清溪集卷　明錢啓忠撰聞志鄞志

榔花園集卷　明陸起元撰續耆舊傳鄞志

蒼山剩草一卷　明陸起元撰徐興公書目鄞志聞

志括蒼詩艸

在澗樓集二卷　明徐之垣撰采訪册鄞志道光府

志作在澗集無卷目

忠介公全集二十卷附錄四本　明錢肅樂撰結埼亭外集鄞

志全祖望序曰太保錢忠介公

錢遺文舊分三集其正氣堂集則乙酉六月以前之作也越中集則倡義以後畫江一年中作也南征集則乘桴以後三年中作也道光府志詩文正氣集即全集中之一集也

張尚書集十二卷付錄一本 明張鍠言撰鮚埼亭外集鄞

田園集卷 明莊元辰撰撰續耆舊付道光鄞志

山樵集卷 仝

信水亭吟卷 明莊元撰續耆舊傳鄞志閒志有

丙論審言

過宜言八卷　明華夏撰續耆舊傳道光志鄞志

詩稿卷　明華夏撰過宜言鄞志

靜遠閣集卷　明王家勤撰續耆舊傳鄞志

西明集卷　明林岳隆撰續耆舊傳鄞志

淡窩集卷　明林祚隆撰續耆舊傳鄞志

放言集卷　明林奕隆撰續耆舊傳鄞志

廢言集卷　明林奕隆撰三補耆舊傳鄞志

明鶴草堂集十二卷明林明耀撰抱經樓書目鄞志

續耆舊傳作八卷詩子目有霜

懷初集二集三集霜懷續筆葵向

篇葵向篇續筆文集有四台留稿

四種緣卷　明林時躍霜懷集鄞志

留補堂文集四卷　明林時對撰抱經樓書目續耆舊傳

鄞志

留補堂詩集卷　明林時對撰抱經樓書目鄞志

林時對詩選一冊仝

寒松齋集三卷　明萬泰撰聞志鄞志道光府志無

卷目續耆舊傳寒松齋集一名

續騷堂集黃梨洲序履安詩及黃

氏書目俱而列之

粵草一卷　明萬泰撰萬氏家傳鄞志

懷剡詩一卷　明萬泰撰子斯大撰傳鄞志

寒厓草堂集卷　明駱天梃撰鮚埼亭集鄞志

竹圃集四卷　明章戴道撰徐興公書目鄞志

雁山遊集一卷　仝

雪心集卷　明溫嘉言撰千頃堂書目明詩慈志

鳴鋏集卷　明周樾撰徵文錄慈志

南浦詩草卷　明傅壽撰傅仲飛撰行狀慈志

越泉俚稿卷　明陳祥撰虞守愚撰墓志慈志

南江文集卷　明鄭尚經撰寒村人物考懸志

名山藏卷　明周應烈撰徵文錄懸志

碧溪詩文集卷　明桃樺撰姚達序遺錄懸志

竹江詩集卷　明袁宗泗撰徵文錄懸志

古律絶諸詩卷　明馮柯撰貞白庚帙懸志

賦頌銘贊敘文卷仝

馮柯碑志傳記祭文卷　明馮柯撰貞白辛帙懸志

馮柯箴奏疏狀跋説卷　明馮柯撰貞白癸帙懸志

鵲巢樓集卷　明姚應龍撰天啟志懸志

灌息亭集卷　明劉伯淵撰千頃堂書目明詩綜道

蛙鳴集二卷　明周學禮撰桂棠草堂鈔錄慈志

龍川文集卷　明馮琴撰徵文錄慈志

周家聲梅花百詠　明周家聲撰慈志

九華草九卷　明秦应鸞撰徵文錄慈志

育英堂會草三卷全

北海遺稿卷　明桂茂枝撰四明志徵慈志

叢桂軒集十二卷　明沈大忠撰抱珠山房藏本慈志徵文錄曰叢桂軒集四明詩彙中無卷目今抱珠山房藏有鈔本十一卷向杰曼倩之所选也

王太史詩草卷 明王萱撰 千頃堂書目 慈志

靄雲館全集卷今

季儒詩選卷 明王萱撰 天啟志 浙志 慈志

絳墨堂集卷 明董劭撰 純德編 慈志

體性堂集十六卷 明馮烶撰 五丁集 慈志

詹炎集三十四卷 明葉維榮撰 千頃堂書目 慈志

海日樓初樓卷 明葉維榮撰 假物樓藏本 慈志徵

文錄曰是書附于詹炎集後凡錄

海豊縣鄉約文三十編（殊可入總集）

浮家小草卷 明葉維榮撰 麗矚樓集 鄞志

翠虯集卷　明楊汝昇撰道光府志慈志

黃山集卷　明馮時俊撰徵文錄慈志

懶韓集卷　明韓孫愛撰薛三省撰墓志慈

寧澹齋詩集八卷文集八卷明楊守勤撰鄞縣趙氏藏明史藝文志慈志千頃堂書目作十卷傳是樓書二卷

晴暉集卷　明錢文荐麗矚樓集慈志

煙鬟集卷　仝

楊花三十詠卷　仝

白水集卷　仝

羅霄集卷　仝

綠鷗集二卷　明錢文存撰麗矚樓集愍志徵

文錄曰綠益吟二卷屠本畯校

刊黃汝亨為之序

翠瀑閣集一卷　明錢文存撰尤氏藝文志愍志

千頃堂詩目作翠濤閣集

南泉集卷　明錢文存撰叢桂堂藏稿愍志

羅霄續集卷　仝

瞿塘集卷　仝

鷓鴣集卷　仝

半塘集卷 仝

徵文錄曰錢元錫跋麗矚樓集云王文在公車有清暉集絛鷗集在半塘塘有烟鬟集釋碣居長安有楊花三十詠在新野有白水集在宜春有羅霄集刊於清淮鄉麗矚樓十有七集今所麗矚樓詩文集十二卷續集五卷是也千頃堂書目云十卷當時未全本以外又有南泉集羅霄續集瞿塘集鷗鵠集半塘凡五卷未及刊行稿猶存焉

益城集卷 明姚宗文撰徵文錄惣志

勝情集一卷 明羅廩撰 匏繫齋藏本 慈志

青原集一卷 仝

浮樽集一卷 仝

徵文錄曰羅高君詩今所存者曰勝情集游都門暨山左右詩曰青原游江西吉水詩曰浮樽集游岩灘武夷詩卷首尾均無序跋而詩輯中北風行七首皆不在其中知又有全帙在當不僅此三集也

補陀遊草一卷 明羅廩撰 三山徐氏書目 鄞志 慈志

玉味齋文集十二卷 明董允升撰 純德編 慈志

董允升公餘閒吟四卷 仝

解弢集一卷 明鄭光溯撰寒人物考㦸志

徵文曰解弢集已佚今所存者與陳時詠搜

輯篇合刊本上下一卷

北山小集卷 明華顏撰浙志四明詩彙蛟川

華顏蔄苑詩卷 明華顏撰乾康志蛟川詩話道

詩話道光府志鎮志

華顏雁子詩卷 明華顏撰蛟川詩話道光志鎮志

光志鎮志

竹江詩後集卷 明袁宏勳徵文錄㦸志

祇歸来草二卷　明袁宏勲楊錫震撰傳慈志

竹裡讀書齋賸稿二卷　明袁宏黒徵文錄慈志

晉蠡集卷　明秦錫撰徵文錄慈志

寄之草卷　明楊大賔撰徵文錄慈志

俞鵾樵看三卷　明俞鵾撰桂棠草堂鈔錄慈志

休道人詩集卷　明陳宏烈撰雍正府志慈志周

昌齡詩注作葫蘆集

錦官艸卷　明裘斛撰徵文錄慈志

珠官艸卷　明仝

峽梳吟卷　仝

清勵集卷　仝

期期草卷　仝

湘水詞卷　仝

栗川詩草五卷　明董德彰撰假物樓脞錄慈志

玉繩堂詩稿卷　明周士昂撰徵文錄慈志

玉樹齋集卷　明陳允奇撰周翰龍撰墓志慈志

晚香軒詩稿　明董茹舒撰假物樓脞錄慈志

太保集五卷　明馮元飈撰谿上遺聞錄慈志

飛爽軒集　明陳頤達撰李一鵬撰慈志

草草吟二卷　明阮震亨撰青浦事述慈志

使齋吟二卷 仝

燹餘草卷 仝

平石草卷 仝

青燐屑二卷一 明應廷吉撰 明季稗史 南彊史列言 慈

瀛寰集八卷 明馮華撰 陳子龍撰墓志 慈志

石眉詩集二卷 明董昌祚撰 假物樓脞錄 慈志

伸眉集卷 明韓翊撰 徵文錄 慈志

林衣集八卷 明李舜昌撰 四明詩彙 慈志

元嬾草卷 明林庭梧撰 徵文錄 慈志

霍然語卷 明林庭梧撰 四明志徵 慈志

幽居集卷 仝

葛水吟卷 明林庭梧撰 徵文徵懇志

小漁山集卷 明馮元飈撰 雍正府志 道光志懇

馮元飂和杜詩卷 仝

馮元飂撰和陶詩卷 仝

玉潊詩文稿二十卷 明趙珽撰 周臣撰行狀懇志

鷗吟卷 明劉振之撰 雍正府志 道光志懇

鏡中遊卷 仝

耕烟閣書稿卷 仝

晝溪近草卷 明劉振之撰 全浙詩話 千頃堂

書目總志道光府志雍正府志作

書溪艸

光府志作氷壺集

氷壺先生稿卷明劉振之撰千頃堂書目總志道

退庵官稿卷明馮象楨撰蔗村年譜總志

紀遊草卷明桂一章四明詩彙總志

家章文集十卷明董允談撰假物樓賸錄總志紀

德無卷目

天益山堂遺集八卷續刻一卷明馮元中撰二老閣鐫本總

彤庵遺詩卷明沈宸荃撰千頃堂書目明詩綜總

丁瑞春文集三十卷明丁瑞春撰乾隆志傳鎮志
恭敏公集卷　明薛三才撰浙志明時綜鎮第三
者撰行狀云有詩稿三卷道光府
志有青雷詩集
清欵集卷　明洪应科撰乾隆志傳鎮志
學步編卷　仝
遊燕草卷　仝
居剡草卷　仝
冰壺詩集卷　明武受文撰四明詩彙鎮志
雩都集卷　明胡鑰撰乾隆志傳鎮志

天谷山人文集四十卷　明薛三省撰陳志稿鎮志傳是樓書目作文介集八卷四庫存目作薛文介公文集四卷

天谷山人詩集卷　明薛三省撰抱經樓書目鎮志

海上觳音卷　明薛三省文介公集鎮志

邵輔忠詩一卷　明邵輔忠撰蛟川詩話鎮志

草華草七卷　明謝渭撰尊聞堂藏本鎮志

李環遺稿卷　明李環撰薛三省撰墓志鎮志

在茲堂集卷　明范我躬撰詩文草創鎮志

哦松集卷　明張撰蛟川耆舊詩鎮志

舟中草卷　明林繼祖撰辥文介集鎮志

張君謨詩草一卷明張君謨撰蛟川詩話鎮志

青虹石室藏稿卷明何震爖撰天申集詩文草創鎮志

龍瀫集卷　仝

文心庵卷　仝

客遊草卷　仝

竹溪集卷　明陳昌紱撰天申集詩文草創蛟川詩話鎮志

醒譫草卷　仝

非卞吟一卷　明張啓運撰蛟川詩話鎮志

謝泰誠詩懷二卷 明謝泰誠撰 陳志稿 鎮志

天墨山人詩文集百卷 明謝泰忠撰 浙志 道光府志 鎮志 千頃堂書目無卷目

鼙音四卷 明謝泰忠撰 浙志 鎮志 千頃堂書目作六卷

南征志載二卷 明謝泰忠撰 浙志 鎮志 千頃書目作六卷

燕囊二卷 仝

弩餘二卷 仝

花歸百詠二卷 仝

菊醉吟二卷 明謝泰忠撰 浙志 千頃堂書目 道光府志 鎮志

哦松集卷　明丁曉撰乾隆志傳鎮志
仰山稿卷　仝
海居集卷　明薛士衍撰四明詩彙鎮志
白瑜集卷　明薛士衍撰陳志稿鎮志
孝定集卷　明薛士衍撰文獻草創鎮志
鼇江草卷　明邵似歐撰蛟川詩話鎮志
知非草卷　仝
湖山寄草　仝
扶桑吟卷　仝
北遊草卷　仝

丹霞草卷　明卲似雍撰陳志稿鎮志

卲似雍集陶一卷　仝

卲似雍集歸去來辭詩一卷　仝

卲似雍集蘭亭記詩一卷　仝

大雅堂集卷　明陳東赤撰乾隆志鎮志

衢遊草卷　仝

陳東赤閩遊草　仝

按乾隆志又有秋聲八佉詩山齋四別詩

守真堂集卷　明張一鳴撰乾隆志傳鎮志

山居偶存卷　明張鳴階撰四明詩禀鎮志

復旦棠集卷　明范兆芝撰續耆舊傳輶軒錄
蛟川詩話鎮志
快閣一集卷　明范兆芝撰乾隆志蛟川詩話
鎮志道光府志作用莊快閣集
菰中草卷　明范兆芝撰乾隆志鎮志
懷千草卷　明范兆芝撰蛟川詩話鎮志
勁草亭文集卷　明周西撰陳志稿鎮志
勁草亭詩集卷仝
痛定初集卷　明周西撰蛟川詩話鎮志
痛定二集卷仝

痛定三四集卷　仝

戊戌詩稿卷　明周西撰勁草亭文集鎮志

坐忘齋稿卷　明洪崑撰乾康志傳鮫川詩話鎮

松風稿八十卷　明虞光祚撰乾隆志傳鎮志

閩遊草卷　明虞光祚撰乾隆志傳鎮志

北遊草卷　仝

轂吟集卷　明陳玄鵠撰肩庵詩文章鎮志

鮫川詩話作轂首集

天懷集卷　明謝泰履撰四明詩萃鎮志鮫

川耆舊詩作天懷文集

聾歌集卷　明謝泰履撰四明詩彙詩文章

劇鎮志家傳之二卷

聊以吟卷　明胡嗣左撰蛟川詩話鎮志

詩識昌詩集卷　明識昌撰蛟川詩話鎮志

李詩集卷　明李撰同前

負薪集卷　明徐鳳垣續耆舊傳鄞志

霜臯別集二四　明徐鳳垣撰結埼亭詩集小引鄞

薄杜吟一卷　明全大程撰續耆舊傳鄞志

栗影集卷　明王應杞撰同

無懷文集卷　明葛仁美撰杜時對撰傳道光府志鄞

無懷詩集卷　仝

歷史草二卷　明周元懋撰續耆舊傳鄞志

一枝軒集卷　明周元懋撰續耆舊傳鄞志一本作枝隱軒集

楊文瓚梅花百詠吟　明楊文瓚撰過宜言鄞志

叢雲集二卷補遺一卷　明周齋曾撰烟嶼樓藏本鄞志浙志閩志作霜聲集

囊雲詩草三卷　明周齋曾撰浙志明詩綜鄞志道光府與上書總稱囊雲集

自怡集卷　明周元初撰四明詩彙鄞志

寒鐵集卷　明葛世振撰閩志道光府志鄞志

杳眉閣集　明徐殿臣撰續耆舊傳鄞志

蝶庵詩草卷　明吳栩撰聞志鄞志

蟫隱集卷　明戴經世撰聞志鄞志

蝸廬集　明聞紘撰聞志鄞志

采島集　仝

讀書樓草卷　明馮元翀耆舊傳鄞志

堇芩草卷　明袁慶裕撰耆舊傳鄞志

澹然草卷　明袁慶裕撰耆舊傳鄞志四明

詩稟尚有泉石居集

瑤光閣集卷　明王玉書續耆舊傳鄞志

居山集卷　仝

文应卷　明沈近加撰續耆舊傳鄞志

文過卷　仝

文謀卷　仝

文格卷　仝

暢園詩選卷　仝

續耆舊傳作暢園觴詠詩烟嶼樓藏本有合虛

山人詩褕一卷

清署草卷　明沈士選撰閩志鄞志

燕遊草卷　明沈士選撰續耆舊傳鄞志

楚遊草卷　仝

夷武紀遊卷（是）仝　續集鄞志案聞志作夷

武草

慕劬集卷　明沈光融撰續耆舊傳鄞志

栩吟集卷　仝

哀吟集卷　仝

四六月斧卷　明汪大度撰鄞志

綠窗詩草卷　明仝大鏞撰續耆舊傳鄞志四

明談助作綠滿窗詩草

仝大鏞杜詩綱目卷明仝大鏞撰杜詩詳註凡例

鄞志

留餘堂集卷　明陳鵬起撰續耆舊傳鄞志

紺窗卷　明金美章仝

雲間集　明朱易元仝

湖南草卷　明朱維鏞仝

湘汎集卷仝

登樓集卷仝

南海懷古集卷仝

穀溪留別集卷仝

夢鶴集卷　明朱金之治明仝

章溪集卷　明朱廷試撰續耆舊傳鄞志

玉照堂集卷　明朱金鑑仝

駱國挺遺集卷　明駱國挺仝

龍成文人集四十卷　明方陞撰閩志鄞志

瞿湖山房集卷　明陳献球撰續耆舊傳鄞志

浣花莊寄嘯草卷　仝

百花百島集五卷　明董守正撰仝

甕菴集卷　明陸守燝撰四明詩彙鄞志

觀日堂集卷　明陸守燝撰續耆舊傳鄞志案此集与其文集同名錢志燝作燥

呑月子集卷　明毛聚奎撰續耆舊傳鄞志

颿遊草卷　明董德宸撰仝

廬山集卷　明林必達仝

白蓮集卷　明倪元楷撰仝

沈文光詩集卷　明沈光文撰鮚埼亭集鄞志

韞公集卷　明周昌時撰續耆舊傳鄞志四

明詩彙作龢玉石詩集

括蒼集卷　明錢若容撰續耆舊傳鄞志

宜人軒集卷　明董德偁撰續耆舊傳鄞志董

氏書月作銘存堂集

和前草卷　明董德稱撰董氏書目

董德偁和陶詩卷仝

風騷青瑣集卷明董德偕撰續耆舊傳鄞志

別有廬集卷　明董德偕撰董氏書目鄞志

晋齋集卷　明董德杜撰仝

孫容旭遺集卷明孫容旭撰仝

梅松館草卷　明黃嘉思撰仝

寒碧亭集卷　明高斗權撰仝

桐齋集卷　明高斗魁撰仝

冬青閣集卷　仝

語溪集卷　明高斗魁撰續耆舊傳鄞志石
門縣志作語溪心集
肘柳集卷　明高宇泰撰續耆舊傳鄞志
懷遊草卷　明高宇泰撰寒村齋鄞志
伶仃歎卷　明高宇泰撰過宜言鄞志
錢肅圖編年集　明錢肅圖撰杲堂文鈔鄞志案
耆舊傳有東村集浮歸集孤雪集
蒓槎樵詠卷　明邱子章撰續耆舊撰鄞志
過客吟卷仝
函石吟卷　明林宏珪撰仝

紀遊集卷　明之璘撰耆舊傳鄞志

馭雲集卷　明陳士款撰閩志鄞志

奚囊集卷　明陳彌肩撰耆舊傳鄞志

東書後詩一卷　明陳士京撰鮚埼亭集陳光祿鄞志

海年集一卷　仝

海年詩內集卷　仝

喟窩集一卷　明陳士京撰續耆舊傳鮚埼亭陳光祿傳作喟窩七卷

運甓齋集一卷　明王藥師撰續耆舊傳鄞志

更生詩一卷　仝

窮窗語卷一　明王嗣宸撰三補耆舊詩鄞志

野草集卷　明王嗣偶撰仝

餘清堂集卷　明錢肇域撰續耆舊傳鄞志本

作草亭集

篴逸樓稿卷　明錢肅臨撰錢氏莊在茲集鄞志

能娛閣稿卷　仝

工部稿卷　明傅奇遇撰四明詩彙鄞志

息園澹香吟卷　明萬士楨撰三補耆舊詩鄞志

倚馬草百卷　明陳濂撰鄞志

觀濤漫草卷　明周松撰鄞志

醉月稿卷　明周煒撰李志鄞志

花月吟卷　明傅林撰三補舊詩鄞志

幽居稿卷　仝

荔枝襍興一卷　明楊東琦撰徐興公書目鄞志

墨陽內集卷　明董劍鍔撰續耆舊傳鄞志

墨陶閣集卷　仝

甲午集卷　仝　董氏書目仝

東遊草卷　仝

嶺遊草卷　仝

江南遊草卷　仝

按續耆舊傳有江西遊椽

詹詹草二卷　明阿三鳳撰鄞志

從慕堂集卷　明錢光繡撰續耆舊傳鄞志案

三補耆舊詩文有耳耳目目集

石戶吟卷　明周志文撰四明詩棠鄞志

寸知集二卷　明沈近嗣撰續耆舊傳鄞志

野耕堂集卷　明方伊蒿撰仝

蛛隱近詠卷　明葛世敏撰四明詩棠鄞志

吳丹霞詩稿卷　明吳丹霞撰西台留稿鄞志

猶存草卷　明汪應詒續耆舊傳鄞志

讓水集卷　明錢照續撰續耆舊傳鄞志

瞉音集三十卷　明周嗣昇撰續耆舊鄞志管村
文鈔盧冊先生詩序作二十卷

柳堂詩存六卷　明朱鉞撰續耆舊傳鄞志

嗑集攬卷　明戴箆翁撰仝

寒香集卷　仝

竿木集卷　仝

杖頭吟卷　仝

和中峯淨土詩卷　明戴箆翁撰結埼亭詩集註鄞志

看梅集卷　仝

停雲堂集一卷　明張立中撰　續耆舊傳鄞志

翠筠集二十卷　明毛雷龍撰　三補耆舊傳鄞志

蝸廬集卷　明周志嘉撰　續耆舊傳鄞志

西村草堂集卷　明周嘉撰　采訪冊鄞志

尺木集卷　明傅攀龍撰　續耆舊傳鄞志

菊庵集卷　明陳峽撰　仝

空亭集卷　明錢約撰　仝

耕石堂詩草　明李文紪撰　聞志鄞志

賜隱樓集卷　明李文纘撰　續耆舊傳鄞志

殖澗草卷　仝

跪石吟卷　明李文纘撰續耆舊傳鄞志

全祖望曰其緝耆諸篇有三峨聽雪石四閒諒鹿溪新語廿中錄皆散佚少傳

溉鶯集卷　明沈士穎撰西台留稿續耆舊傳鄞志

吟社詩稿一卷　明沈士穎撰續耆舊傳鄞志

夏司詩文集卷　明李文権撰續耆舊傳鄞志

採仍集卷　明李文靖撰仝

一名開梧山人集

通竹集八卷　明徐振奇撰仝續耆舊傳鄞志

瓦缶鳴集　卷　明李文緝撰　錢志　鄞志

李文繪詩集四卷　明李文繪撰　仝

白蓮集　卷　明倪元楷　續耆舊傳　鄞志

愚囊集　卷　明宋誼撰　仝

城北破廬集　明葉謙撰　仝

五石瓠詩集三卷　明潘訪岳撰　徐興公書目　鄞志

　　續耆舊傳作瓢餘草渡雲堂集

　　瓢餘詩稿

吳楡草　卷　明潘訪岳撰　續耆舊傳　鄞志

覓磯草　卷　仝

鄮草卷　仝

菊園集卷　仝

息齋詩文集卷　明鍾鳴雷撰三補耆舊傳鄞志

臨雲閣草卷　明趙士駿撰徐興公書目鄞志

佛莊小草卷　明陸觀撰續耆舊傳鄞志

嬉生集卷　明陳鳳圖仝

蘭莊集一卷　明金文貞撰黃氏書目鄞志按

貽研藏本附其子应麟採芹閣

八景詩

芷居集一卷　明馬闻卿撰明志黃氏書目鄞志

四明叢書 紅圖抄本

紅餘集卷 明李大純撰 闈志 黄氏書目 鄞志

綠筠軒詩二卷 明盧端姫撰 續耆舊傳 鄞志

忱碧樓集卷 明華明愍撰 仝

啜雲軒集卷 明姚碧琴撰 仝

蒲庵集十卷 明僧來復撰 明志 南雍舊書目 鄞

澹游集卷 明僧來復撰 四明文徵 鄞志

夢觀集六卷 明僧守仁 明志 南雍舊書目 鄞志

一元山居百詠一卷 明僧一元撰 黄氏書目 鄞志

淨土詩卷 明僧無慍撰 翠山寺志 黄氏書目 鄞志

雨軒外集一卷 明僧傅治撰 明志 黄氏書目 鄞志

竺庵集二卷 明僧大同撰 明志 黄氏書目 鄞志

劬庵什卷 明僧大振撰 延慶寺志 鄞志

雪川集卷 明僧幽璽 延慶寺志 鄞志

蟋蟀吟卷 明僧道如撰 今

西閣集卷 明僧如阜 浙志 黄氏書目 鄞志

松巢內外集卷 明僧湛覺撰 鄞志

北越集卷 明僧懷讓撰 百川書目 志 鄞志

浮幻齋詩三卷 明僧僧慧撰 明志 鄞志 黄氏書

自作浮幻齋詩草高僧傳 浮幻草

流雲集二卷 明僧々慧撰 明志 黄氏書目 天井寺志 鄞

郎吟集卷　明僧悊撰高僧志天井寺志鄞志

東嘉草卷　明僧傳懸碣石編鄞志業楊承

緜有讀慧山人東喜草詩

空林餘響集　明僧傳慧撰延慶寺志鄞志

西音集卷　明僧永顧撰浙志鄞志黃氏書

書字本源鄞人上天竺僧

語風稿卷　明僧圓信浙志明詩綜鄞人全

浙詩語話作語風集

一葦集二卷　明僧圓復撰明志鄞志

剡溪草卷　明僧佛引撰延慶寺志鄞志

斯干集卷　明僧則撰過宜言鄞志

供石齋詩集卷明僧如訥撰灵峯寺志鎮志

東甌吟集卷仝

如訥遊集卷仝

春詠集卷仝

詩任初刻卷仝

詩任二刻卷仝

詩任三刻卷仝

雁字百音卷仝

如訥憶梅百詠卷仝

山語卷　仝

峰中詩卷　仝

侑堂山居四十一首　明僧侑堂撰　灵峰寺志　鎮

芝峯初集卷　明僧宗㦸撰　陳志稿　鎮志

賓遊集卷　明黃士奇撰　道光府志　象志

邵太史詩文集　明邵景尧撰　象志　蓬山清話　芝

太史詩文集僅見數詩於邑志　文則全軼　寧

海縣志有柏屏黃氏宗譜序文有義士俞尹

墠祠碑文

天範館稿卷　明史起龍撰　象志

澹齋詩文集卷　明張志賓撰雍正府志象志道
光府志張志昌

敲竹詩卷　明姜昌周撰象志

點易齋文集卷　明施邦彥撰象志

書帶草堂詩十二卷　明鄭溱撰高州年譜徐氏烟
嶼樓藏本慈志道光府志鄭溱
列清朝書則混稱書帶草堂詩
文集無卷目

廣思錄卷　明鄭溱撰安庸錄道光府志慈志

酬餘偶錄　明秦祖襄撰雍正道光府志慈志

三湖樵著卷　明秦祖襄撰　雍正道光府志慈志

二嶽遊草卷　明秦祖襄撰　四明詩彙慈志

斷山吟卷　明秦祖襄撰　林氏師竹居舊藏本

慈志

葉國楨詩集卷　明葉國楨撰　石倉文集慈志

雪屐酬二卷　明顏栖筠撰　抱珠山房藏本慈志

清款編卷　明董兆科撰　紕德編慈志

魯確齋詩文集卷　明葉桂芳撰　季重華撰墓志

慈志

葆元堂集卷　明秦明經撰　徵文錄慈志

元益詩鈔卷　明錢昌齡桂崇章堂鈔錄慈志
元嘉詩鈔卷　明錢穀　仝
時纂集卷　明葉適撰竹半澗詩話序慈志
三山吟一卷　明馮京第撰四明志徵慈志
王湖樓詩集卷　明裘永明撰蕉村年譜慈志
瑞當遺稿詩卷　明劉應期撰明詩綜慈志
息賢堂集十五卷　明魏耕撰魏氏彥集慈志仝
浙詩話作息賢堂前後集
雪翁詩集卷　明魏耕撰魏友杼藏本斯集自定
道南集卷　明魏耕撰魏霞撰傳慈志

蘆槎文集二十五卷明沈瀒撰蘆槎集序慈志

蘆槎詩稿二卷明沈瀒撰師橋沈氏刊本慈志

寧澹堂家學集卷明馮愷琦撰徵文錄慈志

西江錄卷明馮愷愈撰千頃堂書目慈志明詩綜作西江詠溪上詩輯作江西集

涉江錄卷明馮愷愈撰千頃堂書目慈志溪上詩輯作涉江集

强為集襍文卷明馮時撰徵文錄慈志

梨雲集卷明梁迺達撰假物樓勝錄慈志

燃餘集卷　仝

花月連珠詩百首　仝

抱膝齋詩選六卷　明董又嘉撰紀德編假物樓賸錄慈志

皆舫焚牘卷　明顧萬邁撰溪上詩輯續慈志

天台山志皆作航集

幽草初二集卷　明韓協用撰桂棠草堂錄慈志

唾餘吟卷　明葉曉撰假物樓賸錄慈志

堂卿詩文稿四卷　明周堦撰桂棠草堂錄慈志

蘿月吟卷　明葉振熙撰葉傳撰行狀慈志

金沙集卷　仝

冬青斎卷　明周長卌撰懸志徵文録曰長卌著有唧唧吟鴻飛吟思君篇心書總名冬青集

四明經籍志集部第二册

別集

總集

詞曲

詩文評

楚辭

四明經籍志

別集二

鄞縣張壽鏞編輯

天一閣集卷　清范文光撰續耆舊傳鄞志

甬花山房詩文存　清王泰徵撰之補耆舊詩鄞志

鏡日齋詩文稿　清冀世愷撰閏志鄞志

閒吟草卷　清張機撰四明詩彙鄞志

青雷稿卷　清范大渚撰四閏志鄞志

一笑堂集卷　清謝三賓撰續耆舊傳鄞志

心伯樓詩文稿二　清閏性善撰閏志鄞志

環流草堂集卷　清聞性道撰續耆舊傳鄞志

長嘯集卷　清聞性道撰采訪冊鄞志

自序略曰余自甲申後學詩古文辭以詩文倡酧亦即以詩文悲悼少陵云長嘯宇宙間才日清替古人不可見前輩後誰繼

史詠五卷　清聞性道撰惢泉文恒鄞志

自序曰首卷始周威王二卷始東漢三卷自唐四卷自宋太祖迄徽欽五卷始高宗至帝日丙

和陶詩四卷　清聞性道撰西台留稿鄞志

嘯古齋詩集卷 清周嗣訓撰 三補耆舊詩鄞志

按嗣訓字敷言

山雞集四卷 清黃霖撰 成都縣志鄞志

品菊詩一篇 清范士預撰 三補耆舊傳鄞志

按士豫字淳菴嗜菊

聽濤樓集卷 清全吾騏撰 續耆舊傳鄞志

李文纘序略北空之詩蒼涼酸楚宛然一故國之音鑑然欲絶

野眺樓詩草卷 清張瑶芝撰 甬志鄞志張依皋

從小字次英伏跗室藏抄本

據梧吟集卷　清張瑤芝靈寶縣志鄞志

溟螺集卷　清張瑤芝撰張即中野眺樓近草序鄞志

蒓吟草卷　清張瑤芝撰四明獻徵鄞志

陶庵集卷　清張嘉昺續耆舊傳鄞志

歷遊草卷　清陳貞撰三補耆舊詩鄞志

夕齋草卷　清包燮撰續耆舊傳鄞志

胡德邁序略云浮沈里閈為辨徵之音

卧雲居集卷　清章一奎撰續耆舊傳鄞志

枯淚集卷　清余派撰　仝

玉堂拾草　清余霈滋撰續耆舊傳鄞志

笠亭遺稿卷　清余霈滋撰仝

幽居詩一卷　仝

適可軒集五卷清胡文撰浙志鄞志

續耆舊傳作敬義堂集抱經樓書目文集一

卷詩集四卷吳興劉氏嘉業堂藏書全集九

卷康熙十一年刻本

半軒吟卷　清倪理園撰（失名）西台留稿鄞志

煙鬟草堂詩卷清林文石撰（失名）西台留稿鄞志

　按文石為時躍族兄

春酒堂文集四卷　清周容撰續耆舊傳鄞志抱經樓書目作文存近有國樂社鉛印本

春酒詩集十卷　清周容撰續耆舊傳鄞志抱經樓書目作詩存道光府志統稱春酒堂詩文定本

杲堂詩鈔七卷　清李鄴嗣撰傳是樓書目四庫存目鄞志

杲堂文鈔六卷　清李鄴嗣撰傳是樓書目四庫存目鄞志道光府志總稱杲堂文詩

内集八卷　清李鄴嗣撰續耆舊傳鄞志案
輶軒錄鄴嗣有笑讀齋集又案
續耆傳鄴嗣有世說語詩等譜詩

杜工部選詩卷　清李鄴嗣撰杲堂文鈔鄞志月
序略余撰杜工部詩萬生元誠手錄四

集四卷　清周致泰撰續耆舊傳鄞志

且吟集卷　清林燕公撰（失名）西台留稿鄞志

蘭譜詩卷　清葛息園撰（失名）西台留稿鄞志

燕游草卷　清周瑛西台稿鄞志

月滿樓草　清葛世揚撰三補耆舊詩鄞志

西遊草卷　清毌掄撰仝

高尚宅吟卷　仝

自牧齋集　清高宇厚撰續耆舊傳鄞志

齊遊草一卷　清董德純撰采訪冊鄞志

心聲集卷　清李燧升撰三補耆舊詩鄞志

治逋草卷　清張翼撰仝

珠山文集卷　仝

深柳堂詩集卷仝

澹園集卷　清施兆麟撰句江詩緒鄞志

北遊草卷　清施兆麟撰史大成澹園集序鄞志

八行堂集卷　清史大成撰續耆舊傳鄞志瞻袞堂袁氏藏本縱百三十七翻約之可得四卷族裔久垣校刊本名曰約鈔共二卷

紫亂文集卷　清陸山輝撰聞志鄞志

聊宣稿卷　清浦越喬撰嘉興縣志梅里詩輯鄞志

啾蕿稿卷　清浦越喬撰仝

雪樵集卷　清陸昆撰續耆舊傳鄞志

觀日堂吟卷　清仝

一曲堂集卷　仝

南浦孤吟卷　清王隆勲撰閒志鄞志

采芝堂詩集卷　清屠粹忠撰錢志抱經樓書目

鄞志鎮志

栩栩園詩二四卷　仝

師儉堂集五卷　清洪圖光撰續耆舊傳鄞志

遺稿卷　清楊家讓三補耆舊傳鄞志

嫣生集卷　清陳鳳圖撰續耆舊傳鄞志

遺草卷　清郭鏕撰閒志鄞志

蒓遊草卷　清吴初觀撰三補耆舊詩鄞志

正覺齋詩稿卷 清張大鼎撰 閒志 鄞志

詠物篇卷 清汪鋐撰 三補耆舊詩 鄞志

東廬詩鈔卷 清錢廉撰 輶軒錄 鄞志

錢氏在茲集卷 清錢廉撰 具慶堂藏本 鄞志

晚香樓集卷 清董元擇撰 三補耆舊詩 鄞志

白雲集卷 清萬斯選撰 續耆舊傳 鄞志 管

村文鈔 作遺集六卷

深省堂集卷 清萬斯備撰 續耆舊傳 鄞志 伏

附 室藏抄本

御李集卷 清萬斯備撰 杲堂文鈔 鄞志

四明叢書 約園抄本

遊黃山詩卷　清萬斯備撰　抱經樓書目　鄞志

丁災草一卷　清萬斯大撰　黃宗羲撰墓志　鄞

甲陽草一卷　仝

石園詩文集念卷　清萬斯同撰　溫睿臨紀元彙

考序　鄞志　劉坊撰行狀　全祖

望撰傳　俱作詩文集八卷

樂知齋詩集卷　清金在容撰（失名）寒村集　鄞志

三樹堂集卷　清邱承嗣撰　續耆舊傳　鄞志

西堂學詩卷　清董道權撰　仝

炳燭集　仝

墨傭集卷　清董道權撰續耆舊傳鄞志

遺詩卷　清董隆吉撰仝

東海集卷　清高奕宣撰仝

岸庵稿一卷　清高奕學撰仝

靜軒集卷　清朱洞撰仝

今日居集卷　清周章秦撰仝

詩草卷　清邱克新撰采訪冊鄞志

旋渟百首卷　清邱克新撰抱經樓書目鄞志

丁丑禊詠卷　清邱壯繹撰采訪冊鄞志

詩草卷　清邱克新撰夢墨軒藏本鄞志

燕齊拙草卷　清周在魚撰續耆舊傳鄞志

四雁卷　清徐勍撰輶軒錄鄞志

鴻達堂全集十二卷　清盧宜撰續耆舊傳鄞志

春草堂集卷　清謝為霖撰仝

偶存草卷　清謝為憲撰仝

難為懷草卷　仝

奉銘堂集卷　清董允瑫撰仝

黃氏書目有學飲樓詩稿事天

堂詩稿

峩山集卷　清董允琦撰續耆舊傳鄞志

晨夕廬集卷　清謝爲恒撰續耆舊傳鄞志

金粟堂集卷　清林智撰三補耆舊詩鄞志

宝學堂正集八卷別集四卷清張鶚撰續耆舊傳鄞

孤懷詩稿卷　清夏玉文撰采訪冊鄞志

證山堂集八卷清周斯盛撰四庫存目鄞志

伏跗室藏本

未刻文集六卷清周斯盛撰烟嶼樓藏本鄞志

澹園詩集卷　清徐詒昭撰續耆舊傳鄞志

烟雨樓集卷　清道宏撰三補耆舊詩鄞志

七松齋集卷　清范煒撰錢志鄞志

一聲歌詩集卷　清董允雯撰寒村集觀山臺鄭志

笨言卷　清董允霖撰三補耆舊詩鄭志

宝芝堂集卷　清邱克承撰仝

芝軒詩草卷　仝

芝源適意草卷　清邱克承撰寒村集鄭志輯

軒錄作芝源集

橙軒文集卷　清李如玉撰三補耆舊詩鄭志

留槎閣集卷　清黃道暉撰仝

存神集四卷　清黃道南撰仝

蕙山棠集八卷　清陳錫嘏撰培林堂書目四

庫存目鄞志道光府志無卷目

伏跗室藏本

居鄮草四卷　清趙嗣賢撰續耆舊傳鄞志

鳩巢集卷　清趙嗣賢撰仝輶軒錄

西鳴集卷　仝

秦遊草卷　仝

上三集總六卷

如園集卷　清趙嗣萬撰續耆舊傳鄞志

琢村集卷　清陳赤衷撰蔣傳鄞志

菅村文鈔三卷　清萬言撰烟嶼樓藏本鄞志續

耆舊傳作管村集伏跗室藏本

蒹竹廬詩草卷　清張明之撰管村文鈔鄞志

采堇堂集三十卷　清朱旦撰續耆舊傳鄞志

黃過草堂集卷　清張士培撰續耆舊傳鄞志

三餘堂集卷　清張士損撰仝

醨軒錄作雪汀詩草

岕谷集四卷　清董元晋撰續耆舊傳鄞志

問心齋詩略卷　清周兆雲撰醨軒錄鄞志

粵風四卷　清左臣黃撰續耆舊傳鄞志

惕厓近詠四卷仝

蜀道吟卷　清左峴撰續耆舊傳鄞志

猶梵草卷　清倪益撰輶軒錄鄞志

杜詩註二十五卷付編一卷清仇兆鰲撰四庫著錄部亭書目鄞志道府志無卷目

熡雲堂文稿六卷清范光陽撰四庫存目鄞志

熡雲堂詩稿六卷清范光陽撰四庫存目鄞志道光府志連文稿總稱熡雲堂詩文集無卷目

泛鳧吟稿卷　清姜晉珪撰曝書亭集慈志

在茲軒詩稿卷清張煜撰日新文集序慈志

鳩巢集卷　清邵鯨撰　慈志

望古集卷　清柳夢桂撰　慈志

辟塵集卷　清柳夢桂撰　慈志詩鈔

徵文錄曰詩輯續編載夢桂又有浪吟箋三編望古樓詩詞稿文集又新齋詩稿

三經齋詩藁七卷詩餘一卷　清趙之璧撰　匏繫齋藏本　慈志

二齋文集八卷　清胡亦堂撰　匏繫齋藏本　慈志　伏跗室藏本

二齋詩集八卷　清胡亦堂撰　匏繫齋藏本　慈志

四明志徵作㥄齋詩集抱珠山房藏本作句

餘山房詩鈔八卷

陶醽一卷　清胡亦堂撰假物樓藏本慈志

曹煮一卷　仝

寓吟九卷　仝

空洞草卷　清胡亦堂撰寓庵哈慈志

天台遊草卷　仝

燕遊草卷　仝

秦遊草卷　仝

晉遊草卷　仝

穆閩粤三遊草卷仝

蓼蓼居士集卷清桂一奇撰輶軒錄慈志

中立詩稿卷清陳中立撰二齋文集慈志

中陸橐吟卷清陳中立撰物外草慈志

漉廬淮潁集一卷清王治暤撰王氏坦藏本在王仲

邕家慈志

漉廬江漢集一卷清王治暤撰坦園藏本慈志

漉廬丁巳集一卷仝

漉廬三集一卷仝

洞中稿卷清孫氷維撰息尚集慈志

學心堂詩鈔卷 清張菑撰 嘉府志慈志

邁園集卷 清徐嗣英 寒村襍錄慈志

勝遊草卷 清徐子猶撰 安庸集慈志

歸園詩鈔卷 清葉蘅撰 慈北遺文慈志

苔遊三十章卷 清沈日章撰 徵文錄慈志

吟嘯詩鏡卷 清虞書撰 安庸集慈志

魯南文稿一卷 清葉傳撰 徵文錄慈志

樵峯山人詩集 仝

一拂草初集一卷二集一卷三集一卷 清吳夢楫撰 假物樓藏本慈志

物外草初集　清宗夢楫撰　坦園藏本慈志

數行書卷　清宗夢楫撰　遠山草堂集慈志

椰榆草卷　清宗夢楫撰　徵文錄慈志

負瓢集卷　清馮際茲撰　物外草慈志

三秋詩三卷　清葉吟撰　西河詞話慈志

三韓草堂詩稿二卷　清葉兆翀撰　徵文徵慈志

元甫詩鈔卷　清錢元則撰　桂榮草堂鈔錄慈志

丹存堂手錄卷　清馮沅撰　易皆軒集慈志

田陽餘草卷　清葉振甲撰　谿上詩鈔慈志

漢章詩草卷　清趙漢章撰　四明獻徵慈志

始言堂詩集卷　清沈光鈺撰輶軒錄慈志
春雨樓集卷　清董爾宏撰純德編慈志
狼籍在詩文物編二卷　清沈謙撰四明志徵慈志
清漣齋詩文稿十卷　清董文成撰純慈志
香眉焚餘集卷　清鄭梁撰高州年譜慈志
初亦集卷　清鄭梁撰見穚慈志
寒村集三十六卷　清鄭梁撰四庫存目慈志
提要曰是編詩分十一集一曰見黄稿刪五卷二曰五丁詩稿五卷三曰安庸集一卷四曰玉堂集一卷五曰歸省偶錄一卷六曰還

朝詩存一卷曰王堂後集一卷八曰宝善堂集一卷九曰白雲軒集一卷十曰南行襍錄一卷十一曰高州詩集二卷文分四集一曰見黄稿二卷二曰五丁集二卷三曰安庸集二卷四曰寒村襍錄二卷補一卷又平生亭集一卷息尚編四卷則詩文合刻也道光府志光緒慈集均自分列茲徒四庫祗列總目

消停草一卷　清袁鉉撰見黄稿慈志

滇遊草卷　清袁鈁撰見黄稿慈志

完岡山集卷　河何文河撰安庸集慈志

消停草一卷　清

娛憂內集一卷外集一卷　清周近梁假物藏本

慈志

遠山草堂詩集卷　清葉嵋撰谿上詩輯慈志

心惓集卷　清馮仁撰馮孝子事实慈志

朗仲詩集卷　清孫攸撰真慈堂文稿慈志

杜詩拾注卷　清姜宸英撰亦有生齋集慈志

湛園未定稿六卷　清姜宸英清經籍志文獻徵

存錄四庫存目慈志

湛園集八卷　清姜宸英撰清經籍志四庫著

錄郘亭書目慈志文献徵存錄一卷

真意堂文稿一卷清姜宸英撰清經籍志文献徵
存錄四庫存目慈志道光府志
有湛園未定稿十卷

葦間詩集五卷清姜宸英撰鶴皋葉氏刊本慈
志浙志作八卷鄭羽逵撰傳作
初集合集共十卷道光府志作

三本

望雲詩稿初集一卷二集一卷清姜宸蕚撰四明志
徵慈志道光府志無卷目

馮子詩存卷　清馮遜庸撰安庸集籍上詩輯

慈志

求志軒集卷　清錢文岩撰未定稿慈志

閑窗小草卷　清陳吳獄撰徵文錄慈志

樂農詩文集五卷清魏輔明撰陳佐堯魏氏六

卌耆壽詩慈志

石魚山房詩文稿清王象治撰傳芳續錄慈志

西園文集四卷清董元翰撰假物樓賸錄慈志

況居詩稿四卷清董一驄撰假物樓賸錄慈志

詩輯作況居秋草

燕孫文稿卷　清韓貽豐撰五丁集慈志

鶴山詩草卷　清葉昌撰慈北遺文慈志

無梲鄉詩鈔四卷　清董樞撰抱珠山房藏本慈

　　志谿上詩鈔作拙園集

不厭樓詩集卷　清馮方平撰谿上詩輯慈志

懷遠堂集卷　清鄭羽逵撰杭郡詩輯慈志

粵東游草卷　清鄭羽逵撰徵文錄慈志

東村樵詠卷　仝

讀宋史詩卷　清葉亮撰慈北遺文慈志

和陶詩卷　仝

集杜詩卷　清葉亮撰　慈北遺文　慈志

雪樵集卷　清嚴肅撰　慈北遺文　慈志

三緘齋集卷　清周臣撰　輶軒錄　慈志

甕醬集卷　清顏元珏撰　天台山志　慈志

宛中詩草二卷　清袁象璣撰　徵文錄　慈志

翁山詩草卷　清翁馮淵撰　杭郡詩輯　慈志

藍水堂詩文稿卷　清宋日達撰　徵文錄　慈志

蕢山詩箕卷　清裘璉撰　橫山文鈔　慈志

申台稿卷　清裘璉撰　年譜　慈志

古房稿卷　仝　仝　仝

四明叢書

濟麃集卷	仝	國史列傳	仝
豫歸稿卷	仝	年譜	仝
剡溪稿	仝	仝	仝
豫遊稿	仝	仝	仝
黃鵠遊稿卷	仝	仝	仝
師楚集卷	仝	仝	仝
征途懷古絕句	仝	仝	仝
迴南稿卷	仝	仝	仝
虞山稿卷	仝	仝	仝
吳閶稿卷	仝	仝	仝

紹興抄本

辰山稿卷　仝

京帝吟卷　仝

出遊稿卷　仝

下榻集卷　仝

雪耕稿二卷　清裘璉撰　年譜慈志

裘姚崇曰是編即横山初集卷之二

賸稿三卷　清裘璉撰　年譜慈志

裘姚崇曰是編即横山初集卷三之二

桐扤稿二卷　清裘璉撰　年譜慈志

裘姚崇曰是編即横山初集卷六之七

信蘭稿二卷　清裘璉撰年譜慈志

裘姚崇日是編橫山初集卷八之九

倚江稿三卷　清裘璉撰年譜慈志

卧南稿二卷　仝

溯川稿二卷　仝

易皆軒二集四卷　仝

橫山文鈔卷　仝

道光府志有橫山文集橫山詩集

天尺樓古文三十卷清裘璉撰國史列傳慈志

雪町詩稿卷　清張士楨撰道光府志慈志

咄咄草卷

西嶼山人詩草卷　清裘璜撰　横山文鈔總志

僅真集一卷　清鄭性撰　輔軒錄總志

南溪夢蘋一卷　清鄭性撰　抱經樓書目總志

南溪寤歌一卷　清鄭性撰　抱經樓書目總志

南溪不文一卷　仝

蘭佩詩稿卷三　清張蘭佩撰　半生草集總志

燕山近稿卷　清桂芳撰　輶軒錄總志

追往集卷　仝

思來集卷　仝

磊園編年詩冊四卷　清徐嵩高撰　坦園藏本今藏

伏跗室　慈志

天香書屋詩鈔卷　清桂時颺撰　輶軒錄　慈志

梅溪寄興草　仝

冷香草堂詩集　清桂興宗　四明詩稾　慈志

言志集二十卷　詩餘二卷　清魏士傑撰　魏鼎撰傳　慈志

蠹魚集八卷　清魏士傑撰　徵文錄　慈志

杜律通解四卷　清李文煒撰　坦園藏本　慈志

且存集樵著一卷　清任楨撰　徵文錄　慈志

客窗樵詠卷　清周銘撰　兩浙輶軒錄補遺　慈志

止庵詩文章二卷　清魏晋聰撰　徵文錄　慈志

壽溪集四卷　清袁茂科撰　徵文錄　慈志

最高軒詩集　清俞昡贊撰　俞飛鵬序盦錄　慈志

因之遺稿卷　清仁杰撰　傅芳續錄　慈志

未既集卷　清陳應宿撰　谿上詩輯編　慈志

曲江集卷　清秦謙吉撰　徵文錄　慈志

丹霞集卷　仝

間中草一卷續草一卷　清沈經撰　坦園藏本　慈志

長嘯吟一卷　清董東朝撰　溪上詩輯續　慈志

奚囊詩草二卷　清林奕採撰　徵文錄　慈志

詩稿一卷　清沈友唐撰假物棲胜錄慈志

吳門樵詠二卷　清董元吉撰假物棲胜錄慈志

鶴山草堂焚餘稿一卷　清魏克介撰徵文錄慈志

靜坐軒詩草八卷　清魏克聰撰徵文錄慈志

江湖集摘艷四卷　仝

楚遊小草卷　清張時中撰冬榮草堂藏本慈志

劍鳴集卷　清鄭景會撰兩浙輶軒錄慈志

醉松集卷　仝

烟柳集卷　仝　杭州府志慈志

鷓鴣集卷　仝　仝　仝

海门集　清鄭景會撰杭郡詩棠慈志

綺霞洞駢文四卷　清樂士俞撰樊挹亭叢錄兩浙輶軒錄慈志

林朴居士遺稿卷　清樂士俞撰崇敬堂鐫本慈志

遊梁草卷　清烏思道撰谿上詩輯續慈志

風月齋詩集二卷　清陳象犧撰陳學登撰傳慈志

曉窗詩集一卷　仝

西遊草一卷　仝

越遊草一卷　仝

曉窗襍詠一卷　仝

右酬拙存二卷 仝

甌餘集卷 清劉天相撰 徵文錄 慈志

仰止堂稿卷 清虞瀌撰 徵文錄 慈志

周溪詩草卷 仝

天放集卷 清周維棫撰 兩浙輶軒錄 慈志

冰玉集卷 清周維棫撰 四明志徵 慈志

藥房詩鈔二卷 清周忠孚撰 桂栞草堂鈔錄 慈志

籜坨遺稿卷 清鄭大節撰 四明詩彙 慈志

游秦草卷 清鄭中節撰 秋室學古錄 慈志

巽行詩草卷 清錢東鉞撰 谿上詩輯 慈志

自得樓詩稿一卷 清馮金澎撰 徵文錄總志

丹林詩文鈔卷 清費士桂撰 杭郡詩輯總志

青味草堂文集卷 清俞聲金撰 徵文錄總志

柑㵾集卷 清桂濂撰 兩浙輶軒錄總志

宮館退餘草卷 仝

西苑草卷 仝

西征草卷 仝

清芬集 作西征集

蓡花樓草卷 清桂濂撰 兩浙輶軒錄總志

長安合草卷 清桂濂撰 兩浙輶軒錄總志

清芬集長安舊草

子丑合集卷　清桂滽撰兩浙輶軒錄慈志

蜀游遺稿卷　清桂滽撰清芬集慈志

輶軒錄作蜀中稿

潄餘亭賦鈔卷　清杜滽撰清芬集慈志

輶軒錄作潄餘亭集

江北行幐草卷　清杜滽撰清芬集慈志

寅秋綺餘集卷仝

東山文集一卷　清桂浩然撰徵文錄慈志

鳴岡詩集一卷　清張聲遠撰慈北遺文慈志

松澗樵著三卷清董懋震撰假物樓賸錄慈志

問月樓詩初二集清魏鼎撰兩浙輶軒錄慈志

兩鈔堂詩稿一卷清陳于賓撰徵文錄慈志

尺五樓詩文鈔卷清陳于宣撰徵文錄慈志

友古堂詩鈔一卷續鈔一卷清馮紹樞撰谿上詩輯

蒼崖詩鈔卷清大育撰徵文錄慈志

文怡詩文集卷清貴渲撰貴履升撰行狀慈志

蓬梗集卷清桂州撰清芬集慈志

紀遊集卷清桂成章撰清芬集慈志

燕植堂詩稿卷清桂成章清芬集兩浙輶軒錄慈志

海日樓詩稿卷仝

青崖詩稿一卷　清王岳撰　怛園藏本　慈志

雪江吟卷　清沈楷撰　駱上詩輯　慈志

春江草卷　仝

味經堂文稿詩稿二卷　清陳同文撰　二硯窩集　慈徵文錄曰同文詩文集四明志徵曰誦帚遺稿而輶軒錄曰舊雨樓吟稿鄭勳撰傳云味經堂文稿二卷蓋輯其全而統名也

印月草堂詩初刻四卷續刻三卷三刻二卷　清桂廷嗣　徵文錄　慈志　伏跗室藏本

伴梅草堂詩存十二卷 清顧棡撰 谿上詩輯總

然松堂駢賦二卷 四六二卷古文未定稿二卷 清顧棡伴梅草

堂著書目總志

集古釀集一卷 清顧棡撰伴梅草堂著書目總志

追涼襍詠一卷 仝

綠崖詩鈔一卷 仝

遊囊拾翠四卷 仝

春樹鳴嚶集八卷 清顧棡撰伴梅草堂著書目總志

才 野雲居詩稿跋

杭言在昔集二卷 清顧棡撰伴梅草堂著書目總志

圭堂脫稿　清馮炳撰　谿上詩輯　慈志
望雲詩稿　清周思椿撰　谿上詩輯　慈志
醉雲樓詩草一卷　清余江撰　谿上詩輯　慈志
野雲居詩文稿二卷　清鄭竺撰　兩浙輶軒錄　慈志
疇三詩草二卷　清袁玉麟　谿上詩輯　慈志
雪橋居士遺稿卷　清鄭甲撰　徵文錄　慈志
閒情草卷　清鄭甲撰　白湖詩稿　慈志
十二古銅鈎齋詩集十卷　清鄭辰撰　戴殿泗撰墓志　慈志
心竹詩文稿卷　清林綱撰　兩浙校官詩錄　慈志
鷄跖集卷　仝

學吟草二卷　清盛植村撰徵文錄慈志

蓬窗集一卷　清盛植村撰谿上詩輯慈志

木屑集五卷　清馮金修撰徵文錄慈志

寄寄齋集三卷　仝

文瀟堂集卷　仝

金陵襍著卷　清秦湖南撰徵文錄慈志

所見集卷卷　清盛如椿撰兩浙校官詩錄慈志

粵遊詩文集四卷　清周宏撰兩浙輶軒錄慈志

容膝集卷　清周淵空石齋集慈志

佩韋齋詩文稿一卷　清馮憬撰慈志

劖古集卷 清秦樹謨撰 徵文錄 慈志

東山夏課詩卷 仝

不遠山樓詩一卷 清边泰撰 徵文錄 慈志

雲亭詩草四卷 清嚴絡基 慈北遺文 慈志

南樓近詠二卷 清王之琰 抱經樓書目 鄞志

蕉山堂遺稿卷 清陳汝咸撰 藍鹿州集 鄞志

松梧澗集卷 清李暾撰 續耆舊傳 鄞志

閒閒澗草一卷 清李暾 四明日友集 兩浙輶軒錄 慈志

寄軒草卷 仝

閬齋近稿卷 清毛彰撰 三補耆舊傳 鄞志

集杜卷　清毛彰編三補耆舊傳鄞志

集彰又有和杜

栗粒園詩集卷　清範溶撰續耆舊傳鄞志

碧山文集卷　清陳球撰三補耆舊詩鄞志

寄亭詩稿卷　仝

西山樓遺稿卷　清林越撰甬志鄞志

西台留稿作素含道詩

寄傲樓草卷　清余紹昌撰三補耆舊詩鄞志

蕙江草卷　清余志泰撰續耆舊傳鄞志

春及堂集卷　清李謙撰　仝

洛如花閣詩文集　清王之對　三補耆舊詩　鄞志

覆瓿草　卷　仝下

卧遊集　卷　清陳昌泗撰　續耆舊傳　鄞志

慰老集　卷　仝

孔塘集　卷　清陳昌泗撰　全祖撰墓志　鄞志

澗雲集　卷　清陳易元撰　三補耆舊詩　鄞志

自足樓集　卷　清張鴻儒撰　續耆舊傳　鄞志

適可軒集　卷　清胡德邁撰　續（仝）

輶軒錄作適可以軒近草

黃山遊草　卷　清胡德邁撰　抱經樓書目　鄞志

安亭集卷 清陳諧撰續耆舊傳鄞志

充安堂集卷 清陳延撰仝

機溪禊詠卷 清范延諤撰仝

師經堂集十六集 清徐文駒撰四庫存目鄞志

萬里集卷 清徐文駒撰師經堂集鄞志

戊寅詩稿卷 仝

燕行小草卷 仝

雲外軒集卷 清王爽撰三補耆舊詩鄞志

翠山集卷 仝

負笈草卷 清王化龍撰四明詩幹鄞志

焦桐吟卷 清王尚謙撰四明詩槀鄞志

焚餘詩草卷 清沈光杰撰續耆舊傳鄞志

可藍山人詩草卷 清沈光廷煙嶼樓藏本鄞志

盦餘草卷 沈光榮撰 仝

過湖草卷 清沈萃琛撰三補耆舊詩鄞志

岫雲集卷 仝

愛日樓詩卷 仝

向花軒詩草卷清李濤撰三補耆舊傳鄞志

蘭谿集卷 清王孫旦撰仝

果育齋集卷 清王孫晉撰仝

斷溝草卷　仝

大雅堂集卷　清邱允玉撰續耆舊傳鄞志

學全草卷　清林兆鵬撰四學章鄞志

同學草卷　清王有慶撰四學章鄞志

學〻草卷　清王純緝撰四學章鄞志

沙菲集卷　清項斯勤撰剡川詩鈔奉志

碧蘿集卷　清戴浚撰兩浙輶軒錄奉志

賁已齋卷　清孫樾撰采訪冊奉志

復桂堂詩草卷　清孫士价撰兩浙輶軒錄奉志

浚村詩稿卷　清順芳撰抄本奉志

楚遊草卷　清俞友勝撰剡川詩鈔補存奉志

赤城集卷　仝

拙遯樓文集卷　清樊景瑞撰剡源志奉志

望山集卷　清鄔世佑撰采訪冊奉志

竹窗集卷　清唐文獻撰兩浙輶軒鈔剡川詩鈔補存奉志

嵩溪詩集卷　清唐文煥剡川詩鈔補存奉志

南征草卷　清俞廷瑞撰兩浙輶軒錄剡川詩鈔補存奉志

吹律集卷　清周德裕撰奉志

詧舫集卷　清戴昆標撰兩浙輶軒錄剡川詩鈔補存奉志

是亦齋集卷　清戴石臣撰兩浙輶軒錄剡川詩鈔補存奉志

靄甕集四卷　清宋延祺撰乾隆志奉志

枕流軒稿卷　清舒其南撰剡川詩鈔補存奉志

拙園集卷　清舒其豐撰仝

西亭詩稿卷　清卓家賓撰忠義志奉志

愚溪詩稿卷　清鄔子喆撰剡川詩鈔補存奉志

高梧園集二十卷　清張起宗撰續耆舊傳奉志鄞志

集選詩卷　清張起宗寒村集奉志鄞志

筆隱集卷　清毛玉銘撰三補耆舊詩奉志

甬上三補耆舊詩九卷　清王一辰撰四明談助鄞志

寒山草卷　清王寧撰四明詩彙鄞志

嘯餘草卷　清王承寵撰四明詩彙鄞志

青琅館集卷　清章朝銓續耆舊傳鄞志

小放翁稿卷　清陸鋆撰三補耆舊詩兩浙輶軒錄鄞志續耆舊傳作高霞閣集

雙水集卷　清陸鋆撰續耆舊傳兩浙輶軒錄鄞志

寧靜軒集卷　清李溎撰續耆舊傳兩浙輶軒錄鄞志

赴滇集卷　清范廷謀撰兩浙輶軒錄鄞志

病中集卷　仝

步韻集卷　仝

杜詩直解五卷　清范廷謀通行本鄞志

棲行軒集卷　清施國鑑撰句江詩緒鄞志

一醉棲集卷　清施鍠撰句江詩緒鄞志

詹詹集四卷　清施鍠撰董正國撰傳鄞志

著直集四卷　仝

金台襍著卷 清施瑄撰采訪冊鄞志

詩稿卷 清傅維祖撰采訪冊鄞志

期〻吟卷 清梁曦如撰傅維祖撰序鄞志

晚香樓詩文鈔八卷 清董元成撰董氏書鄞志

一層樓近草一卷 清黃廷銘撰抱經樓書目鄞志

茉綺閣集卷 清張錫琨撰續耆舊傳鄞志

張絅伯藏本

涵山堂詩集卷 清梁六皆撰失名鄞志

詩一卷 清範之垣淩雲集堂鄞志

今裕堂偶存草卷 清劉瑋撰續耆舊傳鄞志

寄亭詩稿卷　清陳名洙撰四明詩稾鄞志

補餘草卷　清董益撰仇廷模撰墓志鄞志

續傳作遺詩一卷

皎川詩草二卷　清楊紹先撰續耆舊傳鄞志

錢志光作先

半舫齋集卷　清張錫璜撰續耆舊傳兩浙輶

軒錄鄞志

屺上居集二十卷清張錫璁撰續耆舊傳鄞志

復齋集卷　清董雪撰兩浙輶軒錄鄞志

偶存草二卷　清董雲撰黃氏書目鄞志

涵遊草卷　清周定昌撰蔣傳鄞志

樵雲軒詩草卷　清袁德峻撰仝

虎林樵詠一卷仝

三言詩吟稿卷　清金埴撰周志鄞志

自怡集一卷　清鍾儁撰采訪冊鄞志

千之草堂文鈔　清萬承勳撰烟嶼樓藏本鄞志

伏跗室藏本

冰雪集五卷　清萬承勳撰錢志鄞志

勉力集卷　清萬承勳撰兩浙輶軒錄鄞志

伏跗室藏本

苦吟一卷　清萬承勳撰千之堂文鈔鄞志

近體詩卷　清陳行六撰若千之堂文鈔鄞志

越吟草卷　清李凱撰兩浙輶軒錄鄞志

一樂軒詩草卷清李世熏撰千之堂文鈔鄞志

鄮存草卷　清呆梓庭撰續耆舊傳兩浙軒錄鄞志

二山老人集卷　清陳汝登撰全祖望撰墓志鄞志

蕉雨山房集卷清包之麟撰錢志鄞志

客雄偶吟卷　仝

進桐齋集卷　清李昌梟撰錢志兩浙輶軒錄鄞

寄思草三卷　清徐杲撰采訪冊鄞志

春草堂文約一卷　清謝為雯撰采訪冊鄞志伏跗室藏本

桃江集　卷　清董孫符撰續耆舊傳鄞志

小西集　卷　清董胡駿撰仝

和杜吟一卷　清董孫籥撰采訪冊鄞志

消暑吟一卷　仝

蘇亭詩略一卷　清屠庶撰兩浙輶軒錄鄞志

旅館秋懷　卷　仝

荻貽堂集　卷　清蔣式之撰錢志鄞志

蘭屋詩草卷　清范從律撰兩浙輶軒錄鄞志
采蘭山人全集十四卷　清范從徽撰自序年譜鄞志輶軒
錄云詩集
棄餘草卷　清董正國撰續耆舊傳鄞志
越游草卷　清董正國撰采訪冊鄞志
陶陶軒詩集卷　清史榮撰采訪冊鄞志孫翔熊本
李長吉詩註五十卷　清史榮撰蔣學鏞撰行狀鄞志
伏跗室藏本
函清館詩鈔卷　清范永澄撰兩浙輶軒錄鄞志
退石居士詩草卷　仝

秋霽軒詩四卷 清謝肖庭撰千之草堂文編 鄞志

慎餘堂集卷 清范核撰 兩浙輶軒錄 鄞志

崴堂集卷 清貴金珪撰 續耆舊傳 鄞志

康裕堂稿卷 清葛繩先撰 蔣傳 鄞志

詩稿卷 清范梧撰 續耆舊傳 鄞志

鮚埼亭集五十卷 清全祖望撰 抱經樓書目 鄞志

鮚埼亭集外編五十卷 仝

鮚埼亭集十卷 仝

雪卷： 清中盛撰 兩浙輶軒錄 鄞志 全祖望撰誄一卷

晋遊偶聲草卷 清錢中盛撰 范徒律撰墓志 鄞志

甬上錢氏世蹟詩一卷　清錢中盛撰　烟嶼樓藏本

鄞志　范徒律撰墓志　錢氏世蹟襍詠

娛白樓近草卷　清錢際盛　兩浙輶軒錄　鄞志

虛齋詩草卷　清錢德盛　仝

玉几詩集三卷　清陳撰撰　四庫存目　鄞志　湖海

詩傳　輶軒錄作玉几山房吟卷

伏跗室藏本

遺文二卷　清范坊撰　兩浙輶軒錄　鄞志

無可草卷　清王立鰲撰　采訪冊　鄞志

醉歌亭集卷　清李世法撰　錢志　鄞志

南遊草卷　清李世肅錢志鄞志

詩選卷　清萬斆前撰采訪冊鄞志附萬承勲勉力集後

詩文稿十二卷　清董宏撰子秉純撰行狀鄞志

飲香亭集卷　清施淞濤撰句江詩緒鄞志錢志誤淞為崧

石雲樓詩集三卷清施滄濤撰句江詩緒鄞志

蓬廬集四卷　清施江濤撰仝

咄咄吟二卷　清王炳撰吞松閣集鄞志狀附

室藏本

自怡集卷　清李自新撰鄞志

沐云詩草卷　清徐本禮撰輶軒錄鄞志案校官詩錄本礼作秉礼當其由其字秉之而誤之也

原上草一卷　清李裕撰抱經樓書目輶軒錄鄞志

蛩吟草四卷　清胡鼎玉撰抱經樓書目鄞志

蜩窻集卷　清林妯澄撰仝

邁亭詩稿卷　清周仁宸撰四明談助鄞志

畫脂集卷　清李埼撰周志鄞志

德蟬集卷　清林嘉謨撰周志鄞志

南湖文集二卷　清陳美訓撰　抱經樓書目　鄞志

伏跗室藏本

南湖詩集七卷仝

古鄮詩稿卷　清李淦撰　錢志　鄞志

匯川集卷　清李昌昱撰　錢志　輶軒錄　鄞志

詩文集十卷　清邵陸撰　同志　鄞志

寓月樓詩草　清李恭　四明談助　鄞志

霞爽閣詩鈔四卷　清屠可堂撰　錢志　鄞志

友三詩稿一卷　清羅蛩撰　采訪冊　鄞志

遂初堂詩略卷　清屠可播撰　輶軒錄　鄞志

約園詩四集　清俞經撰錢志鄞志

娥埜集卷　清蔣學鏡撰錢志鄞志董秉純撰行狀有天下山水總彙書四卷月令博義二卷釣台三遊記一卷皕句集四卷自定年譜二卷

介軒集卷　清包祖賢撰兩浙輶軒錄鄞志

借樹山房詩鈔八卷　清陳慶槐撰定志

借樹山房詩鈔附刻十卷　清陳福熙撰定志

三甕老人詩集二卷　清曹偉皆撰定志

章安愁吟集卷　清嚴殿諤撰定定鄞志引輶軒

錄作吟愁集章安吟

甌江遊草卷　清嚴殿誥撰兩浙輶軒錄鄞志定志

惜羽編十二卷　清劉士庸蛟川耆舊詩乾隆志

傳鎮志蛟川詩話無卷目

寄怡寓集十卷　清謝泰定撰乾隆志鎮志

玉倉詩鈔卷　清萬福撰兩浙輶軒錄鄞志

欸雲樓秋集一卷　清謝泰定撰乾隆志鎮志

天申集六十四卷　清謝泰定撰詩文草創鎮志

詩集一卷　清虞爾和撰蛟川詩話鎮志

天童詩文集卷　清謝泰交撰大雲堂集鎮志

詩文章創作天童集五卷

蟲天集卷　清謝泰交撰乾隆志鎮志

燕台集卷　清謝泰交撰天愚集鎮志

蛟川耆舊詩作燕台草

思親百詠卷　清謝泰交撰蛟川謝話鎮志

鶯鳴詩集卷　清何壽人天申集鎮志

海隅集卷　清謝泰瑞從子兆昌撰傳鎮志

許伯子集卷　清許石楨撰青岩集蛟川詩話

鎮志

鴻達堂全集十二卷　清盧宜撰續耆舊詩鎮志

詩集卷　清謝歸昌撰陳志稿鎮志

和陶詩卷　仝

燕遊草卷　清謝賡昌撰刊本鄞志是草附
其文泰履聾歌集後

閒居集卷　清謝兆昌撰兩浙輶軒錄蛟川
耆舊詩鎮志

詩文草創卷　清謝兆昌撰陳志稿鎮志

省庵詩文鈔三卷　清陳夢蓮撰陳志稿鎮志

芝麗園草卷　清陳夢蓮撰蛟川備志鎮

河梅堂詩集卷　清傅嘉讓撰閒居集鎮志

友石齋集卷 清傅嘉讓撰蛟川詩話鎮志蛟川備志蛟川耆舊詩作友石稿

淡圃集 清李文偉撰蛟川詩話鎮志

青岩集卷 清薛士學撰乾隆志蛟川耆舊詩鎮志

澹寧軒稿卷 清張昇撰乾隆志傅鎮志

越友草卷 清鄭維馨撰天愚集蛟川詩話鎮志

和天愚山人前醉吟百首 清鄭維馨撰薛氏學撰謝秦宗傅鎮志

東井軒詩文鈔卷 清劉緒敷撰乾隆志鎮志

杏山集卷 清劉行可撰乾隆志蛟川耆舊詩鎮

偶言集卷 清邵元觀撰詩文草創蛟川詩話鎮志

鰲江草卷 清邵元觀撰詩文章鎮志

知非草卷 仝

扶桑草卷 仝

三白居士集卷 清李琦撰采訪冊鎮志

靜廉齋藏稿卷 清張學伊撰蛟川詩話鎮志

家風世守錄卷清張學伊撰乾隆志傳蛟川耆舊詩鎮志

繩廬稿卷清張學濂撰蛟川詩話鎮志蛟川耆舊詩作繩廬漫草

宝山集卷清郎作霖撰蛟川詩話鎮志

燕山吟四卷清謝備宏撰乾隆志鎮志蛟川詩話無卷目

旅遊草二卷仝

晚香集卷清李眉撰蛟川詩話鎮志乾隆志以是集屬之其文文煒

望道樓詩草卷　清謝緒瀲撰陳志稿鎮志

括蒼文存卷　清謝緒瀲撰乾隆志傳蛟川耆
舊詩鎮志

詩集卷　清郭汝圭撰蛟川詩話鎮志

詩集卷　清方學撰蛟川詩話鎮志

閩渠集卷　清謝緒恒乾隆志傳蛟川詩話
鎮志蛟川耆舊傳作问渠軒詩集

涵游草卷　清謝緒恒撰蛟川詩話鎮志

夢弟集卷　清王諭撰蛟川詩話鎮志

乞丹集卷　仝

梅郎集卷　清朱紹懋撰乾隆志傳鎮志

洛吟草　仝

還齋初編卷　清沈景濂撰乾隆志鎮志

還齋二編卷　仝

詩集卷　清李日孚撰蛟川詩話鎮志

詩集卷　清萬邦撰仝

忘夏草　清虞廷佩撰乾隆志傳鎮志

西堂草卷　清謝東昌撰乾隆志傳鎮志詩

文鈔劇蛟川話作西堂小草

閒情草卷　清謝東昌撰詩文鈔劇蛟川詩

話鎮志

煎閣集卷　清方埜撰乾隆志傳鎮志

詩集卷　清謝允昌撰有庵詩文鈔鎮志

甲午集一卷　清無名氏撰立於齋藏本鎮志

秋岩詩稿卷　清陳錫光撰陳志稿鎮志

萼圃詩集卷　清謝功昌撰詩文草創鎮志

見山初集卷　清謝緒章撰陳志稿鎮志

見山二集卷　仝

閒居襍詠卷　清曹鍠撰陳志稿鎮志

餘年稿卷　仝

偶然草卷　清陳丹話撰蛟川備志鎮志陳
稿無卷目
詩集卷　清王鶴遷撰蛟川詩話鎮志
雅哲園詩文集十卷　清陳錫卣撰陳志稿鎮志
竹石集十二卷　清張懋建撰兩浙輶軒錄鎮志
乾志傳無卷目蛟川詩話初集
四卷已刻
庭學草八卷　清張懋建撰子志熊撰行述鎮
志乾隆志無卷目蛟川詩話作
逌亭草

籬雲樓集卷　清謝閭祚撰蛟川詩話鎮志

巢鵲軒集卷　仝

無師草卷　仝

墓園草卷　仝

蛟川耆舊詩作墓園

詩稿卷　清邵星瞻撰蛟川詩話鎮志

家園草卷　清謝閭祚撰陳志稿鎮志

家傳閭祚全集名弄日軒詩文鈔

歸田草卷　謝閭祚撰蛟川詩話鎮志

潛蛟語卷　仝

光溪偶吟卷　清謝閶祚撰蛟川詩話鎮志

緱城遊草卷　仝

北行近體卷　仝

西行襍詠卷　仝

僅存草一卷　清張懋延乾隆志鎮志蛟川詩話無卷目

求定齋詩集卷　清張懋延撰蛟川耆舊詩鎮志家風世守錄集作草

蛟川詩話卷　清張懋延撰蛟川耆舊詩鎮志家傳作四卷

遺集卷　清王文麟撰　蛟川詩話　鎮志

金台襍著三卷　清謝緄祚撰　蛟川耆舊詩　鎮志

北溟詩草卷　清謝緄祚撰　采訪冊　鎮志

靖共集卷　謝含祚撰　蛟川詩話　鎮志

寫台小乘卷　清黄一鼎撰　象志

給諫詩文集卷　清陳明瑛撰　象志

棲霞詩文集卷　清周明新撰　象志

陶雲詩集六卷　清錢捷撰　象志

暢餘堂詩草卷　仝

石城詩草卷　清包映奎撰　象志

梅嶼詩草二卷　清張思齊撰　彭姥詩蒐　象志

竹々詩文集卷　清陳所知撰　象志

雨蕉泣夜集卷　仝

綠漪園詩集卷　清張孝穆撰　象志

行行集卷　清陳鼎文撰　象志

蘜遊草卷　清陳策撰　象志

問心堂詩稿四卷　清陳裹愿撰　象志

東京省親集卷・仝

鳴岳集卷　清潘瀛彥撰　象志

嘉會堂詩稿四卷　清錢志明撰　蓬島樵歌注　兩

浙輶軒錄補遺　象志

蜀遊草　卷　清周家晃撰　象志

行瓢集　卷　清姜⿰王雲撰　象志

環翠山房文集　清張元慶撰　鎮志　台象彙集作

張源慶

毋愧作稿　卷　清王家猷撰　象志

丹山自鳴詩草　卷　清陳其⿰王責撰　象志

池塘春草集十卷　清袁澄撰　象志

閒齋集　卷　清史宗愈撰　象志

焦桐集　卷　清祝天禧撰　象志

濟庵詩稿卷　清史在霖撰　象志

尊鄉集四卷　清姜炳章撰　象志

玉溪生詩觧四卷　仝

白岩山人詩文集卷　仝

蘭江晤言一卷　仝

霜鴻留影集一卷　仝

鄮風一卷　仝

蓼〻草一卷　仝

鳴榔紀賸一卷　仝

梅皋詩文稿卷　清林文懋撰　象志　蓬島樵歌注

稱林學諭

梅稿卷　清王元佐撰象志蓬島樵歌注

稱王宣諭

客歸草卷　清史節音撰象志

竹南集卷　清陳欽祖撰蓬山清話象志

蟲鳴新草三卷又續一卷　清吳成宣撰象志

留耕堂詩稿卷　清錢式莊撰蓬島樵歌注象志

雲谷詩草卷　清張凌霄撰象志

西窗詩草卷　清張濤雲撰彭老詩蒐象志

絕年詩卷　清倪嘉平撰仝

晚翠軒詩文集卷　清鄧嗣宗撰　輶軒續錄象志

森玉堂詩稿卷　清謝天樞撰　輶軒續錄補遺象志

夢草軒詩稿卷　清謝開家撰仝

伏下鳴集卷　清吳鵬翮撰　彭老詩蒐象志

卧月樓詩文稿　清王學青撰　輶軒錄補遺象志

蓬島樵歌注作潯月樓詩稿

環溪詩文集卷　清周禮撰　彭老詩蒐象志

望雲詩集卷　清夏金奎撰象志

古香亭詩草　清石大成撰　蓬山清話

娛老吟二卷　清倪輔清撰象志

槃溪詩草一卷　清周扛南撰　彭姥詩蒐　象志

留溪吟草卷　清賴鵬飛撰　蓬島樵歌注輶軒

錄補遺　象志　舊縣志無此書

聽瀨吟草卷　清賴鵬飛撰　蓬山詩詩

珠岩詩草一卷　清羅景堯撰　象志

駝江鷇音卷　清武煥林撰　象志

晚香亭詩文集　清夏鳳池撰　象志

龍山草堂詩文集卷　清潘健山撰　象志　舊縣志

潘氏譜作龍溪草堂集

愛日樓詩草一卷　清吳巘華撰　彭姥詩蒐　象志

綠雲書屋詩稿一卷 清吴山瀛 象志

杏春齋稿卷 清周斗南撰 彭姥詩蒐 象志

芠翠吟草卷 清周雲撰 象志

天範館培杏集後集 清史玉撰 輶軒錄補遺 象志 舊縣志但載天範館後集 蓬島樵歌注亦云天範館後吟

范江吟卷 清林喆撰 輶軒錄補遺 象志 蓬島樵歌注作范江吟草

永芳詩稿卷 清謝天柱撰 蓬島樵歌注 象志

啟宸詩草卷 清湯佑賢撰 蓬島樵歌注 象志

學韓詩稿卷　清潘潮撰蓬島樵歌注象志

近溪詩文集卷　清周鯨撰象志

如二亭詩草卷　清鄧炳撰輶軒錄象志

宿雲樓稿卷　清鄧炳撰象志舊縣志但載宿
雲稿無二如亭詩草之目

象山樵詠一卷　清倪象占撰象志

蘭因集一卷　仝

青櫺館集四卷　仝

悲山詩文集八卷　仝前

槐塘樵詠卷　仝前

倪氏家譜詩文內編象占所著未刻韭山詩集十二卷文集六卷已刻象山樵詠一卷蘭因集二卷青霞詩集四卷興縣志卷目互異

小山草堂文集卷　清倪桂馨撰　象志

海曲烟村詩稿卷　仝

解仇詩草卷　清史敏行撰　象志

雁山遊記一卷　清張其璧撰　象志

雲溪文鈔卷　清裘道滋撰　象志

雲樵吟卷　清張天鳳撰　輶軒錄補遺　象志

古文待正三卷　清葛櫂撰　仝

瀛舫未定稿二卷　仝

一房山館詩卷　清錢嗣容撰　象志

貽硯齋詩文稿二卷　清錢嗣臣撰　象志

新羅藝言稿八卷　清錢嗣濂撰　象志

新稿卷　清錢鼎臣撰　象志

樂妙山居詩文集二十五卷　清錢沃臣撰　象志

蓬島樵歌二卷　清錢沃臣撰　象志

傍梅居士稿一卷　清奚時珪撰　象志

東嘯集卷　清藍嘉言撰　象志

吳詠集卷　仝

近光集卷　仝

且留集卷　仝

蓮府東遊集卷　仝

邁庵集卷　清藍運森撰　定志

翁山擬古集卷　仝

海天吟卷　清藥機撰　定志

藤花集卷　仝

珠湖詩草卷　仝

詩舫吟草二卷　清劉運坊撰　定志

白藥山人詩集十八卷　清厲志撰　定志

鴛鴦藤舍詩鈔二卷　清厲得鵬撰定志

景陽華鄂集一卷　仝

擁緑山房詩鈔十二卷　清陳炳撰定志

茹古軒詩草卷　清鍾勲撰定志

鄂華吟館詩鈔十卷　清陳絢撰定志

古體詩一卷　清黄式三撰定志

莟州詩鈔卷　清葉熊撰定志

惜陰草堂詩文稿卷　清葉炯撰定志

大衍集一卷　清胡寅撰旋志

告蒙集一卷　清王榮滋撰定志

硯農齋卷　清錢學懋撰定志
述古存草六卷清孫貽謀撰定志
陶文萃一卷　近人方若撰定志
竹亭詩草卷　清姜埴撰輶軒錄補遺象志
抒懷集卷　清吳楨撰象志
未爻齋初稿卷清鄧元宗撰象志鄧氏晚翠軒
藏有稿本一卷
東軒詩文集卷清蔡德升撰象志彭姥詩蒐八卷
竹屏詩草一卷清鄧復候撰象志
壽雪山房詩稿卷清錢嗣臣撰象志

也堂遺稿卷　清何舜子撰象志

晚翠軒詩文稿卷清鄧嗣宗撰輶軒錄象志

晚翠軒尚藏有詩稿一本蓬島樵歌注則云

鄧蔚齋廣文炳有悅有晚翠軒稿及猶子禮

堂明經嗣宗有禮堂詩草其文互異

左謳二卷　清倪勱撰象志

海外嫁衣裳集卷清晋三撰象志

東橋詩草卷　清黄泰來撰象志

東皋舒嘯集　清黄立成撰象志

澹園遺稿卷　清陳坤諧撰象志

梅花館詩草卷清陳𦶜諧撰象志
彭姥村農歌一卷清王植三撰象志
吟翠山房詩文稿卷清王植三撰象志
釋謗十九卷清蕭善鳴撰象志
章廬詩文存一卷清余勉翰撰象志
課餘草一卷清姜本植撰象志
研香室吟草二卷清姜本植妻葉蘭貞撰象志
一作拜軒詩鈔
金閨詩草一卷清柯鳳鏘妻周室釵撰象志
退思廬詩存一卷清鄭秀文撰象志

樗岩草堂詩存四卷清歐晨辰撰象志

無名指齋詩文集四卷清歐景岱撰象志

渚山文草一卷清王蒔蕙撰象志

渚山詩草一卷仝

抱泉山館駢休文一卷清蒔蕙撰象志

時集八卷 仝

石壁吟一卷 清沈和璧撰象志

岵瞻詩鈔卷 清王椿撰象志

玉樓遺稿一卷清余燮宜撰象志

枕石山房稿卷清虞峻撰象志

辨未辨齋文集一卷 清樊躋撰 象志

石樓〻後詩草二卷 仝

三希齋詩鈔卷 清倪本洄撰 象志

詩草一卷 清黃利邦撰 象志

學古文鈔一卷 清諸健山撰 象志

學古詩鈔一卷 仝

紫荆花館詩存一卷 清史錦標撰 象志

游戲翠五卷 清黃錫奎撰 象志

化魔集五卷 仝

綠蒲廬文鈔一卷 清陳之翰撰 象志

詩鈔一卷 清陳之翰撰 象志

毓蘭軒遺 清陳紹嶢撰 仝

潘蘭佩詩鈔卷 清潘某撰 仝

學子田堂文集一卷 清王子家撰 象志

詩集六卷 仝

石壇山房文瓻一卷 清陳得善撰 象志

石壇山房文集一卷 仝

變雅樓禯文四卷詩集一卷 清陳得善撰 象志

贅人詩集二卷 清陳得先撰 輶軒續錄 象志

蔗鞠詩草一卷 清王子懿撰 象志

爽園吟草一卷清王𡸇撰象志

醉餘吟草七卷清潘在梁撰仝

可園詩稿二卷清陳得森撰仝

北游集卷清釋梵琦撰象志

鳳山集卷仝

西齋集卷仝

和天台三聖詩卷仝

和永明春陶潛林逋詩卷清釋梵琦撰象志

淨土詩卷仝

懲氏上生偈卷仝

樹德堂稿卷 清陳良佐撰 蛟川耆舊詩 鎮志

詩草卷 清張志銘撰 仝

留耕堂詩草卷 清陳元松撰 陳志稿 仝

東施詩草卷 清陳元杏撰 采訪冊 仝

留耕堂文集卷 清陳元域撰 蛟川耆舊詩 仝

京邸集二卷 仝

五於齋詩稿八卷 清陳元域撰 采訪冊 仝

車輪集二卷 仝

槐蔭集卷 仝

埒半集卷 仝

自玊齋詩草卷　清沈誤撰陳福熙撰傳鎮志

秋槎政本一卷　清鄭兆龍撰蛟川耆舊詩鎮志

僅存鈔三卷　仝

蒦桂軒詩鈔卷　清張志熊撰仝

衖鼻詩草卷　清林秉璇撰采訪冊鎮志

屏山詩文鈔卷　清胡于錠撰蛟川耆舊詩鎮志

官游詩草卷　清胡于鋼撰郢峯詩草鎮志

郢峯詩草二卷　清張本均撰采訪冊鎮志蛟川耆舊詩無卷目

鷗汀詩草卷　清樂鳴謙撰蛟川耆舊詩鎮志

耐軒詩文鈔卷　清謝佑廷撰　蛟川耆舊詩　鎮志

續課軒詩鈔二卷　清陳蕙撰　采訪冊　鎮志

詠物詩一卷　清鄭良撰　采訪冊　仝

鴻爪集卷　清嚴殿霖撰　蛟川耆舊詩　鎮志

梅花百詠卷　清嚴殿霖撰　采訪冊　鎮志

候濤山房文鈔四卷　清謝佑琦撰　張錫璐撰傳　鎮志

候濤山房詩鈔十二卷　仝

樗齋詩草卷　清任學曾撰　采訪冊　鎮志

二痴軒詩稿卷　清胡宗魯撰　采訪冊　仝

二岡文鈔二卷　清邱仲撰　采訪冊　仝

藕香齋未定稿四卷清邱維撰采訪冊鎮志

永思集二卷清包仁義撰刊本鎮志

秋鳴集清謝侁撰陳志稿皎川耆舊詩

鎮志

詩草卷清朱滄鰲撰采訪冊鎮志

逸漁唱二卷清華椿撰采訪冊鎮志

夢墨軒詩稿二卷清夏廷頊撰采訪冊鎮志

貽花樓詩草二卷清胡湜撰采訪冊鎮志

覓機集二卷清劉爍撰仝

鴉峯詩草卷清樂遜撰仝

淩軒詩草卷　清陳景詒撰采訪冊鎮志

皆香樓詩草卷　清謝炳賢撰采訪冊鎮志

狀元山人詩稿卷　清王[illegible]撰仝

半農詩鈔卷　仝

霞泉吟草二卷　清張錫賂撰仝

愚泉文鈔四卷　清楊夏復撰仝

詩文鈔卷　清謝錚賢撰複滙文権鎮志

渠渠私草卷　清謝輔紳蛟川續耆舊詩鎮志

養軒未正草卷　清李恭淩撰蛟川續耆舊鎮志

瑤想集詩一卷　清姚燮撰大梅山館藏本仝

緘石集四卷 清胡濱撰采訪冊鎮志
晚廬賸稿卷 清吳翰撰烟嶼樓文集鎮志
聽鸝山房詩草三卷 清戴鎏撰采訪冊鎮志
淩伯遺稿二卷 清胡邁撰采訪冊鎮志
望淶樓詩草卷 清裘謨撰采訪冊鎮志
遲嚴齋詩文集二卷 清陳大任撰采訪冊鎮志
寄夢廬詩集二卷 清鄭傳銛撰采訪冊鎮志
留愛編卷 清虞氏撰采訪冊鎮志謂虞氏張懋延妻也
詩集卷 清僧梅萼撰采訪冊鎮志

和中峯梅花百詠卷　清僧紹隆撰采訪冊鎮志
是亦草卷　清鄔銘明撰剡川詩鈔補存仝
愁吟集卷　清汪洋撰兩浙輶軒錄剡川詩
鈔補存奉志
槃川集卷　清李牧臣撰兩浙輶軒錄剡川
詩鈔補存奉志
怡雲樓詩卷　清周子麟撰奉志
復性齋稿卷　清毛皆六撰剡源志奉志
周晦堂稿卷　清鄔子滉撰兩浙輶軒錄剡川
詩鈔補存奉志

芳鮮草卷 清舒邦化撰剡川詩鈔補存奉

別有集卷 清許繼康撰仝

吮香齋詩鈔卷清盛沛撰南沙行状奉志

蛙鳴鈔卷 仝

懶雲詩存卷 清楊鎮撰兩浙輶軒錄奉志

夢花閒草卷 清江光被撰仝

玲岩詩草卷 清宋聲霙撰仝

鎮亭樵唱一卷清孫事倫撰孫氏藏本奉志

白杜山房詩稿二卷清鄔琰撰采訪冊奉志

詩一卷 清孫事倫撰鈔本奉志

丹洲詩文集卷　清周瀛撰　仝

萬竹叟遺詩卷　清王慶飛撰　鈔本奉志

樂潛廬詩集卷　清王恩仲撰　刻本奉志

秋隱居士詩稿卷　清張漢鵬撰　采訪冊奉志

味月樓詩鈔卷　清周善長撰　家藏本奉志

劫後餘吟卷　仝

冷齋蛩吟卷　仝

瓶酥樓詩稿二卷　清吳文江撰　仝

瀑雪集卷　清僧衍恂撰　康乾志　剡川詩鈔　補存奉志

崇寧閣詩集卷　清僧真承撰　岳林寺志　剡川詩
鈔補　存奉志

剡溪草卷　清僧佛引撰　剡川詩鈔　存奉志

甘露集卷　清僧昂峰撰　南山寺志　奉志

晚川詩稿卷　清范鎮撰　錢志　鄞志

日武軒詩草卷　清仇啟昆撰　校官鄞志

存梅集一卷　清范鵬撰　抱經樓書目　鄞志

昨非吟卷　清張元龍撰　采訪冊　鄞志

自娛集六卷　清董元宿撰　董氏書目　鄞志

紅雨樓文稿十四卷　清董純撰　存

詩稿六卷　清董秉純撰董氏書目鄞志一

名春雨樓集伏跗室藏本

江遊草一卷　清董秉純撰同志鄞志

百花吟一卷　仝

月船詩稿四卷　清盧鎬撰通行本鄞志湖海詩

作月船居士集

月船詩稿補遺一卷　清盧鎬撰采訪冊鄞志

樗庵存稿八卷　清蔣學鏞撰通行本鄞志黃定

文序作七卷今刊本文五卷

詩三卷

朝爽樓稿卷　清范永祺撰兩浙輶軒錄鄞志

望槎詩稿卷　清張炳撰樗庵存稿鄞志

宦海吟餘一卷　清毛昇撰子榮撰行狀鄞志

棱中集二卷　仝

濯絳集三卷　仝

逸雲居士詩編三卷　清孫蔚撰烟嶼樓藏本鄞志　袁鈞撰墓志作逸雲居士文編詩編二十卷又增訂詩五十卷

筠碧詩草卷　清陳熙撰錢志鄞志

聶許齋詩稿六卷　清陳鴻漸撰烟嶼樓藏本鄞志

鏤志作八卷

古觀齋詩鈔一卷 清陳鴻漸撰 烟嶼樓藏本 鄞志

病枕草卷 清李立樌撰 蔣傳 鄞志

和陶詩四卷 清邱學敏撰 周志 鄞志

煮石軒詩草卷 清盧址撰 輶軒錄 鄞志

樵詩一卷 仝

愛閒堂詩文集卷 清周士金撰 輶軒錄 鄞志

三樹堂文集卷 清邱洪撰 鄞志

秋樹根軒詩集卷 清邱學敏撰 周志

蓬廬居士詩稿六卷 清盧雲鷺撰 采訪冊 鄞志

薛琉璃居詩稿六卷　清袁鈞撰　同志鄞志

茭湖詩文集十卷一名空石齋　清汪國撰　兩浙輶軒錄鄞志

嚶鳴集卷　清戎文蔚撰　同志鄞志

甦園詩草卷　清周崇仁撰　同志鄞志

梅林禖詠卷　仝

洣竹山房詩選卷　清范永潤撰　兩浙輶軒錄鄞志

聚齋詩稿卷　清竺沅鈐撰　仝

澄心堂遺稿卷　清史節粹撰　仝

肅存堂詩鈔卷　清郭彥忠撰　仝

焚餘草一卷　清李均撰　抱經樓書目　鄞志

劍氣集卷　清陳櫺撰　周志　鄞志

滄浪集卷　仝

小樗詩草卷　清蔣宗撰　四明談助　鄞志

蘅皋詩草卷　清張承炯撰　四明談助　鄞志

東井文鈔四卷　清黃定文撰　通行本　鄞志

東井詩鈔四卷　仝

石軒詩文集六卷　清黃定衡撰　輶軒錄　鄞志

巢雲軒詩草卷　清范震薇撰　周志　鄞志

小竹詩鈔卷　清王慶元撰　東井文鈔　鄞志

小文集一卷　清任鈞撰鄞志

止〻軒集卷　清施搏九撰周鎬撰墓志鄞志

仰台詩文稿　清屠之繿撰采訪冊鄞志

習静樓詩草四卷　清張鯤撰新刊本鄞志伏附藏本

詩草一卷　清殷權撰采訪冊鄞志

岸鐘樓吟九卷　清蕭光第撰采訪冊鄞志

東園詩草九卷　清張大中撰采訪冊鄞志

夢囲詩草卷　清陳鴻軒撰貽硯室陳氏藏本鄞

達意錄卷　清陳鴻軒撰采訪冊鄞志

儋字韻詩卷　仝

嶁吾廬文稿卷 清董琅撰 兩浙校官詩錄鄞志

杏本堂詩古文學數 清陳之綱撰 通行本鄞志

眉洲詩草五卷 清張桓撰 新刊本鄞志

八磚吟館詩存卷 清李忠鯁撰 采訪冊鄞志 伏跗室藏本

悼亡草卷 清萬浚賢撰 達意錄鄞志

思桂軒吟草卷 清張芳撰 采訪冊鄞志

寸碧山窗詩草卷 清范永嘉撰 六一山房藏本鄞志

竹涯稿一卷 清王修敬撰 烟嶼樓集王烔齋先生墓表鄞志

碧梧齋文稿卷清李承烈撰通行本鄞志

修齋堂詩鈔五卷清李承撰通行本鄞志

吟花小草一卷附刻詩鈔後清李承烈撰通行本鄞

柳齋襍著五卷補遺一卷清周良卿撰采訪冊鄞

秋生文稿三卷清徐晼撰采訪冊鄞志

秋生詩稿五卷清徐晼撰周志鄞志

紅藕山莊詩草二卷清朱鈞撰采訪冊鄞志

悔廬詩文鈔卷清徐錫垚撰采訪冊伏跗室藏本

一笑集二卷清徐錫夷撰采訪冊鄞志

蓍山詩鈔一卷清黄式祐撰仝

細湖文稿卷　清黃式穀撰仝

細湖詩偶存稿仝

古千亭詩集六卷清黃桐孫撰今是樓刊本鄞志

古千亭詩集二卷仝

嶺外襍言一卷仝

詩鈔卷　清竺之佩撰金峩山館郭氏藏本鄞

歷代名臣詠一卷清竺之佩撰兩浙校官詩錄鄞志

今白華堂集六十卷清童槐墓表鄞志

賞雨集卷　清秦鏡撰兩浙校官詩錄鄞志

鐸餘吟稿卷　仝

辰中吟稿卷 清王埴撰 兩浙校官詩錄 鄞志

車中吟卷 仝

臢草卷 仝

四明古蹟詩卷 清董城撰 周志 鄞志

壽鏞按鄞陳之綱輯四明古蹟詩四卷与此

書出入如何待攷

青檽山館詩鈔十卷 清馬士龍撰 采訪冊 鄞志

漸齋詩鈔三卷 清董史撰 采訪冊 鄞志

遺墨軒集五卷 清汪祖榮撰 采訪冊 鄞志

樹齋詩稿卷 清徐汝牧撰 周志 鄞志

渡齋詩草卷　清陶槫撰周志鄞志

鷗雨山莊詩草卷清陳銘海撰采訪冊鄞志

真率會繪稿二卷仝

句餘土音注卷一仝

君夫姑存稿一卷清袁澍撰采訪冊鄞志

壽孫館詩稿卷　清周世緒撰周志鄞志

願學堂詩鈔二十八卷清王宗燿撰采訪冊鄞志

望湖樓草一卷清陳儒讓撰采訪冊鄞志

脫粟齋攄夏草卷清陳儒勇撰仝

梅齋詩稿卷　清何岱撰兩浙校官詩錄鄞志

自適齋詩鈔二卷清李震撰周志鄞志

繼雅堂詩集三十四卷清陳僅撰通行本鄞志

文稿二册

楓香草卷清董敘撰采訪册鄞志

百尺樓詩稿三卷清陳清震撰采訪册鄞志

寓湖樓詩草卷清黄煊撰采訪册鄞志

聽雨堂未定稿卷清陳震撰采訪册鄞志

續真率會詩稿卷清包師竹撰采訪册鄞志

醉六山房文集四卷清王日章撰周志鄞志

醉六山房詩鈔四卷清王日章撰烟嶼樓藏本鄞志

一經樓集二十四卷清徐亮撰采訪冊鄞志

襄陵詩草二卷清孫家穀撰采訪冊鄞志伏跗室藏本

晚山詩稿二卷清董灼撰采訪冊鄞志

樸學齋文鈔四卷清王梓材撰采訪冊鄞志

北遊贅語一卷仝

補葺沈定川文集仝

槩嶺茶烟館稿五卷清施英淥采訪冊鄞志

雲扉詩鈔二卷清鍾世俊撰周志鄞志

兼老讀書廬詩文集卷清黄定齋撰采訪冊鄞志

雲閣詩草五冊清陳詩耆撰采訪冊鄞志

潚樓詩稿二十卷清陳權撰周志鄞志

對山樓稿十六卷續刻一卷清王壽撰周志鄞志

醉經瞰草堂詩鈔三卷清董師耆撰六一山房藏本鄞

說文堂文稿卷清許湖二撰姚燮墓表鄞志

小雲居士詩鈔卷仝

存存卷清徐仁恩撰采訪冊鄞志

小輞川詩鈔五卷清王傳蘭撰采訪冊鄞志

忘懮堂遺稿四卷清周程撰采訪冊鄞志

濵湖軒詩稿二卷清徐士楷撰周志鄞志

問己齋詩集四卷　清張培基撰　刊本　鄞志

鏡亭書屋述遺卷　清忻涵清撰　采訪冊　鄞志

談遺軒詩文稿二卷　清盧椿撰　采訪冊　鄞志

烟嶼樓文集四十卷　清徐時棟撰　刊本　鄞志

烟嶼樓詩集十八卷　仝

蘇子鄉詩解一卷　仝

板橋詩草卷　清董慶西撰　六一山房藏本　鄞志

補梅花廬詩集十卷　清黃叔元撰　采訪冊　鄞志

玉井花館詩鈔卷　清周華撰　采訪冊　鄞志

靜勞樓述草卷　清姜柔嘉潤志　鄞志

世德堂草卷　清洪元志撰續耆舊傳鄞志

遺稿卷　清董应烈撰四明詩彙鄞志

西湖襍詠卷　清萬藻撰杭州府志鄞志

拾餘集卷　清盧氏撰采訪冊鄞志

百城集卷　清通忞撰天童寺志鄞志

懶齋別集十四卷　清通門撰四庫存目鄞志

東谷初集卷　清本禮天童存目鄞志

東谷二集卷　仝

直木堂詩集七卷　清本画撰抱經樓書目四庫存目鄞志

晚雲堂集卷　清本画天童寺志鄞志抱經樓書目作晚雲樓近稿

妝石吟卷　清本画撰天童寺志鄞志

百城集卷　清本晳撰天童寺志南雷文定鄞志

嘯堂集二卷　清本晳撰天童寺志抱經樓書目鄞志

疊秀軒集卷　仝

詩草卷　清等慧撰留補堂集鄞志

詩草卷　清雪嶺撰明鶴草堂集鄞志

桐樹園集六卷　清趙寤撰抱經樓書目鄞志杲
　堂文鈔作大梅詩稿
嘎青集一卷　清僧謹撰杲堂文鈔鄞志
詩鈔卷　清覺範撰杲堂文鈔鄞志
杼山詩文集卷　清慰宏撰天童寺志鄞志
竹窗集卷　清德竹撰留補堂集鄞志伏跗
　室藏本
枚頭吟卷　清德竹撰天童寺志鄞志伏跗
　室藏本
白檀集卷　清雪岩撰留補堂集鄞志

風霜草卷　清行直撰天井寺志鄞志

青獅集卷　仝

偶存軒稿卷　清等安撰采訪冊鄞志

學甲草卷　清等安撰四學草鄞志

完玉堂詩集卷　清元璟撰四庫存目鄞志

行脚草卷　清思濬撰延福寺志鄞志

剪窗集卷　仝

嵩岩詩稿卷　清僧灵撰宝學堂集鄞志

梅花詩草卷　清卧雲撰宝慶寺藏本鄞志

集唐詩草卷　清滄然撰采訪冊鄞志

秋水閒房集二卷 清晚荃撰 青藜閣藏本 鄞志

豫遊草卷 清秦煒撰 徵文錄 鄞志

得樹度詩草卷 清裘治音撰 采訪冊 慈志

游〻十錄卷 清王武撰 徵文錄 慈志

梅坡詩文集十卷 清董華鈞撰 假物樓賸錄 慈志

紉山詩稿卷 清刁戴高撰 徵文錄 慈志

鶴塗文集二卷 清樂滔撰 徵文錄 慈志

淬遊草卷 清蔡調元撰 谿上詩輯續編 慈志

子恩吟卷 清裘豊芑撰 徵文錄 慈志

遜敏齋詩文集 清董有恒撰 徵文錄 慈志

有竹軒詩集二卷詩餘一卷清魏基撰藏密廬
　文稿慈志
蜀游草一卷清魏基撰魏新撰傳慈志
歸園草一卷仝
續梅花百詠一卷仝
醉蘭草堂詩稿清董桂芳撰純德編慈志
逸叟情寄草卷清裘巨源撰徵文錄慈志
文匯初二集卷清裘開學撰徵文錄慈志
環竹樓詩集卷仝
融經集卷仝

考槃居詩一卷 清張岳撰 徵文錄慈志
日新文集卷 清張益之撰 二研窩集慈志
蓮山草堂遺集卷 清費志雲撰 夢蘭室杞記慈志
石園草五卷 仝
靜齋遺稿二卷 清費志常撰 夢蘭室記杞慈志
北游草卷 清裘椿撰 徵文錄慈志
南檥草卷 仝
晚園文鈔卷 仝
康瓠集卷 清胡學龍撰 徵文錄慈志
紀游遺草卷 清王飛岡撰 徵文錄慈志

東江小草五卷　清葉愚撰　坦園藏本慈志
澗中弄筆一卷　清何鏞撰　采訪冊慈志
守瓶齋詩稿卷　清葉聲撰　谿上詩輯慈志
吾山集卷　清葉聲聞撰　蘭雪集慈志
二硯窩詩存三十八卷詩集六卷　清鄭勲撰　烟嶼
樓集慈志
白湖詩集八卷文集八卷　清燕撰　小峴集慈志
嘉慶戊寅又次居藏本文稿名
八卷
林湖草卷　清葉燕撰　采訪冊慈志

水石居遺稿二卷 清葉煥撰采訪冊慈志

星吾詩草一卷 清葉燦撰谿上詩輯慈志

鶴麓山房詩稿六卷清葉煒撰通行本慈

煒乃燕之弟壽鏞按餘姚別有一葉煒字鏡

容有蛾術山房詩稿

細碎集卷 清葉虎齋撰水石居遺稿慈志

守約軒詩文集卷 清俞挺之撰谿上詩輯慈志

興到吟草卷 清貴觀撰杭郡續詩輯慈志

竹南詩稿一卷 清方欽華撰慈志

西窗集草一卷 清林時綸撰采訪冊慈志

留香齋詩稿四卷　清董明倫撰　假物樓賸錄　慈志

畫舫閣詩草卷　清馮先域撰　采訪冊　慈志

煮夢軒詩稿一卷　清馮增撰　谿上詩輯　慈志

靈芳小草卷　清徐江撰　仝

松影樓詩鈔二卷　清羅有道撰　通行本　慈志

藕塘詩稿一卷　清盛植麟撰　采訪冊　仝

覆瓿詩草四卷　清袁大猷撰　仝

巢枝草二卷　清王渥撰　仝

是吾廬文稿六卷　清周匡撰　仝

聽雪軒詩集卷　清陳潤撰　仝

巽崖草廬遺稿一卷　清楊九畹撰　采訪冊慈志

漳水題襟集卷　清董麟撰　采訪冊慈志

雲波仙館詩詞草　仝

竹所詩文鈔四卷　清馮応翺撰　采訪冊慈志　佚

附室藏本

平鳴集卷　清陳夢蘭撰　采訪冊慈志

毬夢齋吟草二卷　清王渭撰　仝

師山紀遊詩卷　清袁鼎勳撰　仝

東湖草二卷續草一卷　清袁奎撰　采訪冊慈志

是亦詩稿二卷文稿二卷　清袁奎撰　采訪冊慈志

楮更草卷　清金濤撰采訪冊慈志

蘭雪集八卷續集八卷清何振嶽撰通行本慈

志伏跗室藏本

藏修齋外集一卷清何振嶽撰采訪冊慈志

萬卷樓詩文稿卷清王信撰徵文錄慈志

蕚樓詩文集卷清張廷輝撰采訪冊慈志

蕚樓駢文鈔一卷清張仝

瓠遊草四卷清粟錫圓撰采訪冊慈志

珠淵詩稿十卷仝

磨兜堅齋遺稿四卷仝

弗措齋文稿二卷詩稿一卷　清沈啟宰撰　采訪
　丹慈志

存心稿二卷　清董墫華撰　采訪丹慈志

養拙軒詩稿二卷　清胡琅撰　蘭雪集慈志

雪香園詩稿一卷　清馮鑒撰　采訪丹慈志

惜陰軒詩稿一卷　清馮鼇撰　采訪丹慈志

晚香堂詩集卷　清華欣撰　采訪丹慈志

放眉集卷　清袁懋賞撰　采訪丹慈志

鴻莊景物詩一卷　清趙春珏撰　采訪丹慈志

紫蟾山房詩草卷　清楊春如撰　采訪丹慈志

誦清室詩文稿卷 清鄭芬撰 采訪冊慈志

怡雲集卷 清王廣仁撰 采訪冊慈志

有正味齋駢文初編注十六卷二編注十六卷三編注六卷 清葉聯芳撰 采訪冊慈志

資清真室吟稿一卷 清廣珽撰 采訪冊慈志

長安索米吟稿一卷 仝

萬里遊詩草一卷 仝

荔鄉吟稿四卷 仝

偶園詩存卷 清裘日和撰 采訪冊慈志

三䊀窗駢文稿清張沂撰采訪冊慈志
織石齋詩存四卷清虞廷宣撰采訪冊慈志
閒園詩草卷清葉元基撰采訪冊慈志
平橋詩草卷清葉元壁撰采訪冊慈志
睿吾樓詩集二卷清葉元墱撰采訪冊慈志
補蘭軒詩草卷清阮福瀚撰采訪冊慈志
聽瓶笙館駢文稿一卷仝
野園小草卷清葉元封撰采訪冊慈志
湖梅閣詩稿卷睛仝
海綃軒詩稿三卷詞稿三卷清葉元墀撰采訪

丹慈志

六園詩稿卷　清瀚撰　采訪丹慈志

鴻爪集二卷續一卷　清任荃撰　通行本慈志伏

附室藏本

葉纂襍詠一卷　清葉階撰　采訪丹慈志

交紅館詩鈔卷　清馮鈖椿撰　采訪丹慈志

培琍草堂詩稿　清尹嘉年撰　采訪丹慈志

初學集卷　清葛培元撰　仝

寒燈吟卷　仝

北遊編卷　仝

甌遊草　仝

秦遊草卷　仝

東粤吟卷　仝

歸餘草卷　仝

惜分陰齋詩文稿卷　清馮日彩撰　采訪冊慈志

石齋草卷　清王兆雷撰　采訪冊慈志

竹齋草卷　仝

坐春館駢文稿　清葉金臚撰　采訪冊慈志

碧天漎鶴稿卷　仝

畸雲集卷　清鄭爾毅撰　采訪冊慈志

清芬閣詩草卷仝

秋華館詩存一卷　清洪覲撰采訪冊慈志

題畫詩一卷仝

田間草四卷　清周瑨撰采訪冊慈志

選詩亭集卷仝

赤堇遺稿六卷　清葉元階撰采訪冊慈志

葉氏一家言卷仝

喻指軒文酬二卷詩酬十一卷　清葉元壁撰采訪冊慈志

二銘草堂詩集卷　清葉元圻撰采訪冊慈志

意雲樓詩一卷　清葉元垚撰仝

寓青閣詩草二卷 清葉元坊撰 采訪丹慈志

鋤月僊居詩草卷 清馮鼎勳撰 谿上詩輯慈志

一陽軒詩文稿卷 清楊慶槐撰 養自然齋詩話慈

珍琹館寄生草卷 清秦豊岐撰 采訪丹慈志

夢六籌館詩草六卷續鈔 清錢濱撰 通行本慈

循陔書居吟稿二卷 清馮汝霆撰 采訪丹慈志

抱珠山房詩一卷 清馮本懷撰 仝

明魯監國諸臣詠一卷 仝

蓬心小草八卷 清王紡撰 采訪丹慈志

蘭畦小草一卷 仝

吳山樵唱一卷 仝

不遮山樓襍著文四卷 仝

昝岑集卷 仝

松鶴軒詩草卷 清王肇枚撰 采訪冊總志

詠史詩彙約八卷 清鄭元祚撰 仝

醉蘭居詩鈔卷 清裘錫齡撰 仝

耕雲堂遺稿卷 清陳濂撰 仝

聊復爾齋詩集一卷 清沈杞撰 仝

雪齋詩草卷 清沈康友撰 仝

宜雨齋詩草一卷 清魏鍾撰 仝

慎餘堂詩文集卷清裘溥宗撰采訪册慈志
夢陸吟草卷清鄭繼武撰采訪册慈志
夢陸襍存卷仝
飯餘詩文鈔二卷清魏鳳金鏗撰采訪册慈志
鞠齋詩稿六卷清魏鳳林撰采訪册慈志
蓀湖草一卷清王延年撰采訪册慈志
養浩堂詩草卷清王謨言撰采訪册慈志
漱石居詩草卷清胡逕撰仝
醉吟草一卷清沈潛撰仝
月軒吟卷清王石渠仝

晚晴樓詩稿卷　清王棻撰　采訪冊慈志

瓶室詩存卷　清景曾撰合

賦梅書屋詩草四卷　清潘亦涵撰　采冊慈志

謏香草堂詩稿卷　清王敏撰　采訪冊慈志

留香館詩文稿卷　清王振綱撰　采冊慈志

鼠璞集一卷　清陳芝生撰　采冊慈志

蕉雨軒吟草卷　清陳承祖撰　采冊慈志

秋聲館詩鈔卷　清陳繼撰　采冊慈志　一作旅館閒吟稿

拙存居遺稿卷　清虞成君　采冊慈志

芝山樵唱集卷　清孫旭照撰　采冊慈志

聽竹山房詩稿卷　清翁春沂撰　采訪冊慈志
拙任吟稿一卷　清陳箴撰　采訪冊慈志
聽月樓詩一卷　清嚴垣撰　采訪冊慈志
夢墨山房吟草卷　清馮森撰　采訪冊慈志
愛蓮吟卷　清鄭福森撰　兩浙輶軒錄慈志
聽鸜山房詩草卷　清戴筠撰　養自然齋詩話慈志
毋自欺齋詩草卷　清徐廷鏞撰　采訪冊慈志
蓮田詩文稿卷　清葉之蕃撰　采訪冊慈志
芹鄉詩草二卷　清王元圻撰　仝
寒碧齋詩草卷　清徐棠撰　仝

俱自新齋詩文集卷　清方顯撰　慈志

學易堂詩稿四卷　清董保琛撰　采訪冊　慈志

秋吟集一卷　清胡體坤撰　采訪冊　慈志

茗香館遺稿一卷　清張豐韶撰　仝

見山樓詩鈔八卷　清張豎僊撰　仝

春農詩文草二卷　清洪慶瑞撰　仝

蜚英社詩草卷　清葛啟文撰　仝

聽秋山館學吟草卷　清鄭敘熙撰　仝

工琴居詩草四卷　清慈谿王迪硯撰　民國十年豐鶴刈墅活字本　迪中又號再培

艮園文集二十卷　近人奉化江五民從邦撰　民國十九年寧波活字本

四明經籍志

鄞縣張壽鏞編輯

集部二

總集類

類集一百十三卷　隋虞綽撰舊唐藝文志作虞綽等撰非綽一人之著作也

文府二十卷　唐賀知章編唐志知章與徐堅等撰

鄞志按唐書証聖初張說表知章及徐堅趙冬曦入院撰六典等道光府志作纂文府千卷

輞軒唱和集卷　宋張卲編　安徽通志　宋名臣言行錄　鄞志

唐宋名公詩編四十卷　宋汪大猷撰　攻媿集行狀　鄞志

三家詩押韻卷　宋樓鑰撰　攻媿集　鄞志

選詩句圖一卷　宋高似孫撰　書錄解題　述古堂書目　鄞志　四庫存目作文選句圖

唐山集二卷　又後三卷　宋卞圜撰　象志　文獻通考　唐山集一卷　後集三卷

四明文獻卷　宋鄭清之輯　湖州張氏通園藏本　見史部

怡偲集卷　宋史桂叔榮叔鉞翁同撰象志
迂齋古文標注五卷宋樓昉編書錄解題鄞志
崇古文訣三十五卷宋樓昉編四庫著錄邵亭書
目鄞志宋志補作三十卷浙
江書錄作十七卷
提要日書錄解題作五卷文獻通考亦同
蓮潤唱和集卷　宋范楷撰本堂集鄞志
詞學題苑四十卷　宋王應麟撰浙志鄞志
五子吟槁卷　宋聞子奇撰聞志鄞志
劍南向圖卷　元聞元春撰聞志鄞志

餘姚海隄集卷 元葉晉撰九靈山房集鄞志四庫提要云是書已燬於大

元音十二卷 元孫□□輯鄞志文瑞樓書目是書元寧波孫□□輯陳□選

瀛海記言十八卷 元呂虛夷撰鄞志元史藝文志奉志象志元志補作十七卷

唐詩選卷 元黃玠撰續通考兩浙名賢錄鄞志

梅花百詠一卷 元明僧本撰絳興公書目四庫著錄郘亭書目鄞志提要明本與馮子振唱和詩也

唐詩說二十一卷元僧圓至撰四庫存目鄞志元志補作注周弼三體唐詩二十卷

賦題備志十五卷明陳桱編鄞志奉志

尺牘詮歸三卷明陳桱編續通考聚樂堂藝文志四庫存目康乾志鄞志奉志

二蔣詩文合稿卷明蔣景高景武撰象志

耕隱齋詩一卷明周德延撰四明文獻集鄞志

周氏遺集卷明周守撰滎陽外史集鄞志

聯壁集卷明張維哲編呂文懿集慈志

呂原撰張楷墓志曰楷之父維哲與其季皆

工吟有聯璧集傳里中

皋蘭唱和稿卷　明張湛編鄞志桃源志張東

皋湛與梁友蘭衡同著

橋南唱和集卷　明陸珪撰千頃堂書目浙慈志

二難集卷　明王暘與弟暕合著崇桂草

堂鈔錄慈志

老梅書屋詩卷　明張文彬編南山集鄞志

梅窗先生挽詩卷　明周汝清編南山集仝

皇華唱和集卷　明周濂撰仁三補耆舊詩鄞志

選定韓柳歐蘇王曾六先生集卷　明洪常撰耆舊傳鄞志

浙元三會録一冊明楊守阯撰浙江書録四庫存目鄞志

四明群雅卷明楊守阯輯府學鏞續耆舊集

題詞鄞志

餘姚海隄集卷明葉翼編四庫存目鄞志

提要曰翼寧波人其祖恒字敬常元天歷間爲餘姚判官築堤捍海民賴其利至正末詔封仁功侯立廟祀之其子孫者晋爲南台掾嘗輯當時名人序記時文爲一集未及刊而燬於火宣德中翼復裒綴散佚以成是編

陸康僖挽詩卷明陸仁等編碧川文鈔鄞志

辟塵集卷 明陸仰三編碧川文鈔鄞志

四雅集卷 明宋恢編甬上耆舊傳道光府志鄞志黃氏書目作四卷

讀卷承恩詩佚 明屠滽編屠氏見聞錄鄞志

唐詩分類精選三卷 明呂炯撰思元集鄞志

雪竹唱和集卷 明張時敏與梁竹村同著鄞志

東湖閒居倡和詩卷 明周旋編浙志慈志千頃堂書目作東湖十詠

文翰類選大成百六十三卷 明馮厚編李伯璵纂四庫存目陳氏文則樓藏本今歸

倪偆如道光府志鄞志

平吳凱旋錄卷明朱澤編浙江采集書錄四庫
存目鎮志

春亭禊詠卷明李正芳撰鄞獻表鄞志按衣
德編作正華疑是唱和之詩

四明群雅卷明李堂撰樓庵存稿鄞志

十一子會錄卷明項可良撰康熙志奉志

四明雅集四卷明戴鯨撰浙志鄞志道光府志
無卷目黃氏書目作四明風雅

碧溪集六卷明張鈇撰千頃堂書嘉靖府志

慈志道光府志作碧溪詩集元著

玩鹿亭唐詩鈔卷　明萬表撰分省人物考鄞志

行狀作唐詩類聚

山中集卷　明萬表編明獻徵錄明名臣目

言行錄鄞志甬上高僧傳先輩

萬鹿亭先生選寒山拾得中峯

石屋四家詩為山中集

玉㮚唱和集二卷　明金元立撰全祖望先侍郎生

辰記鄞志

明文苑卷　明張時徹編朱志鄞獻表鄞志

明文範六十六卷　明張時徹編　四庫存目　鄞志　明志　浙志作六十八卷　道光府志作皇明文範　無卷目

四明風雅四卷　明張時徹編　鄞志　四庫存目　明宋宏之編　戴鯨增刪　張時徹又增刪之　道光府志　無卷目

文遊書翰四卷　明張時徹編　徐興公書目　鄞志

藝文類鈔卷　明范欽編　聞志　鄞志

金臺十八字賡和集卷　明李生時編　鄞獻表　鄞志

詞苑同聲卷　明李生時編　永德編　鄞志

絲絲集卷　明王挺編　道光府志　天一閣書
目　象志　挺作梃

聯床詩集卷　明王文錦兄弟合著　象志

古今文選卷　明陳茂義撰　浙志　天啟志　道光
慈志

古今詩選卷　仝

六朝詩彙百卷　明張謙編　朱彝尊曝書亭書目
天一閣書目　慈志

唐詩裁略卷　明周儀編　屠隆撰墓志　奉志

白門唱和集卷　明張邦岱撰　槎湖張氏譜　鄞志

吳越遊稿一卷　明沈明臣撰　聚樂堂藝文志　四庫存目　鄞志　浙江書錄曰：皆當時遊吳越之作，亦家集刊

提要曰：是篇乃沈明臣、沈一貫、余寅唱和之作

白嶽遊稿一卷　明沈明臣撰　天一閣書目　鄞志　案是稿遊記一首，詩三十首，附吳守淮和詩十五首　排印本

荊溪唱和詩一卷　明沈明臣編著　四庫存目　鄞志

經世宏辭十五卷　明沈一貫編　浙江書錄　四庫存目　鄞志

鉅文十二卷　明屠隆編　黃氏書目　四庫存目

鄞志

明七名公尺牘八卷　明屠隆編　浙志　澹生堂書

鄞志

翰墨選注十二卷　明屠隆編　四庫存目　鄞志　浙江

書作歷朝選注十四卷

詠物詩選　明屠隆編　白榆集　鄞志

吳越遊稿卷　明俞寅編　聚樂堂藝文志　四庫

存目　鄞志

廣文選二十四卷　明周應治編　浙志　尤氏藝文志絛

興公書目鄞志四庫存目黃氏書目作黃廣文選四庫存目作三十三卷

類編唐詩絕句二卷明王交編天一閣書目慈志徵文錄四是編五言絕句王交批点七言絕句清江敖英批点而交刪訂者也

名世文宗二十卷外集四卷明馮叔吉撰江南志名宦傳慈志伏跗室藏本

續王棠唱和集卷明全天叔編著全祖望先侍郎生辰記鄞志

古文廿編卷　明徐時進編鳩茲集鄞志

少孤山詩集卷　明陳怡撰四庫存目鄞志

薊門膚草一卷　明蔡學用編徐興公書目云興
屠田叔唱和者鄞志

情采編二十六卷　明屠本畯編浙志尤氏藝文志
四庫存目浙志書錄鄞志

衣德編卷　明李桐輯淒桐軒藏本鄞志續
耆舊傳編作卷

王樹檀社集一卷　明徐申乾蔡起伯張大成齋
天民萬象李埠李桐李文績李

權釋宏灝宏澄炅滋悟藏祖繹等唱和之集也徐興公書目鄞志

甬東薛氏世風册二卷明薛岡編浙志鄞志徐興公書目無甬東二字伏跗室藏本

甬東詩括十三卷明楊德周輯抱經樓書目鄞志黃氏書目云楊德周陸宝陳朝甫李桐同輯

建安七子全集二十八卷明楊德周編天一閣書目鄞志

國唐南雅十二卷明楊德周編黃氏書目鄞志四庫存目徐𤊹編黃貫道明楊德周等補之

金華文徵卷 明楊德周編聞志道之府志鄞志

金華詩徵卷 明楊德周編徐興公書目鄞志

讀史憒憒集卷 明董志濟撰續耆舊傳鄞志全

祖望日職方博学嗜古興楊南

仲共輯讀史憒々集

天封浮圖唱和集二卷 明林時對撰聞志鄞志

興聞志性道所輯刻

明州唱和詩一卷 明萬泰撰續耆舊傳鄞志寒

松齋集作唱和集

秦漢六朝摘華卷 明馮烶撰徵文錄慈志

句雅卷 明羅廩撰 四明文志 慈志

唐詩彙選卷 明馮士選撰 徵文錄 慈志

古輯二十卷 明馮驊撰 陳子龍撰墓志 慈志

萬里社詩草卷 明趙日瑛撰 湯錫著撰行狀 慈志

棣蕚聯吟二卷 明董允茂編 假物樓胜錄 慈志

古文鴻範三十卷 明謝泰宗編 子得昌撰行述 鎮志

吟和集卷 明薛士珩編 天愚集 鎮志

嫠節詩卷 明施兆芝編 兆芝跋林氏嫠節

詩 詩曰予家王母妌以苦節先

帝旌焉因集名公贈篇為節詩

文選類詩卷　明陳廷璠編道光府志鎮志

瑞芝堂詩一卷　明謝泰履編畯川備志鎮志史

大成撰傳時芝生於庭剡姻友

所著瑞芝堂詩一卷

唱和詩卷　明徐鳳垣編杲堂文鈔鄞志

詩歸删卷　明周齊曾編囊雲集鄞志

靁聲集卷　明周齊曾編續耆舊傳鄞志道

光府志作雷聲集

練川唱和集卷　明朱金芝編續耆舊傳鄞志

東吟社詩卷　明沈光文等編台海使槎錄鄞

志續耆舊傳作福台新詠

湖上七子集卷明董劍鍔撰鄞志

不其唱和集卷仝

友松集卷明錢光繡撰續耆舊傳鄞志

陶謝詩醢卷明張立中撰証山堂未刻文集鄞志

龍津唱和集卷明宗宜撰証山索集鄞志是書誼與舒順方所唱和詩

明州樵謠一卷明無名氏撰鄞志是書以七言韻語敘鄉邦事間采古人所作詩并附以自作詩

留香草四卷　明沈天孫屠瑤同撰明志黃氏書目鄞志南板明史作一卷

朝野賡歌卷　明僧永顧撰浙志黃氏書目鄞志

山居唱和集卷仝

三支集二卷　明僧圓復撰明志鄞志錢志三支者圓復洪灝佛引也三人皆傳慧弟子當時一郎三支之目賭本暾合其詩為一集序而行之

明詩二選卷　明鄭溱編安庸集道光府志慈志

吳越詩選卷　明魏耕編魏霞撰傳慈志

四部合選十六卷　明沈潛撰盧霞撰傳慈志

諸子領文四卷仝

四部奇文第十卷仝

才子名家第十四卷仝

歷代詩選第一四卷　補選四卷　明沈潛編盧樸序

集慈志

甬上耆舊詩集二十卷　清胡文學編　四庫著錄郘

亭書目作三十卷　道光府志

高僧詩集二卷　清胡文學輯　道光府志

甬上耆舊詩鄞志列李鄴嗣下謂是書全出

杲堂手因為胡氏所刻故以編次之名歸之云云四庫提要則謂胡文学編其傳係李鄴嗣作也　高僧詩集鄞志文學下亦不載或即為杲堂下所列之甬上名僧四大家詩選

甬上名僧四大家詩選卷清李鄴嗣甬上高僧傳鄞志

遯居唱和詩卷清萬斯選編結埼亭集施石農撰墓志鄞志案文獻徵存錄誤屬斯備

康衢遺唱　清萬斯大編鄞志

邱氏古樹篇卷清邱承嗣輯寒村集鄞志鄭梁

題後曰鄞邑東皋邱氏之草堂有兩松一柏支離夭嬌如埼如攫主人寵之博徵詩文錄成一

佚名古樹篇

古歡齋集句卷 清邱觀繹撰采訪冊鄞志

仁聲集十卷 清周穦編抱經樓書目是編係官紳士民紀頌寧波知府張星耀德政之詩文集也

詩冢垂古集卷 清嚴天顧撰徵文錄慈志

臨川文獻八卷 清胡亦堂清經籍志四庫存目鄞

四大家集　清胡亦堂編徵文錄慈志

古詩緯卷　清應時撰丁谷雲李杜詩緯跋慈志

唐詩緯卷　仝

李杜詩緯十一卷清時應撰坦園藏本慈志

四大詩鈔卷　清鄭梁撰見黄鶴慈志童華德庠孫

選詩類鈔卷　清姜宸英編未定稿慈志原稿藏鄞

百十樓詩古文卷清葉亮撰慈北遺文慈志

歷代古文選卷清裘連編年譜慈志

吾爲集卷　仝

唐詩探珠集卷清桂芳編清芬集慈志

青峒古文集卷　清周志垣撰　兩浙輶軒録　慈志

慈湖耆舊詩二十四卷　清顧棡編　輶軒録補遺　慈志

歷朝四六選四卷　仝　伴梅草堂著書目　慈志

名媛西湖遊吟集卷　仝

秦晋古跡詩選一卷　仝

古詩選卷　清王國編　四明志徵　慈志

唐宋詩選卷　清林綱編　兩校官詩録　慈志

唐詩自怡集二卷　清袁一鳴　篇董瀾撰傳　慈志

四明詩存卷　清葉宗舒編　兩浙輶軒録　慈志

庚寅唱和詩五卷　清李暾編　抱經樓書目　慈志

年稿二十卷　清王彰編三補耆舊詩鄞志王
辰曰字煥文晚年結同里耆英
爲詩酒社

集唐卷　清王彰編三補耆舊詩慈志

明文遠卷　清徐文駒撰四庫存目鄞志培
林堂書目作二百二卷

六十寫懷和詩卷清邱允玉編采訪冊鄞志

竹林唱和詩卷仝

瓶梅軒唱和卷仝

種松圖詩卷仝

龍津唱和詩卷　清鄒順方編　兩浙輶軒錄　奉志

唐宋元明詩選四卷　清施鎮編　董正國撰傳　鄞志

增補宋元甬上耆舊詩十六卷　清全書編　鮚埼亭集　鄞志

明詩選二冊　清董孫籥撰　抱經樓書目　鄞志

四朝名人絕句詩選卷　清史榮撰　烟嶼樓藏本　鄞志

案四朝唐宋元明　伏跗室藏本

同聲集四十卷　清史榮撰　全祖望撰墓版文　鄞志

甬上耆舊詩四十卷　清全祖望撰　董秉純外編題辭　鄞志

清甬上耆舊詩四十卷仝

句餘土音三卷　清全祖望撰　通行本　鄞志

初元唱和集卷　清錢中盛撰范徒律撰墓志鄞志

唐音薈秀十六卷清董宏撰子秉純撰行狀是書因
　毛先陟三韻集唐而培廣之

向江詩緒六卷清施瑲濤撰抱經樓書目鄞志

歷朝六言詩鈔卷清張學伊撰乾隆志傳蛟川詩話

古文約編卷　清謝緒恒撰乾隆志傳蛟川詩話鎮志

歷朝詩藻卷　仝

唐詩補選八卷清張懋建編蛟川詩話鎮志乾隆
　志無卷目子志熊撰行述作六卷

蛟川耆舊詩六卷清張懋建編輶軒錄鎮志乾隆志

無卷目子志熊撰行述作八卷
建安風雅八卷清張懋建編蛟川詩話鎮志子志
熊撰行述作十四卷
虞殯集卷清包公名編蛟川詩話鎮志
唐詩怡情錄卷清謝鯤祚編蛟川耆舊傳鎮志
台象彙集卷清錢捷編錢氏宗譜附錄象志
宅山音二卷清姜增壽撰象志
里社吟草卷清俛庭姜湮等同撰象志
棣萼軒詩草卷清陳鴻基鴻祺獻鴻圖合著輶
軒錄補遺錢氏宗譜象志

月霞庵唱和詩卷　清史積昌釋瑞隆合著彭姥

　詩鬼象志

詩稿卷　清姜棣埴撰蓬島樵歌注象志

彭姥詩鬼十二卷　清倪勱編象志伏跗室藏本

續彭姥詩鬼一卷　清王植三撰象志

唐詩別裁二十五卷　清歐景岱撰象志

五友集二卷　清陳元棫撰采冊象志

重輯蛟川耆舊詩　清張本均撰刊本鎮志

先人餘韻卷　清張本均撰采訪冊鎮志

四明風雅集卷　清陳景洋編陳志稿鎮志

陳氏詩文彙錄卷 仝

粵東歸橐錄卷 仝

有正味齋駢文箋注二十四卷 清邱維之撰 采訪冊鎮志

表節錄四卷 清包仁義編 刊本鎮志

香雪館唱和詩卷 清胡湜編 采訪冊鎮志

原書百篇卷 清劉燦編 蛟川耆舊詩鎮志

蛟川耆舊詩續集二卷 清張錫申編 刊本鎮志

海昌新選卷 清李恭俊選 蛟川耆舊詩鎮志

西滬棹歌一卷 清姚燮編 大梅山館藏本鎮志

蚶城游覽唱和詩卷 仝

蛟川耆舊詩繫三十二卷　仝

珠光劍氣集四十卷　清胡孝堂編輯　采訪丹鎮志

四明文獻集百四十卷　清盧址撰　抱經樓書目　鄞

志　劉氏嘉業樓藏本

墨齋唱和詩卷　清邱學敏撰　周志　鄞志

古樹詩續集五卷　仝

百明詩稾百卷　清袁鈞撰　采訪丹懸志

四明文徵卷　仝

四明獻徵卷　仝

觀樓唱和詩卷　仝

史氏世宝集一卷 清史節章撰 六一山房藏本 鄞志

甬東正氣集四卷 清董琅撰 正誼堂藏本 仝

萬氏詩傳二十二卷 清萬後賢撰 姚燮撰墓碣 鄞志 伏跗室藏本

徐氏先世詩選卷 清徐皖編 采訪册 鄞志

全唐文選十二卷 清董槐撰 鄞志

舟車賡唱集卷 清陳僅編 千古亭文集 鄞志

五峰佳話卷 清等安撰 采訪册 鄞志

餘芬錄二卷 清董明倫撰 采訪册 鄞志

谿上詩輯十四卷續篇二卷補篇一卷 清尹元煒與馮

本懷同編通行本慈志

孝水珠光集卷　清董景沛撰采訪丹慈志

同意集三卷　清何振岳撰采訪丹慈志

病頭陀六十生日倡和詩一卷　清張廷煇撰采訪丹慈志

海內心存卷　清葉元堦撰采訪丹慈志

文溪頌言十二卷廣頌二卷　清葉元堦采訪丹慈志

谿上耆舊詩卷　清馮鼎勳撰采訪丹慈志

魏氏英雋集二十四卷　清魏誥撰采訪丹慈志

四明古蹟詩四卷　清陳之綱　道光二年刻本後有袁杰之綱字地峯鄞人

四明經籍志

鄞縣張壽鏞編輯

集部三

詞曲

于湖詞三卷　宋張孝祥撰四庫著錄邵亭書目宋志書錄解題文獻通攷俱作一卷

夢窗甲乙丙丁稿四卷補遺一卷　宋吳文英撰宋志補鄞志

四庫著錄邵亭書目作夢窗稿四卷補遺一卷曼陀羅華閣叢書作本王半塘四印齋北

京刊本又楊州刊本佳本即燬存樣本二種一藏況蘷笙家

樂府灩澦煙集卷 明朱應龍撰浙志全浙詩話鄞志

笑詞一卷 明屠本畯撰徐興公書目鄞志

泗水樂府卷 明華夏撰道光府志句餘音土鄞志

天墨閣集卷 明虞夫祚撰乾隆志四明詩彙鎮志

青雀舫樂府卷 清徐錫煇撰耆舊傳鄞志

明樂府二卷 清萬斯同撰新刊本鄞志

和李西涯古樂府卷 清胡亦堂撰王氏坦園藏本慈志

續西涯樂府一卷仝

銀河詞一卷　清葉吟撰　西河詞話　慈志

酹月詞一卷　仝

采蘋詞一卷　仝

樂府新編卷　清沈謙撰　四明志徵　慈志作左傳樂府

葦間小品一卷　清姜宸英撰　鄭羽撰傳　慈志

花仙詞一卷　清董元翰撰　假物樓賸錄　慈志

玉湖詩餘九卷　清裘連撰　年譜　慈志

神絃曲卷　仝

萬春昇平樂府卷　仝

慶義傳奇十七卷　仝

女崑崙傳奇二卷 仝

混天合傳奇卷 仝

黃初詞稿卷 清錢東宗撰 徵文錄 慈志

殘影詞一卷 清顧棡撰 伴梅草堂著書目 慈志

法曲選譜四卷 仝

伴梅草堂詩餘卷 仝

歷朝詩餘選四卷 仝

吟餘香屑一卷 仝

旗亭小令一卷 仝

嶺上雲樂府 卷 清秦樹謨撰 徵文錄 慈志

甬上難露詞卷　清董孫𦀍撰　采訪冊鄞志
石雲樓書空詞草二卷　清施鴻濤撰　句江詩緒鄞志
詩餘二卷　清俞經撰　錢志鄞志
珍硯齋詞卷　清錢学懋撰　定志
学因堂詩餘卷　清王予宸撰　象志
三焦詞一卷　清陳得善撰　象志
桐音詞二卷　仝
南鄉子詞一卷　仝
絲薏詞一卷　仝
小山樂府卷　無名氏　象志

西園詞稿卷　清陳元林撰　采訪冊　鎮志
疏影樓詞四卷　清姚燮撰　刊本　鎮志
疏影樓詞續鈔卷　清姚燮撰　大梅山館藏本　鎮志
玉笛樓詞二卷　仝
今樂府選五百卷　仝
玉笛樓詞學標準八卷　仝
四明近体樂府十三卷　清袁鈞撰　通行本　鎮志
紅情曲詞稿卷　清屠宗伊撰　達意錄　鄞志
詞稿一卷　清陳清震撰　采訪冊　鄞志
詞曲一卷　清徐時棟撰　藏本　鄞志

壽孫館詩餘卷 清周世緒撰 周志鄞志

左傳樂府卷 清陳君撰 烟嶼樓集慈志

晉樂府傳卷 清葉元堦撰 復莊詩問慈志

蓱聚詞一卷 清琨鳴撰 采訪冊慈志

睫巢詩餘卷 清董承瀌撰 采訪冊慈志

續白湖竹枝詞一卷 清葉元堦撰 仝

紅豆唫簃倚聲卷 清阮福瀚撰 仝

百不能齋新樂府卷 清任峑撰 仝

涵竹露齋詞四卷 清葉元壁撰 仝

小樓明月調箏譜三卷 清葉金壽撰 采訪冊慈志一名

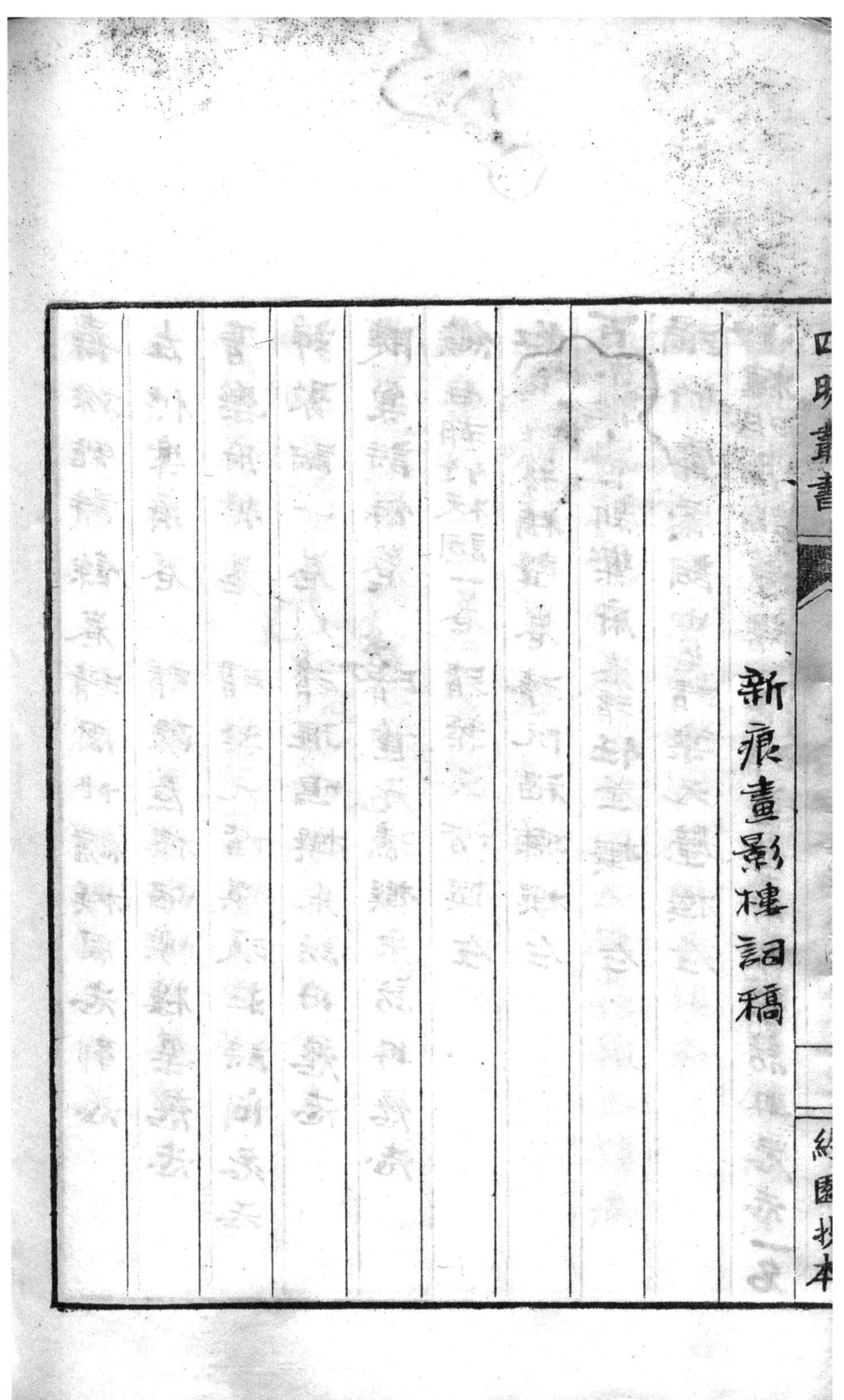

四明叢書

新痕畫影樓詞稿

約園抄本

四明經籍志

鄞縣張壽鏞編輯

集部四

詩文評

東坡文談録卷 元陳秀民撰 四庫存目 鄞志

東坡詩話三卷 仝

杜詩質疑卷 明周旋撰 千頃堂書目 慈志

詩評二册 明張鉞撰 蛟川耆舊詩 鎮志

文略一卷 明張琦撰 嘉靖志 靖志

茶餘詩話卷 明魏偁撰 浙志 道光府志 鄞志

詩源撮要卷　明張懋賢撰浙志鄞志

竹莊詩話卷　明孫勝撰采訪冊奉志

南阜詩話卷　明張鈇撰千頃堂書目嘉靖志

道光府慈志

拘虚詩談卷　明陳沂撰浙志焦氏經籍志鄞

志者舊傳無拘虚二字

古今詩話卷　明陳詵義撰浙志天啟志慈志

詩言五至五卷　明屠本畯撰浙志尤氏藝文志鄞志

李賀詩評註卷　明陳撰撰天爵堂鄞志

詩史前編八卷　明陳大曾撰天一閣書目鄞志者舊

詩筏卷 明楊德周撰鄞志

纂杜評略一卷 明林時對撰六一山房藏本鄞志

詩史四卷 明林時對撰全祖望撰逸事狀鄞志

闞湖說詩四卷 明劉尹聘劉振之合著抱經樓

詩目慈志伏跗室藏本

闞湖集卷（按前種名同書並） 明劉之撰雍正府志慈志道

光府志作兩劉說詩闞湖集

竹半澗詩話卷 清葉吟撰蘭雪集慈志

律細駢語卷 清沈謙撰四明志徵慈志

句章詩話十二卷 清鄭辰撰戴殿泗撰墓志慈志

古詩億一卷　清姜炳章撰象志

評選古文辭類纂私課本十三卷　清歐景岱撰象志

論文二卷　清劉爕采訪冊鎮志

散體文酌十二卷　清姚爕撰大梅山館藏本鎮志

駢儷文榷初篇八卷　清姚爕撰刊本鎮志

駢儷文榷二篇卷　仝

復莊詩問三十二卷　仝

翦燭詩話卷　清董承濂撰采訪冊鄞志

紅樹山房詩話卷　清董鏻撰　仝

睿吾樓文話十四卷　清葉元塏撰　仝

杜詩心語卷　清葉元階撰　采訪冊慈志

鶴皋詩傳卷　仝

四明經籍志

鄞縣張壽鏞編輯

集部五

楚辭類

變離騷九篇 宋高元之撰平園續槀寶慶志

道光府志鄞志

楚騷協韻十卷 明屠本畯撰四庫存目鄞志

附讀騷大旨一卷

離騷補箋卷 清史宗愈撰象志

離騷節解 清陳良佐撰陳志稿蛟川耆舊

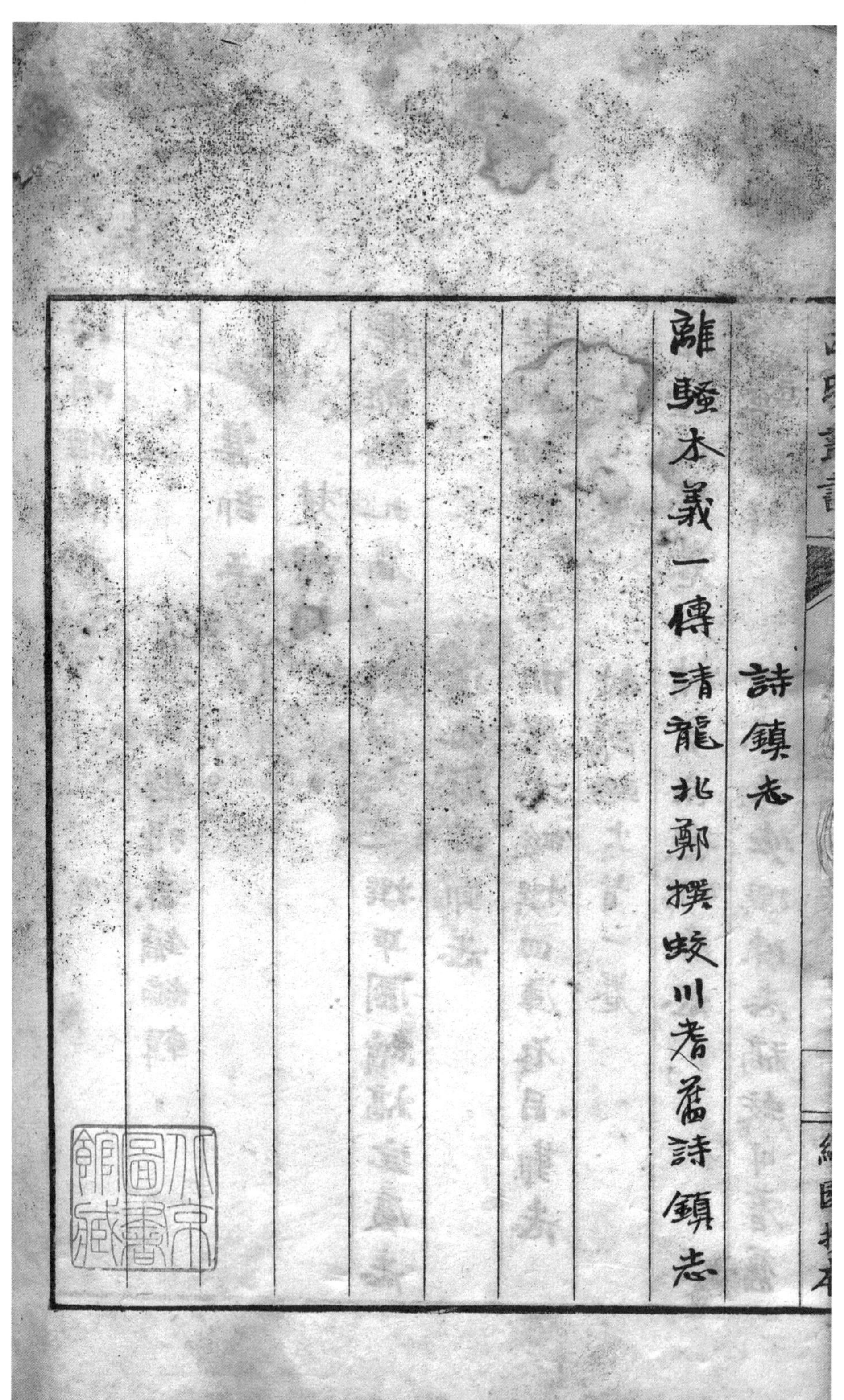

離騷本義一傳　清龍北鄭撰蛟川耆舊詩鎮志

詩鎮志

圖書在版編目（CIP）數據

四明叢書未刊稿 / 寧波市人民政府地方志辦公室整理 . —寧波：寧波出版社，2020.12

ISBN 978-7-5526-4156-1

Ⅰ . ①四… Ⅱ . ①寧… Ⅲ . ①地方叢書—寧波 Ⅳ . ① Z122.553

中國版本圖書館 CIP 數據核字（2020）第 246694 號

四明叢書未刊稿

寧波市人民政府地方志辦公室　整理

責任編輯　沈建國
責任校對　張愛妮　陳金霞
裝幀設計　原色太陽
出版發行　寧波出版社（寧波市甬江大道 1 號寧波書城 8 號樓 6 樓）
印　　刷　寧波白雲印務有限公司
開　　本　787 毫米 ×1092 毫米 1/16
印　　張　164
字　　數　550 千
版　　次　2020 年 12 月第 1 版
印　　次　2020 年 12 月第 1 次印刷
標準書號　ISBN 978-7-5526-4156-1
定　　價　600.00 元